零信任：群体智能可信决策与安全控制丛书

零信任环境下车联网信息安全传输的形式化建模与分析方法

黄大荣　刘　洋　那雨虹　米　波
张振源　李中美　范英齐　黄莉媛　　著

科学出版社

北　京

内 容 简 介

本书以零信任环境下车联网信息传输过程中的安全机制为主题，在近几年课题组的研究基础之上，针对车联网运行环境复杂、多变，以及传感器设备数量庞大等特征导致的人、设备、应用等不存在任何潜在信任的问题，基于"永不信任、持续验证"的实际需求进行了详细的分析，以零信任环境为具体特性，对车联网信息系统的需求模型、车联网数据信息的传输过程、离散环境下车联网系统的安全性传输机制进行形式化建模与分析，并进行模型抽象与重组。

本书面向广大从事车联网、自动驾驶、信息安全等领域的研究人员，亦可作为高等院校计算机科学与技术、交通运输工程、信息安全等相关领域专业本科生和研究生参考用书。

图书在版编目（CIP）数据

零信任环境下车联网信息安全传输的形式化建模与分析方法 / 黄大荣等著. -- 北京 : 科学出版社，2025. 5. --（零信任：群体智能可信决策与安全控制丛书）-- ISBN 978-7-03- 081617-7

Ⅰ. U469-39

中国国家版本馆 CIP 数据核字第 2025MT2573 号

责任编辑：孙伯元　李　娜 / 责任校对：崔向琳
责任印制：师艳茹 / 封面设计：无极书装

科 学 出 版 社　出版

北京东黄城根北街 16 号
邮政编码：100717
http://www.sciencep.com

北京中科印刷有限公司印刷
科学出版社发行　各地新华书店经销
*
2025 年 5 月第　一　版　开本：720×1000　1/16
2025 年 5 月第一次印刷　印张：14
字数：282 000
定价：130.00 元
（如有印装质量问题，我社负责调换）

"零信任：群体智能可信决策与安全控制丛书"序

群体智能是近年来发展迅速的人工智能学科领域，通过研究分散、自组织的生物群体智慧，实现分布式、去中心化的智能行为。当前，以无人机、无人船、智能网联汽车为代表的群体智能系统作为未来交通领域的关键发展方向，正以前所未有的速度改变着人们的出行方式和交通运输格局。它融合了先进的传感器、通信、计算机等技术，让运载装备从单纯的工具转变为具备智能交互、协同决策能力的智能终端。我国高度重视群体智能系统的发展，在国务院 2017 年发布的《新一代人工智能发展规划》中，群体智能更是被列为建立新一代人工智能基础理论体系、关键共性技术体系的重要研究领域，开展群体智能相关领域研究具有重要的现实意义。

然而，随着移动自组网规模的不断扩大和应用场景的日益复杂，安全问题逐渐成为制约群体智能发展的瓶颈。传统的基于边界防护的安全模型在面对新型攻击时愈发显得力不从心。"永不信任，持续验证"的零信任理念应运而生，为群体智能的安全发展带来了新的思路和解决方案。零信任理念能够有效应对自组网环境中复杂的信任关系和多样化的安全威胁，保障自主无人系统之间、自主无人系统与基础设施之间的数据传输安全以及决策的可信性。当前，零信任理念在群体智能领域的应用仍处于探索阶段，面临着诸多技术挑战和理论难题。例如，如何在零信任环境下对自主网信息安全传输进行精准建模与分析，如何实现数据的可信感知和容错处理，如何保障自主无人系统在非完备信任条件下的协同控制等。

"零信任：群体智能可信决策与安全控制丛书"正是在这样的背景下应时推出的，丛书聚焦零信任在群体智能领域的关键应用，深入探讨与之相关的多个核心技术问题。

该丛书是科学出版社与安徽大学人工智能学院黄大荣教授共同发起，在广泛征求群体智能领域知名专家学者建议的基础上，经过长期规划、反复论证之后组织出版的。丛书旨在传播和推广零信任环境下群体智能可信决策与安全控制前沿技术重点领域的优秀研究成果，系统论述自主集群感知数据可信评估、交通大数据处理与拥塞精准控制、自组网信息安全传输与形式化建模、物理—网络攻击下的群体协同容错控制等方面的最新研究进展，促进智能科学与技术、控制科学与工程、交通运输工程、船舶与海洋工程等多学科的深度融合发展。

在我国大力推动群体智能产业发展的关键时期，这套丛书的出版恰逢其时。我希望这套丛书能为我国群体智能的安全发展提供理论支撑和技术指导，助力我国在群体智能领域的国际竞争中抢占先机，为创新人才培养发挥作用。

中国工程院院士　中南大学教授

2025 年 4 月 20 日

前　言

车联网借助计算机科学技术、通信技术、无线传感技术等手段，并配置先进的控制系统、传感器设备，融合了数据采集、数据分析、自动控制和智能决策的能力，推动了无人驾驶能力逐渐升级，为安全、高效的驾驶提供了基本保障。然而，在开放式交通场景下，车辆行驶环境复杂多变，存在海量传感器设备节点以及车辆节点随机接入等因素，车联网信息安全传输过程中"永不信任、持续验证"的"零信任"特性越发突出，交通数据的实时性、完整性、有效性难以得到保证。

本书以零信任环境下车联网系统的信息安全传输机制为研究背景，基于零信任架构，结合动态建模语言 Petri 网和框架描述语言——Z 语言的特点，融入多值逻辑思想，提出车联网系统建模过程中所面临的主要问题和相应的形式化建模方法，并重点针对车联网系统需求模型的分析与验证、实时动态性传输特点、运行环境的复杂多变性，进行了详尽的阐述和分析。在车联网系统设计的需求阶段，考虑系统的多接口、强耦合性等特征，采用 PZN 进行分层式建模和分析验证，可以有效保证系统的完整性和正确性；在系统使用过程中，出于对高时效性、可靠性的需求，采用 TPZN 进行描述刻画，强化系统的实时性；针对行车环境中不同设备数据信息传输需求的优先级进行设定，有效地处理高需求事件。此外，对于环境中常见的行车故障等离散事件，基于离散 Petri 网和 Z 语言进行刻画，建模并分析可行的解决方案，提供预警和相应可供选的措施。

虽然国内外学者和研究人员对智能车联网的数据传输、路径规则方法的研究取得了一些进展，但是从零信任环境下车联网的系统需求到实际行车过程中的实时性、离散性问题及数据的完整性和正确性传输机制，依然没有形成一套完善的模型框架结构。本书针对这些方面，提出了一些可行的方法。本书的撰写得到了中南大学桂卫华教授、山东科技大学周东华教授、青岛大学侯忠生教授、安徽大学孙长银教授、西南交通大学马磊教授等专家的鼎力支持和关心，在此特别表示感谢。本书的完成也与课题组赵玲教授、米波教授、刘洋副教授、张振源副教授等老师以及全体硕博士研究生的辛苦工作密不可分。在书稿撰写期间，黄大荣教授负责统筹安排，刘洋副教授负责第 3 章和第 4 章的撰写；第 1 章、第 2 章和第 5 章的撰写主要由研究生何娇娇、黄莉媛和范英齐负责完成；米波教授、张振源副教授负责全书基础材料的收集和整理；李中美博士、那雨虹博士后负责第 6 章的撰写，并全程参与了本书材料的最终核查修订。在此特别感谢刘洋副教授的博士生导师吴尽昭教授的指引，他带领团队走进形式化研究领域，使形式化方法在车联网的建模与分析验证中得以应用；安徽大学人工智能学院的张亮羽、包一博、崔靳虎、王勇士、卜法文、王延宁、王钦、庞运博、李博西等研究生群体，对书稿安排提供了很多建设性建议。为便于阅读，本书提供部分彩图的电子版文件，读者可自行扫描前言二维码查阅。

　　本书得到国家自然科学基金项目(62273065、61903053、61703063、62303004、62003064)、工业控制技术全国重点实验室开放课题(ICT2024B52)、重庆市自然科学基金面上项目(CSTB2023NSCQ-MSX0441、CSTB2023NSCQ-MSX0840)、重庆市教委科学技术研究计划项目(KJZD-K201800701、KJZD-K202300701)、上海市"科技创新行动计划"技术标准项目(23DZ2201700)、上海市青年科技启明星计划(24QA2706100)等项目的支持；同时，还得到工业控制技术全国重点实验室、自主无人系统技术教育部工程研究中心、安徽省人工智能教材建设重点研究基地、安全人工智能安徽省重点实验室、安徽省无人系统与智能技术工程研究中心、安徽大学人工智能学院，以及重庆交通大学信息科学与工程学院等机构和部门的各位领导和同仁的大力支持。在此，向所有对本书给予帮助的机构和部门表示诚挚的谢意。

　　零信任环境下车联网信息安全传输的形式化研究方法涉及计算机、信息、交通、数学等跨学科的交叉融合，相关理论和关键技术还有待完善，加之时间紧迫，作者知识、水平有限，书中难免有不妥之处，恳请读者批评指正。

部分彩图二维码

目　　录

第1章 绪 论

1.1 引 言

全球经济社会的进一步发展促进了如车联网、交通控制系统、组织间工作流系统等并发系统的出现，这些系统在信息时代变得越来越重要。同时，此类系统的复杂性也在不断增加，对这些系统进行建模分析，以了解其设计是否正确、可靠，或者系统建立后进行分析验证，以查错修正或验证系统是否满足需求，均是至关重要的。其中，随着无线通信技术、智能感知技术、射频识别(radio frequency identification，RFID)技术、定位技术、人工智能技术等不断发展更新，全球经济正加速向智能化方向转变，而网络信息技术产业作为重要内容，促使全球车联网产业进入了快速发展阶段。

目前，美国、日本、欧洲、俄罗斯等都提出了各自的智能交通系统(intelligent transportation system，ITS)战略计划，我国也在逐年加大对车联网研究的投入。国务院、国家发展改革委、工业和信息化部、交通运输部等相继出台支持汽车智能网联政策。2018年，工信部发布在2020年实现车联网产业与其他学科交叉融合，实现高级别自动驾驶汽车能在特定场景下达到一定规模应用等目标的计划。而前瞻产业研究院发布的报告中也指出了智能网联汽车的重要性，并预测其将成为未来的主流产品。此外，百度Duer OS、腾讯AI in Car和阿里AliOS的出现代表着中国企业开始了自己的战略布局。由此可见，车联网(智能网联汽车)在未来的工作生活中占据着重要地位[1]。

车辆及其周边设备之间信息高效、可靠地传输是车联网研究的重要问题[2]，针对车联网的研究能有效提高交通安全和交通管理能力。但车联网中网络节点数量庞大、运行环境移动复杂，以及节点模式的强异构性等问题，对网络中海量数据传输和处理的实时性提出了更高要求(图1-1)。同时，互联网公司、汽车厂商主导的车联网产品数量众多，却互不兼容，缺乏融合机制，针对多种数据来源没有一个统一的框架，因此多源异构数据环境下车联网信息传输机制的建立显得十分重要。

目前，形式化方法是检查系统设计或需求设计问题的好方法[3,4]。但车联网的运行环境非常复杂且是动态变化的，很难用单一的形式化语言描述车联网。传统的过程分析方法如Petri网[5]、通信系统演算(calculus of communicating system，CCS)[6]和通信顺序进程(communicating sequential process，CSP)[7]，可以从不同的

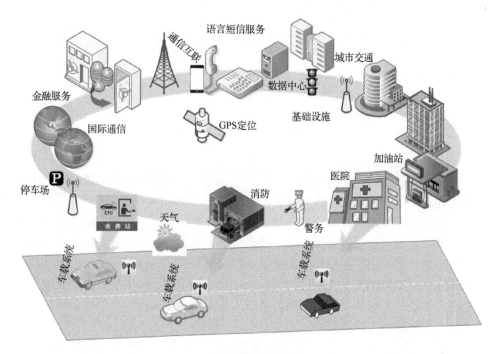

(a) 车联网实用场景

(b) 零信任环境下智能网联车集群场景

图 1-1 零信任车联网情景展示

角度抽象建模系统的不同方面，但对系统的功能属性、非功能属性和约束条件的描述能力不足。传统的模型语言如 V 语言[8, 9]、B 语言[10]和 Z 语言[11]擅长模型描述，但对系统并发性描述较差。目前，集成规范语言是一个热门话题，诞生了许多新的技术探索，如通信顺序进程和 Z 语言(communicating sequential process and Z notation，CSPZ)[12]、Petri 网和 Z 语言(Petri net and Z notation，PZN)[13,14]等，但这些语言并不针对车联网。PZN 在描述传统系统方面具有很好的优势，因为 Z 语言在状态描述和操作描述方面都具有良好的框架结构，而 Petri 网非常适合表达并行并发系统模型的行为。因此，集成 Z 语言和 Petri 网优点的混合方法非常适合车联网系统的建模和分析。PZN 已被用于建模和分析网络软件的有效性和可访问性。在车联网环境中，除了状态和变迁约束外，时间约束也是非常重要的，其包括连续时间和离散时间。目前，一些研究人员使用时间 Petri 网建模系统[15-17]，但 Petri 网缺乏具体的规则描述和状态描述。

借鉴以往网络软件需求建模与分析形式化验证的经验，课题组提出了一种基于集成时间 Petri 网和 Z 语言的车联网系统形式化建模与验证方法，该方法能够描述系统在不同时刻的并发过程和前后状态。时间 Petri 网和 Z 语言(time Petri net and Z notation，TPZN)由 TPZN-TPN(time Petri net part of TPZN)和 TPZN-Z(Z notation part of TPZN)两部分组成。TPZN-TPN 描述某个时刻整个过程的结构、顺序和行为的数据流，TPZN-Z 描述抽象的数据帧、特定的规则约束和时间约束。通过 Z 语言增强车联网系统数据和模型细化的能力，有效地减少时间 Petri 网的状态数量。

1.2 车联网信息系统建模研究现状

随着人工智能和物联网技术的迅速发展，车联网信息系统已成为汽车行业的热门话题。车联网信息系统将传统汽车与互联网技术相融合[18-22]，使车辆能够与其他车辆、道路基础设施及云端服务器等进行实时通信和数据交换。这种新型汽车系统不仅可以提高交通效率、减少交通事故，还可以为驾驶员提供更便捷、舒适的驾驶体验。在这种背景下，车联网系统的发展情况在全球范围内呈现出多样化的特点。美国、中国、德国和日本等国家作为智能网联汽车领域的主要推动者，各自在技术研发、政策支持和产业布局方面展现出不同的特色。

美国作为智能汽车技术的先行者之一，在自动驾驶技术和车联网领域积累了丰富的经验和资源。美国的特斯拉、Waymo 等公司在自动驾驶技术上一直处于领先地位，积极地推动车联网系统的发展和应用。中国是全球最大的汽车市场之一，政府和企业纷纷加大了对智能网联汽车技术的投入和支持。华为、百度等公司在自动驾驶和车联网领域的积极探索，推动了中国智能汽车产业的快速发展。德国和日本作为汽车制造业强国，同样在积极开展智能网联汽车技术的研究和实践。

德国汽车制造商如宝马、奥迪、梅赛德斯-奔驰等在自动驾驶和智能交通系统方面进行了大量投入和实验,而日本的汽车制造商如丰田、本田等也在积极研发智能汽车技术,同时政府的政策支持和投入也极大地促进了其智能交通系统的构建。

然而,车联网系统的快速发展也带来了一系列的安全隐患和挑战。与传统汽车不同,车联网系统面临着更多的安全威胁,如黑客攻击、数据泄露、系统故障等。一旦发生安全问题,可能会导致严重的后果,甚至危及人身安全。因此,确保车联网系统的安全性成为当前亟待解决的重要问题之一[23-26]。为了确保系统的安全性,形式化方法被引入智能汽车领域进行安全性验证。形式化方法是一种有效的系统安全性验证方法,通过建立数学模型和形式规范,对系统进行严格的分析和验证,有助于发现系统设计中的潜在问题和风险[27-29]。形式化方法除了在生物学[30, 31]、医学[32]、工业[33-36]、计算机科学[37-42]、通信[43]等领域得到广泛应用外,近年来也越来越多地用于交通运输领域。

在对车联网系统的安全性验证中,Petri 网作为一种形式化建模方法,具有独特的优势和应用前景[44]。Petri 网可以清晰地描述系统中各个组件之间的交互关系和状态转换,帮助分析系统的行为特征,发现潜在的安全漏洞和风险[45-47]。通过对车联网系统进行 Petri 网建模和仿真,有效地验证系统的安全性,提前识别和解决安全问题,为系统的设计和实现提供指导和支持。此外,车联网系统涉及多个层面的安全性,包括网络安全、数据安全、软件安全等,需要综合考虑和分析。Petri 网作为一种通用的建模工具,可以灵活应用于不同层面的安全性验证,为系统安全设计提供多样化的方法和手段。通过将 Petri 网与其他形式化方法和工具结合起来,更全面、深入地评估车联网系统的安全性,为系统的可靠性和稳定性保驾护航。

目前车联网系统的研究备受关注,为解决其可靠性和安全性挑战,形式化方法是一种有效途径。在这一背景下,Petri 网作为一种重要的形式化建模工具被广泛应用于车联网系统,研究人员利用 Petri 网对系统进行建模、分析和验证,以便发现潜在问题并提出改进方案。目前,Petri 网在车联网系统中的应用不断扩展,主要应用于优化系统设计、改善通信协议以及加强数据安全性等关键领域。随着技术的进步,Petri 网也将持续在车联网系统研究中发挥着重要作用。本节将对相关领域的国内外现状进行介绍。

对于车联网系统,目前国内外都取得了许多不错的成果。Wang 等[48]讨论了目前智能网联汽车协同驾驶系统的研究进展,重点关注了车辆、基础设施和测试场地等对象的发展状态、趋势和限制。在基础设施方面,重点讨论了智能网联汽车的通信安全、通信延迟和通信优化算法。测试场地方面,重点研究了真实车辆路测平台、虚拟测试平台、测试方法和评估机制的发展过程及存在的问题。同时,对智能网联汽车协同控制系统的未来发展趋势和限制进行了探讨和总结,为智能网联汽车的协同驾驶提供了参考。Chang 等[49]对车联网系统中混合交通流和车辆空间分布进行了分析,通过引入智能驾驶员模型和协同自适应巡航控制模型,对混合交通流实现了建模,并提出了稳定性和基本图模型的分析方法。Zhang 等[50]研究了车联网系统中的协同控制方法,通过对典型的交通控制应用场景进行实验验证,进一步实现面向城市道路交叉口的混合交通控制机制。

国内智能网联汽车领域近期研究主要集中在环境感知、协同驾驶和交通优化等方面。针对城市道路复杂多变及三维激光雷达数据量大的问题,韩丹[51]提出了一种将地面点云转化成多个小扇形区域进行并行处理的方法。通过全景分割与单层光束模型进行区域检测,采用顺序融合方式将色彩模式图像与点云图像特征融合,实现了对问题的有效处理。该研究方法在实验中表现出较高的精确率和召回率,对于智能网联汽车环境感知技术的发展具有重要意义。针对智能网联汽车协同换道技术中存在的问题,关书睿等[52]提出了一种两阶段协同换道策略以应对强制换道场景。该策略通过设计两车协同换道系统控制架构和滚动时域轨迹规划方法,解决了现有研究中间距策略保守的问题。仿真与硬件在环实验结果表明该策略能有效提升换道成功率,降低换道行为对交通的影响,且具备实时计算和通信环境下的可用性。为提高在城市道路下智能网联汽车的通行效率和燃油经济性,王庞伟等[53]提出了一种面向城市道路的多车道时空轨迹优化方法。通过定义智能网联汽车状态与约束,构建时空轨迹复合优化模型,并采用相关算法进行求解和优化,实现了在不同条件下对通行效率与燃油效率的综合优化。

上述研究为车联网系统技术的发展和应用提供了重要理论和实验支持,有望为未来城市交通的智能化和高效化作出贡献。

1.3 零信任环境下车联网信息系统建模的需求分析

近年来,以"人-车-路-云"为驱动的智能网联车安全管理服务的整合引起了人们的广泛关注。因此,从感知、存储、传输、处理和应用等全信息环节出发,实现智能网联[54]车辆队列的信任控制和安全行驶安排已成为当前研究的发展方向之一。其中一些算法比较成熟,一些结果显示了广泛应用的可能性,使得与其相关的环境信息感知、网络通信、动力学系统控制和整体系统优化等领域成为近年来的研究热点。麦肯锡全球研究院发布的报告将智能车辆技术列为未来 12 项可以改变全球经济与技术格局、影响社会形态的颠覆性科技项目之一。该报告还预测智能车辆产业的经济体量在未来五年内会达到 2000 亿~19000 亿美元。因此,智能车联网技术的发展得到了很多国家交通管理部门的支持和重视。同时,本书作者课题组发表了零信任智能车联网技术与未来发展方向的综述文章[55],阐述了零信任智能车联网技术在信息感知、信息传输和容错控制领域的发展方向，以及零信任思想对于整体系统在整体安全架构上的根本性影响。

智能网联车系统的目标是利用新一代信息技术，如智能控制、北斗导航、云计算、大数据分析和人工智能算法，解决交通系统日益庞大和复杂的问题。利用这些技术构建了一个集群协同控制系统，包括局部检测、快速响应和控制功能，同时设计了具有全局路径规划和调度功能的控制系统网络。该系统在保证行人和各种交通方式安全可靠的同时，最大限度地提高了交通效率[56]。智能网联车系统是通过无线通信连接车辆内部和外部环境的网络，包括数据采集、信息处理、决策、交通管理等功能模块。Gil 等[57]尤其关注以信任评估为核心的物联网控制与驱动机制，并从"信任驱动的万物互联"角度预测在此评估架构下发展的人工智能新纪元。Annabi 等[58]同样关注零信任架构下的车联网的研究现状与未来发展，并认为零信任是通过促进对于用户、设备和应用程序的持续验证，来面对日益增长的网络威胁的充分解决方案，在网联车领域，加强网络内部的安全态势与安全协议，是未来发展的重要趋势。图 1-2 展示了传统车群与考虑零信任架构下的车群控制对比图，进一步阐明了零信任架构下车群管理的优势。

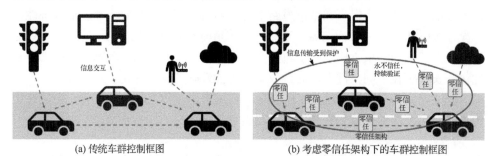

(a) 传统车群控制框图   (b) 考虑零信任架构下的车群控制框图

图 1-2　传统车群与考虑零信任架构下的车群控制对比图

智能车联网系统引起了许多领域专家的关注，其研究也呈现出飞速发展的态势。自 2018 年以来，有关智能车联网系统的出版物年增长率约为 60%，并在持续快速增长中。而在这些出版物当中，研究方向主要为四个[59]：安全性、效率、技术与数学建模、车联网内部通信。

从这四个主要研究方向可知，通信安全问题是智能车联网系统研究的重要分支。随着车群规模的增加和传输信息密度的增加，保证车辆间通信的安全性和可靠性逐渐成为通信过程中的重要问题。传统的网络安全体系结构存在各种问题，例如，基于边界的安全模型不能防止内部攻击，存在与远程访问相关的风险等。因此，零信任网络体系结构的概念成为破局的关键，并逐渐成为学者的研究热点。最初，约翰·金德瓦格(John Kindervag)创立的零信任定义如下：零信任(zero trust, ZT)提供了一系列概念和想法，旨在减少当信息系统和服务面临被认为是妥协的网络时，为每个请求实现准确和最小访问决策的不确定性。进一步地，在零信任环境中，缺省情况下不信任任何设备或用户，遵循"永不信任，持续验证"的原则，并采用多级安全控制策略来保护网络安全。在这样的零信任模型中，假设所有用户、设备和流量都是不可信的，在访问网络资源之前都必须通过身份验证和访问控制。此外，零信任模型强调安全审计和持续监控，以及及时响应和修复安全事件。

零信任架构在网络安全领域同样有许多研究，一种基于零信任架构的 SR-BE/TE 数据平面安全模型[60]，可以进行零信任认证、数据加密、流量监控和地方分权等工作，该模型为零信任体系结构的应用提供了新的思路和方法。为了解决工业物联网基础设施的安全风险问题，零信任架构利用多种安全措施来保护远程访问[61]，包括身份验证、访问控制、数据加密和网络隔离，并且基于物联网系统的协同安全检测方法，通过考虑防御者和攻击者之间的对抗，建立了协同安全检测的博弈论分析框架。该体系结构的实现和测试结果，证明了其在提高物联网基础设施安全性和可靠性方面的有效性[62]。

此外，在零信任环境中，所有设备或用户是默认为不可信的，即遵循"永不信任，持续验证"的原则，需要采用多级安全控制策略来保证网络安全。零信任模型假设所有用户、设备和流量都是不可信的，在访问网络资源之前必须进行身份验证。此外，零信任模型强调安全审计和持续监控，从而确保及时响应和修复[63]。

综上，在未来开放式交通场景下，提高"人-车-路-管-云"一体化驱动的智能网联车安全管理和服务水平，受到了国内外交通管理部门的极大重视。从感知、存储、传输、处理、应用等全信息链路角度，实现智能网联车群的车队信任管控和安全行驶编排，成为方兴未艾的研究方向之一，其部分算法已比较成熟，部分成果呈现出大范围应用的可能性。然而，在"人-车-路-云"互联互通场景下，由于零信任智能网联车具备通信环境开放、节点快速移动，以及大量感知设备随机接入组网等特点，"永不信任，持续验证"特性愈发突出。这种运行环境容易造成数据被过度采集、窃取或篡改。特别受到零信任架构中风险与信任间平衡瓶颈的限制，安全方面的研究还存在诸多不足，在理论、算法和应用三个层面有许多需要进一步深入研究的问题。

1.4　形式化方法应用前景

形式化方法是一种通过数学符号和形式化语言来描述、分析和验证系统行为的方法。形式化方法主要由模型检测(model checking)、定理证明(theorem proving)、形式规约(formal specification)、抽象解释、形式化验证工具的集成与应用等构成。

不少研究学者在形式化方法的理论研究和实际应用方面都取得了显著进展。张文博等[54]、朱健等[64]、王润六等[65]和 Tolmach 等[66]对智能合约验证领域中的众多经典论文进行研究分析，综述了形式化验证智能合约的方法、工具和框架，并对目前智能合约中安全性问题存在的诸多挑战如自动化验证、转换一致性、形式化工具的可信度等问题进行了分析，对未来大致的研究方向进行了确定，对形式化方法在智能合约领域中的研究具有一定推动作用。为了增强控制器局域网系统的抗攻击能力并优化通信软件设计，Wang 等[67]提出了一种将可变攻击者与控制器局域网(controller area network，CAN)总线相结合以评估总线通信风险的综合性形式化模型。该模型包括变量攻击者和 CAN 总线模型，其中变量攻击者基于循环神经网络的攻击流量评估 CAN 总线的抗攻击性能，而 CAN 总线模型则分析攻击报文后的数据传输情况。通过仿真实验传输准确率和成功响应率的提高表明该模型的有效性。针对软件制品管理中可追溯性的问题，良好的可追溯性能降低软件开发和维护成本。李建清等[68]采用形式化方法研究可追溯性，提出了一种关于软件制品可追溯性的形式化模型。该模型定义了软件制品的可追溯性，研究了变更影响分析、制品分析和版本分析等方法，并结合实验对该方法的有效性进行了验证。

　　形式化方法是计算机科学中的一个重要研究方向，但传统方法在处理复杂系统时存在一定限制。Petri 网作为众多形式化方法中的一种灵活且有效的建模工具，能直观地描述系统并发行为，同时具备数学基础，因此 Petri 网在计算机领域中备受关注。近年来，不少研究者将 Petri 网理论应用于实际中。Yan 等[69]在应对核电站安全问题中采用 Petri 网模型对极端自然灾害下的核电站恢复能力进行评估。通过建模与验证能够定量评估核电站对不同外部事件的恢复能力，为核安全管理提供支持。在化工厂火灾事故紧急控制方面，Zhou 等[70]提出了一种基于 Petri 网的应急响应力量优化配置方法。通过 Petri 网模型和优化分析对最佳的消防力量配置方案进行确定，提高应急响应效率，以防止火灾事故的升级。针对森林火灾的应急救援流程，徐毓蔓等[71]采用 Petri 网模型进行了建模与分析，通过模型的构建对森林火灾应急救援流程进行直观描述，并结合模型分析获取关键信息和决策的优化策略，提高了对森林火灾的应急救援效率。此外，也有一些研究人员对 Petri 网理论进行了进一步创新。张新琪等[72]构建了基于模糊 Petri 网的风险计算规则以及模糊 Petri 网融合粒子群优化算法的模型，利用该模型实现了对室内燃气泄漏风险的动态分析，有效支持了对室内燃气泄漏的风险管控。Chiachío 等[73]利用近似贝叶斯计算对简化 Petri 网结构的近似水平数值进行测量，从而选择出最佳的简化结构，实验结果表明该方法具备适用性和可靠性。张生伟等[74]为应对复杂多变的空战环境，提供了一种新的智能决策方法。通过构建模糊推理 Petri 网，将定性的决策推理过程转化为定量的矩阵运算，从而提高了战术决策推理的效率。并利用粗糙集理论对战术决策规则库进行了精炼，简化了模糊推理 Petri 网结构，实现了无人机攻击和防御的智能决策。上述与 Petri 网相关的研究不仅让 Petri 网的理论得到了丰富和创新，更推动了其在实践中的应用和发展，这为解决复杂系统建模和验证问题提供了一条新的途径。

总而言之，形式化方法在各领域均得到了广泛的应用，这些研究为形式化方法的进一步发展提供了理论基础和实验支持，但目前相关研究仍然面临许多挑战。未来，研究人员将继续深入探索形式化方法，以应对日益复杂的软硬件系统的验证和分析需求。

当前，将 Petri 网应用于车联网系统领域中的研究主要集中在以下几个方面：智能网联汽车的控制算法、车车之间的通信协议、车辆与基础设施之间的交互、多辆汽车协同控制等。研究者们利用 Petri 网模型对车联网系统中各种复杂的交互和行为进行描述，以确保系统在各种情况下均能安全可靠地运行。同时，利用分析验证方法可以提高系统的可靠性、安全性及性能。Qi 等[75-77]针对交通路口拥堵问题设计了两种策略：禁止信号策略和警告信号策略，这两种策略可以对路口拥堵进行有效缓解；另外，利用 Petri 网对交通灯控制系统进行了建模，并提出了一种预防事故引发大规模拥堵的冲突解决策略；根据不同的驾驶行为习惯，还提出了一种基于时延 Petri 网的驾驶行为分类方法，以评估不同行为对交通的影响。这些研究为解决城市道路拥堵及交通管理方面提供了一条途径，也推动了智慧交通的技术发展。还有部分研究者主要聚焦于自动驾驶汽车的控制框架、立交桥通行效率和车车通信可靠性等关键问题。在自动驾驶汽车领域，López 等[78]提出了一个协调模块，采用分层解释的二元 Petri 网对车辆的行为进行了定义，并引入了一个名为 Robograph 的编程环境，以应用于专为老年人或残疾人设计的自动驾驶汽车。在提高立交桥通行效率方面，庞明宝等[79]利用时延 Petri 网建立智能网联汽车通过立交桥过程的仿真模型，并提出了基于车辆优先级的速度引导策略，以完整地实现对互通立交建立时延 Petri 网模型。另外，Liu 等[80]提出了一种基于集成时间 Petri 网和 Z 语言的形式化模型。通过将该模型应用于车联网，准确且形式化地表述车联网的行为，并通过案例对模型进行验证，结果表明该模型能够有效提高车联网的安全性。

1.5 本 章 小 结

本章详细介绍了零信任架构下车联网系统的应用、安全隐患以及形式化方法在车联网领域中的应用。随着零信任架构下车联网系统的快速发展和智能合约领域的研究进展，形式化方法在确保车联网系统安全性方面的重要性愈发凸显，并为未来的研究提供了有价值的参考和指导。

参 考 文 献

[1] 张玉清, 周威, 彭安妮. 物联网安全综述[J]. 计算机研究与发展, 2017, 54(10): 2130-2143.

[2] 李晓欢. 面向车联网应用的信息传输技术研究[D]. 广州: 华南理工大学, 2015.

[3] Liu Y, Wu J Z, Qiao R. Consistency verification between goal model and process model in requirements analysis of networked software[J]. Journal of Computational and Theoretical Nanoscience, 2014, 11(5): 1385-1393.

[4] Liu Y, Wu J Z, Qiao R. Dynamic evolution of requirements process model deployed on networked environment with PZN[J]. Journal of Computational Information Systems, 2013, 9(8): 3329-3336.

[5] Liu C, Zeng Q T, Duan H, et al. Petri net based data-flow error detection and correction strategy for business processes[J]. IEEE Access, 2020, 8: 43265-43276.

[6] Bhushan R C, Yadav D K. Modelling a safety-critical system through CCS[J]. International Journal of Applied Engineering Research, 2017, 12(21): 11213-11217.

[7] Hatzel M, Wagner C, Peters K, et al. Encoding CSP into CCS[J]. Electronic Proceedings in Theoretical Computer Science, 2015, 190: 61-75.

[8] Bandur V, Tran-Jørgensen P W V, Hasanagic M, et al. Code-generating VDM for embedded devices[C]. Proceedings of the 15th Overture Workshop, 2017: 1-15.

[9] Hasanagić M, Fabbri T, Larsen P G, et al. Code generation for distributed embedded systems with VDM-RT[J]. Design Automation for Embedded Systems, 2019, 23(3-4): 153-177.

[10] Sabatier D. Using formal proof and B method at system level for industrial projects[C]. Reliability, Safety, and Security of Railway Systems, 2016: 20-31.

[11] Muhamad Z H, Abdulmonim D A, Alathari B. An integration of uml use case diagram and activity diagram with Z language for formalization of library management system[J]. International Journal of Electrical & Computer Engineering, 2019, 9(4): 3069-3076.

[12] Gouasmi T, Regayeg A, Kacem A H. Automatic generation of an operational CSP-Z specification from an abstract temporal Z specification[C]. 2012 IEEE 36th Annual Computer Software and Applications Conference Workshops, 2012: 248-253.

[13] Liu Y, Wu J Z, Zhao R, et al. Formal verification of process layer with Petri nets and Z[J]. Advances in Information Sciences and Service Sciences, 2013, 5(1): 68-77.

[14] Peschanski F, Julien D. When concurrent control meets functional requirements or Z+Petri nets[C]. The Third International Conference of B and Z Users, 2003: 79-97.

[15] Gaied M, M'halla A, Lefebvre D, et al. Robust control for railway transport networks based on stochastic P-timed Petri net models[J]. Proceedings of the Institution of Mechanical Engineers, Part I: Journal of Systems and Control Engineering, 2019, 233(7): 830-846.

[16] Kučera E, Haffner O, Drahoš P, et al. New software tool for modeling and control of discrete-event and hybrid systems using timed interpreted Petri nets[J]. Applied Sciences, 2020, 10(15): 5027.

[17] Ben A H, Kahloul L, Benhazrallah S, et al. Using hierarchical timed coloured Petri nets in the formal study of TRBAC security policies[J]. International Journal of Information Security, 2020, 19(2): 163-187.

[18] 李克强, 戴一凡, 李升波, 等. 智能网联汽车(ICV)技术的发展现状及趋势[J]. 汽车安全与节能学报, 2017, 8(1): 1-14.

[19] Ren Y, Xie R, Yu F R, et al. Green intelligence networking for connected and autonomous vehicles in smart cities[J]. IEEE Transactions on Green Communications and Networking, 2022, 6(3): 1591-1603.

[20] Wu Y, Dai H N, Wang H, et al. A survey of intelligent network slicing management for industrial IoT: Integrated approaches for smart transportation, smart energy, and smart factory[J]. IEEE Communications Surveys & Tutorials, 2022, 24(2): 1175-1211.

[21] Panigrahy S K, Emany H. A survey and tutorial on network optimization for intelligent transport system using the internet of vehicles[J]. Sensors, 2023, 23(1): 555.

[22] 崔明阳, 黄荷叶, 许庆, 等. 智能网联汽车架构、功能与应用关键技术[J]. 清华大学学报(自然科学版), 2022, 62(3): 493-508.

[23] 李春, 吴志周, 曾广, 等. 合流区智能网联汽车协同控制方法综述[J]. 计算机工程与应用, 2024 , 60 (12): 1-17.

[24] Chen G, Wang F, Li W J, et al. NeuroIV: Neuromorphic vision meets intelligent vehicle towards safe driving with a new database and baseline evaluations[J]. IEEE Transactions on Intelligent Transportation Systems, 2020, 23(2): 1171-1183.

[25] Kolekar S, Gite S, Pradhan B, et al. Behavior prediction of traffic actors for intelligent vehicle using artificial intelligence techniques: A review[J]. IEEE Access, 2021, 9: 135034-135058.

[26] Baruah B, Dhal S. A security and privacy preserved intelligent vehicle navigation system[J]. IEEE Transactions on Dependable and Secure Computing, 2023, 20(2): 944-959.

[27] Zhao T, Yurtsever E, Paulson J A, et al. Formal certification methods for automated vehicle safety assessment[J]. IEEE Transactions on Intelligent Vehicles, 2022, 8(1): 232-249.

[28] Luckcuck M. Using formal methods for autonomous systems: Five recipes for formal verification[J]. Proceedings of the Institution of Mechanical Engineers, Part O: Journal of Risk and Reliability, 2023, 237(2): 278-292.

[29] Wang F, Araújo D F, Li Y F. Reliability assessment of autonomous vehicles based on the safety control structure[J]. Proceedings of the Institution of Mechanical Engineers, Part O: Journal of Risk and Reliability, 2023, 237(2): 389-404.

[30] 管梦真, 刘伟, 李清. 基于随机颜色 Petri 网的食物网能量流动建模与分析[J]. 计算机应用与软件, 2024, 41(2): 25-32.

[31] Assaf G, Heiner M, Liu F. Coloured fuzzy Petri nets for modelling and analysing membrane systems[J]. Biosystems, 2022, 212: 104592.

[32] Karmakar R, Dutta S. Formal verification of a medical insurance system prototype: The Event-B modeling approach[J]. Journal of Information Assurance & Security, 2022, 17(1): 25-34.

[33] 顾兆军, 李怀民, 丁磊, 等. 基于组合权重的工控系统安全形式化分析方法[J]. 计算机仿真, 2022, 39(12): 422-428.

[34] Yin X, Li L, Liu Q. A Study on the vulnerability cascade propagation of integrated energy systems in the transportation industry based on the Petri network[J]. Energies, 2022, 15(12): 4320.

[35] Huang B, Zhou M, Lu X S, et al. Scheduling of resource allocation systems with timed Petri nets:

A survey[J]. ACM Computing Surveys, 2023, 55(11): 1-27.

[36] Kaid H, Al-Ahmari A, Li Z, et al. An improved synthesis method based on ILPP and colored Petri net for liveness enforcing controller of flexible manufacturing systems[J]. IEEE Access, 2022, 10: 68570-68581.

[37] 张茜歌, 朱嘉诚, 马俊, 等. 基于故障传播模型的硬件安全性与可靠性验证方法[J]. 西北工业大学学报, 2024, 42(1): 92-97.

[38] Wiśniewski R, Wojnakowski M, Li Z. Design and verification of Petri-net-based cyber-physical systems oriented toward implementation in field-programmable gate arrays: A case study example[J]. Energies, 2022, 16(1): 67.

[39] Liu Y, Wu J Z, Qiao R. Consistency verification between goal model and process model in requirements analysis of networked software[J]. Journal of Computational and Theoretical Nanoscience, 2014, 11(5): 1385-1393.

[40] Liu Y, Wu J Z, Qiao R. Dynamic evolution of requirements process model deployed on networked environment with PZN[J]. Journal of Computational Information Systems, 2013, 9(8): 3329-3336.

[41] Liu Y, Wu J Z, Zhao R, et al. Formal verification of process layer with Petri nets and Z[J]. Advances in Information Sciences and Service Sciences, 2013, 5(1): 68.

[42] Kumar K, Kumar S, Singh L K, et al. Predicting reliability of software in industrial systems using a Petri net based approach: A case study on a safety system used in nuclear power plant[J]. Information and Software Technology, 2022, 146: 106895.

[43] Wang Y H, Zhou Q, Zhang Y, et al. A formal modeling and verification scheme with an RNN-based attacker for CAN communication system authenticity[J]. Electronics, 2022, 11(11): 1773.

[44] Qi H, Guang M, Wang J, et al. Probabilistic reachability prediction of unbounded Petri nets: A machine learning method[J]. IEEE Transactions on Automation Science and Engineering, 2023, 21(3): 3012-3024.

[45] 牛帅. 基于 Petri 网的自动制造系统自适应死锁控制研究[D]. 兰州: 兰州理工大学, 2023.

[46] Latorre-Biel J I, Ferone D, Juan A A, et al. Combining simheuristics with Petri nets for solving the stochastic vehicle routing problem with correlated demands[J]. Expert Systems with Applications, 2021, 168: 114240.

[47] Yan R, Dunnett S J, Jackson L M. Model-based research for aiding decision-making during the design and operation of multi-load automated guided vehicle systems[J]. Reliability Engineering & System Safety, 2022, 219: 108264.

[48] Wang B, Han Y, Wang S, et al. A review of intelligent connected vehicle cooperative driving development[J]. Mathematics, 2022, 10(19): 3635.

[49] Chang X, Li H J, Rong J, et al. Analysis on traffic stability and capacity for mixed traffic flow with platoons of intelligent connected vehicles[J]. Physica A: Statistical Mechanics and Its Applications, 2020, 557: 124829.

[50] Zhang L, Wang Y, Zhu H. Theory and experiment of cooperative control at multi-intersections in intelligent connected vehicle environment: Review and perspectives[J]. Sustainability, 2022, 14(3): 1542.

[51] 韩丹. 基于激光雷达的智能汽车环境感知研究[J]. 自动化与仪器仪表, 2024, (2): 33-37.

[52] 关书睿, 李克强, 周俊宇, 等. 面向强制换道场景的智能网联汽车协同换道策略[J]. 汽车工程, 2024, 46(2): 201-210, 280.

[53] 王庞伟, 刘程, 汪云峰, 等. 面向城市道路的智能网联汽车多车道轨迹优化方法[J]. 汽车工程, 2024, 46(2): 241-252, 328.

[54] 张文博, 陈思敏, 魏立斐, 等. 基于形式化方法的智能合约验证研究综述[J]. 网络与信息安全学报, 2022, 8(4): 12-28.

[55] Guo G, Yuan W, Liu J Y, et al. Trafffc forecasting via dilated temporal convolution with peak-sensitive loss[J]. IEEE Intelligent Transportation Systems Magazine, 2023, 15(1): 48-57.

[56] Huang D R, Na Y H, Liu Y, et al. Overview of cooperative fault-tolerant control driven by the full information chain of intelligent connected vehicle platoons under the zero-trust framework: Opportunities and challenges[J]. IEEE Intelligent Transportation Systems Magazine, 2024, 16(1): 22-39.

[57] Gil S, Yemini M, Chorti A, et al. How physicality enables trust: A new era of trust-centered cyberphysical systems[EB/OL]. http://arxiv.org/abs/2311.07492.

[58] Annabi M, Zeroual A, Messai N. Towards zero trust security in connected vehicles: A comprehensive survey[J]. Computers & Security, 2024, 145: 104018.

[59] Chen B, Cheng H H. A review of the applications of agent technology in trafffc and transportation systems[J]. IEEE Transactions on Intelligent Transportation Systems, 2010, 11(2): 485-497.

[60] Matin A, Dia H. Impacts of connected and automated vehicles on road safety and effficiency: A systematic literature review[J]. IEEE Transactions on Intelligent Transportation Systems, 2023, 24(3): 2705-2736.

[61] El-Sayed H, Alexander H, Kulkarni P, et al. A novel multifaceted trust management framework for vehicular networks[J]. IEEE Transactions on Intelligent Transportation Systems, 2022, 23(11): 20084-20097.

[62] Campbell M. Beyond zero trust: Trust is a vulnerability[J]. Computer, 2020, 53(10): 110-113.

[63] Meng L, Huang D C, An J H, et. al. A continuous authentication protocol without trust authority for zero trust architecture[J]. China Communications, 2022, 19(8): 198-213.

[64] 朱健, 胡凯, 张伯钧. 智能合约的形式化验证方法研究综述[J]. 电子学报, 2021, 49(4): 792-804.

[65] 王润六, 吴怀广, 何亚琼. 智能合约的形式化验证方法综述[J]. 网络空间安全, 2021, 12(Z2): 73-79.

[66] Tolmach P, Li Y, Lin S W, et al. A survey of smart contract formal specification and verification[J]. ACM Computing Surveys, 2021, 54(7): 1-38.

[67] Wang Y H, Zhou Q, Zhang Y, et al. A formal modeling and verification scheme with an RNN-based attacker for CAN communication system authenticity[J]. Electronics, 2022, 11(11): 1773.

[68] 李建清, 蒋建民. 软件制品可追溯性的形式化建模与分析[J]. 软件工程, 2022, 25(9): 27-33.

[69] Yan R, Dunnett S, Andrews J. A Petri net model-based resilience analysis of nuclear power plants under the threat of natural hazards[J]. Reliability Engineering & System Safety, 2023, 230: 108979.

[70] Zhou J F, Reniers G, Cozzani V. A Petri-net approach for firefighting force allocation analysis of fire emergency response with backups[J]. Reliability Engineering & System Safety, 2023, 229: 108847.

[71] 徐毓蔓, 张以晨, 张继权, 等. 基于 Petri 网的森林火灾应急救援流程网络模型及时效研究

[J]. 灾害学, 2024, 39(2): 1-9.

[72] 张新琪, 陈国明, 黄佳伟, 等. 融合 PSO-模糊 Petri 网的室内燃气泄漏风险研究[J]. 安全与环境学报, 2024, 24(2): 440-449.

[73] Chiachío M, Saleh A, Naybour S, et al. Reduction of Petri net maintenance modeling complexity via approximate Bayesian computation[J]. Reliability Engineering & System Safety, 2022, 222: 108365.

[74] 张生伟, 仇振安, 周锐. 基于模糊 Petri 网的战术决策与规则精炼方法[J]. 电光与控制, 2015, 22(12): 98-101.

[75] Qi L, Zhou M C, Luan W J. A two-level traffic light control strategy for preventing incident-based urban traffic congestion[J]. IEEE Transactions on Intelligent Transportation Systems, 2016, 19(1): 13-24.

[76] Qi L, Zhou M C, Luan W J. Emergency traffic-light control system design for intersections subject to accidents[J]. IEEE Transactions on Intelligent Transportation Systems, 2015, 17(1): 170-183.

[77] Qi L, Zhou M C, Luan W J. Impact of driving behavior on traffic delay at a congested signalized intersection[J]. IEEE Transactions on Intelligent Transportation Systems, 2016, 18(7): 1882-1893.

[78] López J, Sánchez-Vilariño P, Sanz R, et al. Implementing autonomous driving behaviors using a message driven Petri net framework[J]. Sensors, 2020, 20(2): 449.

[79] 庞明宝, 刘震. 基于 Petri 网立交桥智能网联车协作控制仿真[J]. 系统仿真学报, 2023, 35(3): 484-493.

[80] Liu Y, Huang L Y, Chen J W. Formal verification on the safety of internet of vehicles based on TPN and Z[J]. Mathematical Problems in Engineering, 2020, 2020: 1-11.

第 2 章　前期预备知识介绍

2.1　基于零信任架构的车联网系统机制分析

随着计算机技术和人工智能的快速发展，传统交通系统正逐渐被基于零信任架构的车联网系统所取代，新一代系统即"智慧交通"[1,2]。零信任环境下的车联网系统由多个关键部件和子系统组成，用于实现自动驾驶、导航、路径优化等车联网系统的各项功能。在基于零信任架构的车联网系统领域中，目前应用最为广泛，也是最受认可的系统结构是"车-路-人-云"一体化结构。在以"车-路-人-云"为代表的基于零信任架构的车联网系统中，车、路、人、云四大主体之间相互建立连接，实现信息互换，如图 2-1 为零信任环境下的车联网系统中"车-路-人-云"一体化系统概念图，该图清晰地展示了四大主体之间的交互。"车-路-人-云"一体化的结构为人们提供了更安全、更高效、更智能的出行体验，同时也为交通管理部门提供了更多的数据，推动了智慧交通的发展。

图 2-1　"车-路-人-云"一体化系统概念图

图 2-1 简化了部分信息的传输过程。现实生活中，零信任环境下的车联网系统的信息流远比图 2-1 复杂，零信任环境下的车联网系统中"车-路-人-云"之间的信息交互主要包括以下内容[3-5]。

(1) 车辆感知：智能网联汽车通过车载传感器实时感知周围动态环境，采集车辆当前状态、位置、速度和胎压等数据。

(2) 车车(vehicle to vehicle，V2V)交互：智能网联汽车通过车与车之间的通信网络进行交互，如交通信息共享、车群协同驾驶等。

(3) 车辆与基础设施(vehicle to infrastructure，V2I)交互：智能网联汽车与基础设施进行交互，获取当前道路限速、交通信号状态、前方道路拥堵等信息，并将车辆当前状态和位置传输给基础设施。

(4) 车辆与行人(vehicle to pedestrian，V2P)交互：智能网联汽车通过车载传感器感知车身周围行人的存在和行为，并根据不同情况采取相应措施，如安全预警、制动、紧急让行等。

(5) 车辆与云端(vehicle to cloud，V2C)交互：智能网联汽车将采集到的数据上传到云端进行存储和处理，云端的服务器利用大数据分析、机器学习等技术对车辆数据进行实时分析，实现实时交通状态监测、路况预测、交通优化等功能，并根据预测结果向智能网联汽车传递决策信息，如路线优化、交通事故预警等，车辆也将根据云端决策信息执行相应操作。

(6) 行人与云端交互：行人可以通过智能终端从云端获取个性化信息，如实时公交信息、天气预报、步行导航等。

(7) 基础设施与云端交互：基础设施将采集到的实时路况监测数据和一定时间段内的路况监测数据上传到云端进行存储和处理，云端可以辅助预测并根据数据引导智能网联汽车做出相关决策。此外，云端还可以根据当前政策和法律法规的改变同步更新基础设施信息，如更新当前路段的限速、限行等。

基于零信任架构的车联网系统是由"车-路-人-云"组成的错综复杂的网络，在该系统的所有主体中，智能网联汽车只是其中一个基础的组成部分。这些智能网联汽车作为移动节点，可以实时感知交通和环境状况，并将这些信息交互至路边的基础设施和云端服务器，因此车辆的传感器在车辆环境感知方面的重要性不容小觑。Al-Turjman 等[6]、Fayyad 等[7]、Wang 等[8]等主流智能网联汽车公司的研究表明，大多数智能网联汽车配备了 10 个以上传感器，其传感器种类多种多样，如雷达传感器、激光传感器、视频监控器等。综合广泛研究，图 2-2 展示了智能网联汽车车载传感器的分布示意图。一般而言，雷达传感器位于车辆的四个角，而激光传感器则分别位于车身前后，视频监控器和全球定位系统(global positioning system，GPS)接收器通常安装在车顶上。需注意的是，智能网联汽车车辆传感器的配置因企业、科研和实际应用的不同而存在差异。

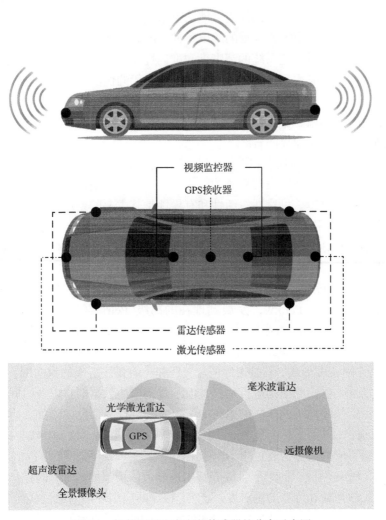

图 2-2　智能网联汽车车载传感器的分布示意图

上述调查研究表明，智能网联汽车是一个具有大量传感器且车身控制复杂的系统，而基于零信任架构的车联网系统是一个数据流复杂、并发结构众多且拥有海量节点的复杂网络系统。

2.2　基于 Petri 网的零信任车联网系统建模

Petri 网[9-14]是由德国科学家 Petri[15]最先提出的，Petri 网非常适合于用数学的语言描述系统，具有良好的分析能力，图形直观性强，因此现在经常被用来刻画并发系统、分析进程中的资源共享。Petri 网在描述模型系统的组织结构和模拟系统的动态行为方面具有很强的能力，能清楚地展示系统在执行前后所发生的状态改变，以及这种改变中需要满足的约束条件。Petri 网既有严格的形式定义，又有直观的图形表示，就描述系统的清晰度和准确性而言，许多传统模型无法与其相媲美，这使得其在描述系统进程方面有着无法替代的优势。Petri 网早期的工作主要涉及网络协议、操作系统、并行编译、人工智能、车联网工程、数据管理等计算机科学的有关领域，目前还广泛应用于自动化、机械制造等。现在，Petri 网越来越受到数学界、工业界的青睐[16]。

Petri 网是由系统的状态和操作(引起状态变化的变迁转移)组成的，Petri 网既能描述系统的状态，又能表现系统的行为，非常适合零信任环境下的网络式车联网系统过程层的建模。可达性、活性和有界性是其主要的系统行为特性，通过分析模型的可达性和活性可以检测系统一系列隐藏的缺陷。可达树、不变量(invariant)、关联矩阵和状态方程、分析化简规则等是 Petri 网模型所依赖的主要分析方法。

Petri 网对系统的抽象描述能力也在不断发展，一方面，从基本的条件/事件(C/E)网到位置/变迁(P/T)网，发展到现在的高级 Petri 网[high level Petri net，HLPN(包括谓词/变迁网和着色网)]。另一方面，根据 Petri 网组成结构基本元素的特点，Petri 网分为传统 Petri 网和高级 Petri 网两类。其中位置/变迁 Petri 网是最基本的 Petri 网表现形式，其是由库所、变迁和一组弧线组成的双向图，可以对事件、状态以及一些控制结构进行建模，但不具备描述数据信息以及时间信息的能力，随着零信任环境下的车联网系统中所包含的过程复杂度的增加，容易发生状态爆炸。因此，产生了对传统 Petri 网进行扩展的高级 Petri 网。高级 Petri 网根据不同的扩展需求，又分为有色 Petri 网、谓词/变迁 Petri 网、随机 Petri 网、计时Petri 网等。Petri 网分析的难度会随着其描述能力的增强而增加，同样会加大对系统模型性质的判断和计算的困难度。显然，特定的应用环境因素是任何 Petri 网的扩展都应当考虑的，在增加模型描述和理解能力的同时也要便于系统模型的计算和分析。

在 Petri 网中，库所(place)用于描述可能的系统局部状态(条件或状况)，变迁(transition)用于描述修改系统状态的事件，二者之间的转换关系抽象为一组弧线(arc)，弧线(流关系)表示了状态和变迁之间的使能关系，以及状态和变迁之间的依赖关系。Petri 网的令牌(token)包含在库所中，它的变化反映了系统的状态的变化。变迁的触发执行过程是一个原子操作，会带来前置状态中令牌的消失，以及后置状态中令牌的产生。Petri 网的实施规则规定了其动态行为，假如一个变迁的所有输入库所至少含有一个令牌，则这个变迁可能实施。

定义 2-1　一个三元组 $N = (P,T,F)$ 表示一个 Petri 网，当且仅当[14]：

(1) P 表示有限数量的状态(或称库所)集合；

(2) T 表示一个有限数量的变迁集合；

(3) $P \cup T \neq \varnothing$ (网非空)；

(4) $P \cap T = \varnothing$ (二元性)；

(5) $F \subseteq (P \times T) \cup (T \times P)$ 表示一组弧线(流关系仅在 P 与 T 的元素之间)；

(6) $\text{dom}(F) \cup \text{cod}(F) = P \cup T$ (没有孤立元素)。

其中，$\text{dom}(F) = \{x \mid \exists y : (x,y) \in F\}$；$\text{cod}(F) = \{x \mid \exists y : (y,x) \in F\}$，集合 $X = P \cup T$ 是网元素的集合。通常采用一个圆圈表示库所 P 元素，用一个方形表示变迁 T 元素。

定义 2-2　对于一个 Petri 网结构 $N = (P,T,F)$，设 $x \in (P \cup T)$，则前集可以表示为

$$*x = \{y \mid \exists y : (y,x) \in F\}$$

前集又称为输入集。

定义 2-3　对于一个 Petri 网结构 $N = (P,T,F)$，设 $x \in (P \cup T)$，则后集[14]可以表示为

$$x* = \{y \mid \exists y : (x,y) \in F\}$$

后集又称为输出集。

定义 2-4　令 $N_1 = (P_1,T_1,F_1)$，$N_2 = (P_2,T_2,F_2)$ 是两个网，N_1 是 N_2 的子网，当且仅当：$P_1 \subseteq P_2, T_1 \subseteq T_2$，且 $F_1 = F_2 \cap ((P_1 \times T_1) \cup (T_1 \times P_1))$[14]。

在 $N = (P,T,F)$ 中，如果对所有的 $x \in (P \cup T)$，都有 $*x \cap x* = \varnothing$，则称 N 为纯网(pure net)；如果对所有的 $x \in (P \cup T)$，$y \in (P \cup T)$，都有

$$(*x = *y) \wedge (x* = y*) \Rightarrow x = y$$

则称 N 为简单网(simple net)。

定义 2-5　$\text{PN} = (P,T,F,K,W,M_0)$ 是一个 P/T 系统，当且仅当[12]：

(1) $N = (P,T,F)$ 是一个 Petri 网结构；

(2) $K : P \to N^+ \cup \{\infty\}$ 是库所上的容量函数(N^+ 为正整数集合)，规定了令牌的上限，对于任意 $p \in P$，$K(p)$ 表示 p 所对应的容量分量，若 $K(p) = \infty$，那么 p 的令牌无上限；

(3) $W : F \to N^+$ 是流关系上的权函数，规定了令牌传递中的加权系数，对于任一弧 $f \in F$，以 $W(f)$ 表示 f 所对应的加权分量；

(4) $M_0 : P \to N$ 是初始标识(marking)，满足 $\forall p \in P : M_0(s) \leqslant K(s)$。

$M : P \to N$ 是库所集合上的标识向量，对于任意的 $p \in P$，以 $M(p)$ 表示 p 所对应的分量，并且必须满足 $M(p) \leqslant K(p)$。

P/T 系统具有两类性质：与初始标识无关的性质和与初始标识有关的性质。

前者与令牌无关，称为标识结构性质或无关性质；后者与系统初始时令牌的分布有关，称为行为性质或标识有关性质，具体又体现在其可达性、活性和安全性上。

定义 2-6 对于 Petri 网 $PN = (P,T,F,K,W,M)$，称变迁 t 在标识向量 M 下使能，当且仅当：

$$(\forall p_1) p_1 \in {}^*t \Rightarrow M(p_1) \geqslant W(p_1,t), \quad (\forall p_2) p_2 \in t^* \Rightarrow K(p_2) \leqslant M(p_2) + W(t,p_2)$$

定义 2-7 激活 Petri 网中的一个使能变迁 t，将导致系统中令牌的重新分布。设引发前系统标识向量为 m，引发后成为 m'，则有 $m' = m + O(t) - I(t)$。其中 $O(t)$ 为变迁至其后集间流关系的权值向量，$I(t)$ 为变迁至其前集间流关系的权值向量[13]。

直观来看，变迁使能的必要条件是该变迁的前集中的库所包含足够多的令牌，这些令牌可以在变迁引发过程中消耗，同时在产生新的令牌并添加至后集中的库所时，也不超过这些库所的容量。变迁在使能后可以引发，引发过程按照状态与变迁间关系的权值消耗或产生相应数量令牌，从而导致系统状态的变动。如果系统中没有任何使能的变迁，则系统无法演化至另一个状态。

可达性是研究任何系统动态行为的基础，Petri 网中的可达性主要是指标识的可达性。按照变迁的引发规则，系统中令牌的重新分布表示有一些变迁被引发，从而进入一个新的标识。在初始标识 M_0 标记下，如果存在一系列迁移 $(t_1,t_2,\cdots,t_n)$ 能被引发使得初始标识 M_0 成为 M_n，则称标识 M_n 是从 M_0 可达的，记为 $M_0[\sigma M_n$，并记 $\sigma = t_1,t_2,\cdots,t_n$ 为变迁的引发序列。对于 Petri 网 $PN = (P,T,F,K,W,M_0)$，所有从 M_0 可达的标识组成的可达标识集，记作 $R_{PN}(M_0)$；从 M_0 出发的所有能使系统到达新标识的序列组成引发序列集，记为 $L_{PN}(M_0)$[13]。

通常情况下，对于仅有一个输入库所和一个输出库所的网模型，用 $M_0 = (1,0,\cdots,0)$ 表示初始网标识，表示仅有输入库所有令牌。在通常的条件下，流程正常结束时，令牌应到达输出库所，网标识变为 $M_n = (0,\cdots,0,1)$，且其他任何库所都没有令牌。假设标识 M_n 可以从 M_0 到达，则存在一变迁引发序列 x 将标识 M_0 变为 M_n，则矩阵方程

$$M_n = M_0 + x \cdot (D^+ - D^-)$$

存在非负整数解[17]，若该方程无非负整数解，则标识 M_0 到 M_n 不可达[18]。其中：

(1) D^+ 表示输出函数，$D^+[i,j] = \#(P_i, O(t_j))$，$O(t_j)$ 为 0 或 1，若从 t_j 有一弧输出到 p_i，则为 1，否则为 0；

(2) D^- 表示输入函数，$D^-[i,j] = \#(P_i, I(t_j))$，$I(t_j)$ 为 0 或 1，若从 p_i 有一弧输入到 t_j，则为 1，否则为 0。

活性用来描述与系统无死锁相关的性质，在 Petri 网中，死锁就是一个或一组变迁不能引发的状态，可以通过可达树来检测。

定义 2-8　首先定义一记号 w，对于所有 $n \in N, n < w$，有

$$n + w = w + w = w - n = w$$

令 $\Sigma = (P, T, F, K, W, M_0)$ 是一个 P/T 系统，以标识为节点构成的树定义为 Σ 的可达树，由下列递归算法可构成可达树[19]。

(1) M_0 为根节点 r。

(2) 如果一个标注 M 的节点 x 为一个叶子节点，当且仅当 $t \in T$：在从 r 到 x 的路上存在一个节点 $y \neq x$ 或者说 t 在 M 是可实施的，节点 y 由 M 标注。

(3) 若一个标注 M 的节点 x 不是一个叶子节点，则对于 $\forall t \in T$ 使得在 M 下可实施的 t 被触发而产生一个新节点 y，从 x 到 y 新产生的弧与 t 相关联，M_1' 满足于 $M[t > M_1'$，即

$$\forall s \in S, M_1'(s) = M(s) - W(s, t) + W(t, s)$$

M' 的计算可为两种情况。

(1) 如果在从 r 到 y 的路上存在标注 M'' 的节点 $z \neq y$ 且 $\forall s \in S : M_1'(s) \geqslant M''(s)$，那么

$$M'(s) = \begin{cases} M_1'(s), & M_1'(s) = M''(s) \\ w, & \text{其他} \end{cases}$$

(2) 其他情况下，$M' = M_1'$。

定义 2-9　令 $\Sigma = (P, T, F, K, W, M_0)$ 是一个有限的 P/T 系统，由标识(值可由 w 表示)为节点的图构成 Σ 的可达图，由 T 元素标注其弧线。

可达图可以看成可达树中相同节点的重叠，如图 2-3 中给出了一个 P/T 系统和其相应的可达树及可达图[19]。

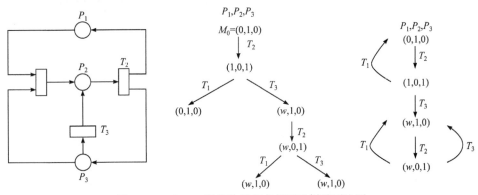

图 2-3　一个 P/T 系统和其相应的可达树及可达图

在 PN $= (P,T,F,K,W,M_0)$ 中，若 $\exists M, M \in R(M_0)$，在该标识 M_0 下迁移 t 使能，则称 t 是潜在可触发的。对于 $\forall M, M \in R(M_0)$，如果变迁 t 都是潜在可引发的，那么可以认为 t 在标识 M_0 下是活的。如果所有的变迁 t 都为活的，那么认为这个 PN 模型是活的，PN 模型的活标识可以标记为 M_0。显然在活的 Petri 网系统中不会存在永远无法引发的变迁，即不存在死锁。虽然活性是并发系统的理想特征，但保证系统的活性往往不大现实。例如，在一些软硬件的操作系统中，状态和变迁数目巨大，证明这一特性较为困难，因此可以对活性的定义进行适当放宽，规定不同的活性等级，从而对系统满足活性的情况进行区分。

可达性确保系统能从开始状态到达最终状态，反映了系统的可执行性，活性则反映了系统健壮性(robustness)方面的特性。

2.3 零信任车联网系统的扩展 Petri 网

2.3.1 时间 Petri 网

时间 Petri 网(time Petri net，TPN)[20]是形式化领域中一种重要的系统模拟工具，其在 Petri 网的基础上加入了时间约束条件，具备良好的图形表达功能和严格的数学分析能力，常被用于描述和分析零信任环境下的车联网这类包含时间约束的具有并发属性的分布式系统，也可用于描述离散事件和有限状态机的交互和演化，能够更加直观地表达系统中进程或部件顺序、并发等关系，同时可以进行死锁分析和安全性分析。具体的时间 Petri 网相关定义如下。

定义 2-10 一个六元组 TPN $= (P,T,F,W,M_0,\text{SI})$ 表示一个时间 Petri 网。

(1) P 表示有限数量的状态(或称库所)集合(非空)。

(2) T 表示有限数量的变迁集合(非空)。

(3) $F = P \times T \to N$ 是流关系的集合，表示状态和变迁之间的相关性，其中：

$$\begin{cases} \text{dom}(F) \bigcup \text{cod}(F) = P \bigcup T\,(没有孤立元素) \\ \text{dom}(F) = \{x \mid \exists y : (x,y) \in F\}\,(定义域) \\ \text{cod}(F) = \{x \mid \exists y : (y,x) \in F\}\,(值域) \end{cases}$$

(4) $N = (P,T;F)$ 是基础 Petri 网。

(5) $W : F \to N^+$ 为有向弧的权函数，即为每条弧分配一个正整数权重，其中 N^+ 为正整数。

(6) $M_0 : P \to N^+$ 为系统初始标识，反映了时间 Petri 网的初始状态，其中 $\exists t \in T, (p_0,t) \in F, M_0[t >$。

(7) SI：是定义在变迁集合 T 上的时间间隔函数，且 $\forall t \in T$，$\mathrm{SI}(t) = \left[\mathrm{SEFT}(t), \mathrm{SLFT}(t)\right]$，其中 $\mathrm{SEFT}(t)$ 是最早静态发生时间，$\mathrm{SLFT}(t)$ 是最晚静态发生时间。

时间 Petri 网的图形表达示例如图 2-4 所示。其中，变迁(transition)节点用矩形框 "□" 表示，每个变迁节点上都定义一个时间间隔函数，表示变迁发生的时间约束条件；库所节点用圆圈 "○" 表示，库所中可以存在任意数量的令牌(token)，用实心圆点 "●" 表示，令牌代表着系统可利用的信息、资源等事物或者系统对象的某个状态，在满足条件下，其能够从一个库所转移到另一个库所；网模型之间的流关系由有向弧(connection)表示，有向弧是由库所和变迁这两类节点组成的有序偶，表示资源在这个网模型之间的流动。

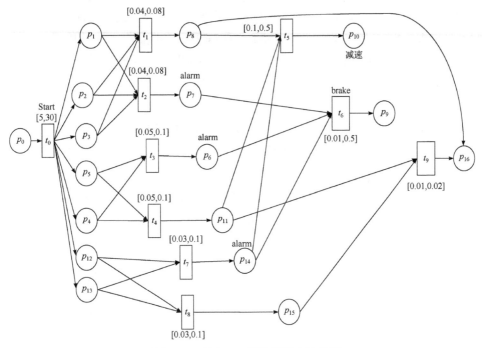

图 2-4　时间 Petri 网的图形表达示例

定义 2-11　设时间 Petri 网 $\mathrm{TPN} = (P, T, F, W, M_0, \mathrm{SI})$，设 $x \in (P \cup T)$，记

$$\begin{cases} {}^{\bullet}x = \left\{ y \mid y \in P \cup T \ \& \ (y, x) \in F \right\} \\ x^{\bullet} = \left\{ y \mid y \in P \cup T \ \& \ (x, y) \in F \right\} \end{cases} \tag{2-1}$$

其中，${}^{\bullet}x$ 是 x 的前集或输入集；$x^{\bullet}$ 是 x 的后集或输出集。称 ${}^{\bullet}x \cup x^{\bullet}$ 为元素 x 的外延。如果 $x \in P$，则称 ${}^{\bullet}x$ 和 $x^{\bullet}$ 分别为状态前集和状态后集。如果 $x \in T$，则称 ${}^{\bullet}x$ 和

$x^\bullet$ 分别为变迁前集和变迁后集。显而易见，每个状态的外延都是变迁集 T 的某个子集，每个变迁的外延都是状态集 P 的某个子集。对于 $\forall x \in (P \cup T)$，x 不可能是一个孤立节点，即 x 的外延 $^\bullet x \cup x^\bullet$ 不可能为空集。

定义 2-12 对于一个时间 Petri 网 $TPN = (P,T,F,W,M_0,SI)$，设 M 为网 TPN 的一个标识，SI 为网 TPN 的时间间隔函数，称时间变迁 $t \in T$ 在标识 M 下使能(有发生权)，记为 $(M,SI)[t>$，当且仅当

$$\begin{cases} (\forall p_1)p_1 \in {^\bullet t} \Rightarrow M(p_1) \geqslant W(p_1,t) \\ (\forall p_2)p_2 \in t^\bullet \Rightarrow K(p_2) \leqslant M(p_2) + W(t,p_2) \end{cases} \tag{2-2}$$

即 t 的前集中，每个库所中令牌的数目都要大于或者等于该库所与变迁 t 之间有向弧的权重。并且时间 Petri 网的激发不仅要在系统标识下满足使能条件，同时要时间满足特定要求。在时间 Petri 网中，每个变迁 $t \in T$ 都关联着两个时间值：$SEFT(t)$ 和 $SLFT(t)$。当变迁 t 使能时，至少要经过时间 $SEFT(t)$ 才能发生；如果在此期间没有别的变迁发生使得 t 不再使能，那么 t 最晚在时间 $SLFT(t)$ 之前(含时间 $SLFT(t)$)必须发生。

定义 2-13 对于时间 Petri 网 $TPN = (P,T,F,W,M_0,SI)$，设 M 为 TPN 的一个标识，若 $(M,SI)[t>$，则在标识 M 下，变迁 t 有发生权，那么 t 可以激发，变迁的发生是瞬时的，即变迁一旦发生，立刻导致系统标识的改变。变迁 t 发生产生新的标识 M'，M' 称为 M 的后继标识，后继关系记作 $(M,SI)[t>M'$，即

$$\forall p \in P, \ M'(p) = \begin{cases} M(p) - W(p,t), & p \in {^\bullet t} - t^\bullet \\ M(p) + W(t,p), & p \in t^\bullet - {^\bullet t} \\ M(p) + W(t,p) - W(p,t), & p \in {^\bullet t} \cap t^\bullet \\ M(p), & p \notin {^\bullet t} \cup t^\bullet \end{cases} \tag{2-3}$$

综上所述，变迁发生规则如下[21-23]。

(1) 如果一个变迁有发生权(使能)，那么当且仅当这个变迁的每个输入库所中令牌的数目大于或者等于对应输入弧的权重(即权函数的值)。

(2) 当某变迁发生(激发)时，从该变迁的输入库所中移出的令牌数目等于该变迁的输入弧权值 $W(p,t)$，向该变迁的输出库所中产生的令牌数目等于该变迁对应的输出弧权值 $W(t,p)$，可以说当时间 Petri 网中有变迁激发时，输入令牌和输出令牌的个数只与输入弧和输出弧有关，而且取决于输入弧和输出弧的数值。

例 2-1 图 2-4 给出的是智能汽车直行案例的时间 Petri 网模型。根据上述定义，有

(1)　$P = \left\{ p_0, p_1, p_2, p_3, p_4, p_5, p_6, p_7, p_8, p_9, p_{10}, p_{11}, p_{12}, p_{13}, p_{14}, p_{15}, p_{16} \right\}$；

(2)　$T = \{ t_0, t_1, t_2, t_3, t_4, t_5, t_6, t_7, t_8, t_9 \}$；

(3)　$F = \left\{ (p_0, t_0), (t_0, p_1), (t_0, p_2), (t_0, p_3), (t_0, p_4), (t_0, p_5), (p_1, t_1), \cdots \right\}$，$F$ 是图 2-4 中的有向弧；

(4) 这个模型有向弧的权值全为 1；

(5)　$M_0 = (1, 0, 0, 0, 0, 0, 0, 0, 0, 0, 0, 0, 0, 0, 0, 0, 0)$；

对于库所 p_2，其前集为 ${}^\bullet p_2 = \{ t_0 \}$，后集为 $p_2{}^\bullet = \{ t_1, t_2 \}$，其外延 ${}^\bullet p_2 \cup p_2{}^\bullet = \{ t_0, t_1, t_2 \}$。对于变迁 t_6，其前集为 ${}^\bullet t_6 = \left\{ p_6, p_7, p_{14} \right\}$，后集为 $t_6{}^\bullet = \left\{ p_9 \right\}$，其外延 ${}^\bullet t_6 \cup t_6{}^\bullet = \left\{ p_6, p_7, p_9, p_{14} \right\}$。

系统初始时，变迁 t_0 在标识 $M_0 = (1, 0, 0, 0, 0, 0, 0, 0, 0, 0, 0, 0, 0, 0, 0, 0, 0)$ 下使能 (有发生权)，会得到新标识。

2.3.2　随机 Petri 网

随机 Petri 网(stochastic Petri net，SPN)[24]是一种具有扩展功能的 Petri 网，通过将变迁实施速率 λ 加入 Petri 网，可以有效地加强对系统进行形式化描述和建模的能力。随机 Petri 网定义为五元组 $N = (P, T, F, M_0, \lambda)$，其中 $\lambda = \{ \lambda_1, \lambda_2, \cdots, \lambda_m \}$ 是一个包含所有变迁实施速率的集合，任意的变迁实施速率均为非负实数且每个变迁 t_i 都存在与之对应的变迁实施速率 λ_i，那么变迁 t_i 在 x 单位的时间段内触发的概率为 $1 - \mathrm{e}^{-\lambda_i x}$。变迁触发时延与变迁实施速率互为倒数，故变迁触发时延也被称为变迁服务时间，若变迁触发时延用 T_{delay} 表示，那么变迁实施速率和变迁触发时延满足如下公式：

$$T_{\text{delay}} \times \lambda = 1$$

对于随机 Petri 网，变迁触发时延 T_{delay} 是一个与时间相关、服从指数分布的随机变量。由于指数分布具有无记忆性，所以任何具有有穷个库所、有穷个变迁的连续时间的随机 Petri 网同构于一个一维连续时间的马尔可夫链(Markov chain)，且满足定义 2-14。

定义 2-14　对于一个随机 Petri 网同构的马尔可夫链[25]，假设该马尔可夫链中有 n 个状态，那么可以得到一个 $n \times n$ 的转移矩阵 Q。若存在变迁 t_k 使得可达标识 M_i 触发得到可达标识 M_j，则 Q 矩阵元素 q_{ij} 满足

$$q_{ij} = \left. \frac{\mathrm{d}(1 - \mathrm{e}^{-\lambda_k \tau})}{\mathrm{d}\tau} \right|_{\tau = 0} = \lambda_k \tag{2-4}$$

　　若可达标识 M_i 与 M_j 之间不存在可达关系，即不存在变迁 t_k 使得可达标识 M_i 触发得到可达标识 M_j，则

$$q_{ij} = 0$$

当 $i = j$ 时，有

$$q_{ij} = \left. \frac{\mathrm{d}\prod_k\left(1-\left(1-\mathrm{e}^{-\lambda_k\tau}\right)\right)}{\mathrm{d}\tau} \right|_{\tau=0} = \left. \frac{\mathrm{d}\left(\mathrm{e}^{-\tau\sum_k\lambda_k}\right)}{\mathrm{d}\tau} \right|_{\tau=0} = -\sum_k\lambda_k$$

　　由于该马尔可夫链中存在 n 个状态，所以从状态 M_0 到状态 M_{n-1} 的稳态概率为一个 n 维向量 P，$P = \{p(M_0), p(M_1), \cdots, p(M_{n-1})\}$，其中 $p(M_i)$ 为状态 M_i 的稳态概率。根据马尔可夫过程，通过求解式(2-2)，可以得到每个状态 M_i 的稳态概率 $p(M_i)$。

$$\begin{cases} P \times Q = 0 \\ \sum_{i=0}^{n-1} p(M_i) = 1 \end{cases} \tag{2-5}$$

　　图 2-5 是一个与随机 Petri 网同构的马尔可夫链案例。图 2-5(a)中存在 5 个库所、6 个变迁、12 条连接库所和变迁的有向弧，初始标识 M_0 为 $(1,0,0,0,0)$，通过触发不同的变迁，可以生成不同的标识，从而得到与之对应的可达标识图，如图 2-5(b)所示。根据同构规则，可达标识图的标识数与马尔可夫链的状态数相等，随机 Petri 网的每个变迁存在与之对应的变迁实施速率，易得其同构马尔可夫链如图 2-5(c)所示。

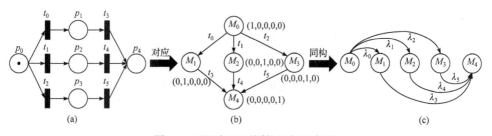

图 2-5　可达标识图同构马尔可夫链

2.4　零信任车联网系统建模的 Z 语言表征

　　前面已经讲过，形式化方法主要采用某种形式规约语言对系统进行描述。在描述零信任环境下的车联网系统需求方面，目前，已经有多种形式规约语言，如

Z[26, 27]、VDM[28]、B[29]等。VDM 是这三种形式规约语言中最早的一种，其基础有部分函数和集合论，适合规格说明和设计；B 语言是最新的一种形式规约语言，其基础有最弱前置条件和集合论，适合规格说明、设计和实现，应用范围也最广，适合整个零信任环境下的车联网系统开发阶段；Z 语言的基础是谓词演算、集合论和模式，是目前使用最广泛的一种形式化描述语言，Z 语言适合规格说明，并且其谓词演算能力是进行形式化建模最受欢迎的，其模式符号表示也非常直观。

Z 指的是著名数学家 Zermelo，Z 的全称是"形式化规格说明符号系统 Z"，Z 形式规约是由著名计算机科学家 Hoare 所在的牛津大学程序研究组(Programming Research Group，PRG)，在 20 世纪 80 年代初设计开发的。随后在 Jean-Raymond Abria 思想的启示下，由牛津大学计算机实验室的 PRG 和其工业伙伴对 Z 形式规约进行逐步的发展和完善，渐渐受到工业界和学术界的重视。在国际标准化组织(International Organization for Standardization，ISO)指导下的国际标准化 Z 工作于 2002 年完成[30]。在 Z 规格说明的检查方面已有了许多性能不错的工具(如 ZTC[31]、ZedB Tool[32]、OOZE[33]、Possum[34]、Nitpick[35]等)，但是在 Z 的执行方面，目前仍缺乏可用的 Z 语言编译工具。

Z 语言的理论基础是集合论和一阶谓词逻辑，且以一阶谓词演算为主要理论基础，包含数学语言和模式语言。用 Z 语言书写的形式化的文档称为规格说明，规格说明可以在代码开发之前编写，因为它不依赖任何编程语言或工具。用 Z 语言开发的规约说明具有精确性、无二义性、一致性和能够进行推理等特点[36]。

Z 语言是具有强大构造机构的数学语言，与自然语言结合起来，可用来产生形式化的规格说明。利用数理逻辑的证明技术，可以对执行规格说明进行推理。对一个规格说明进行求精，得到接近于可执行代码的另一个描述。目前，有一些学者对 Z 描述非协调问题进行了相关研究，如 Miarka 等[37,38]，把超协调逻辑扩展到一阶语言形式，并将其应用于 Z 语言的形式刻画，这些工作在一定程度上为开发自动化推理验证工具、用于分析 Z 刻画的大型复杂系统，奠定了有意义的逻辑基础。

标识符是 Z 形式规约中最简单的语法单位。Z 语言中的基本符号有 P(集合的幂集)、#(集合中元素的个数)、==(定义符)等。

Z 语言的逻辑包括谓词逻辑和命题逻辑，命题是关于事实的陈述，在 Z 语言中这种事实或为真或为假，但不能既真又假。真的命题具有值——真(true)，假的命题具有值——假(false)。

Z 语言中，可以用 5 种运算符将命题连接起来，如表 2-1 所示按运算符优先级别由高至低进行排列。

表 2-1　Z 语言中的运算符

符号	名字	中文读法
¬	否定	非
∧	合取	与
∨	析取	或
⇒	蕴含	蕴含
⇔	等价	等价于

利用这些运算符可以形成新的命题，即复合命题。复合命题的值由其组成部分唯一确定。命题逻辑可以给出特定的对象的陈述，但是无法给出全称的陈述(如"班上的学生个个都是好学生")，也无法给出存在陈述(如"班上的学生有一部分是好学生")。为了将这样的陈述形式化，需要一种可以表达含全称与存在性质这种量词的命题的语言，这种语言就是谓词演算。

谓词是含有某类对象的变量名或位置的陈述。当这些对象位置或对象变量被代入特定的对象时，这个谓词就成了命题。因此，也可以说谓词是含待填空的空位置或变量的命题。在 Z 语言中，全称量词用 "∀" 表示，存在量词用 "∃" 表示。全称量词可看成推广的合取式，存在量词可看成推广的析取式。

Z 语言建立在集合论的基础之上，包括幂集、笛卡儿积等，它们是 Z 语言书写规格说明、求精和证明所必需的内容。直观地说，集合是任何良好定义的对象的群体，当人们用集合论来刻画零信任环境下的车联网系统时，常常包含某种类型的概念。在 Z 语言中，这是一个简单的概念：类型是一个最大的集合。Z 的类型是一个给定集合的名字。

Z 形式规约有基本类型和复合类型两种，前者是一个类型声明，可以引入一个或多个基本类型，后者是由基本类型组成的，如

$$[\text{Goal, Process}]$$

引入了基本类型 Goal(目标)和 Process(过程)。

基本类型包括原子类型(如 N 字符型、Z 整型、R 浮点型)和集合类型。

复合类型包括幂集类型、序偶、笛卡儿积类型、序列、包等。P 为幂集类型符号标识符。

序偶类型符号 →，可形式化地描述一个序偶 A：

$$A == \{g_0 \to t\}$$

其中，g_0 是第一个元素；t 是第二个元素。

一个对象的包与集合类似，但不同的是，包中每一个对象出现的次数是重要的。

在描述零信任环境下的车联网系统时，常常要刻画对象之间的相互关系，两个集合之间的关系被称为二元关系。Z 形式规约中定义关系类型符号为 $\leftrightarrow$，对于集合 X 和集合 Y，用 $X \leftrightarrow Y$ 表示从 X 到 Y 的所有关系的集合。用 Z 形式规约描述为

$$X \leftrightarrow Y == P(X \times Y)$$

在 Z 语言中，$(g_0,\ g_1)$ 常被写成 $g_0 \mapsto g_1$，读为 "g_0 映射到 g_1"。

关系所关联的两个元素分别称为源集和目标集，而关系的定义域用 $\mathrm{dom}\,R$ 表示，关系的值域用 $\mathrm{ran}\,R$ 表示。在关系运算的过程中，有时会对定义域或者值域进行相关的限定，在此，引入两种关系限定符：

(1) "$\triangleleft$" 关系定义域限定的运算符号；

(2) "$\triangleright$" 关系值域限定的运算符号。

Z 语言中定义了很多关系的运算，如关系的复合、关系的逆、关系的映像等。函数是一种特殊的关系，其性质可以形式地描述为

$$R : X \leftrightarrow Y$$
$$\forall x : X; y, z : Y \cdot (x \mapsto y) \in R \wedge (x \mapsto z) \in R \Rightarrow y = z$$

在 Z 表示法中，定义对象有多种方法，如声明定义、公理法定义、省略定义以及关于自由类型和构型的特殊定义。如果该对象是一给定的集合或基本类型，用方括号括起来就是声明它，在上面的集合中已经介绍过。当定义包含对所引入的对象的约束时，这种定义称为公理定义。

构型(也称为模式)作为规格说明的基本单位，把描述系统状态、操作、操作前后的关系、约束条件等重要信息封装在一个构型中。从而方便利用简单的构型组合成复杂的构型，便于信息的重用。构型=声明+谓词，其具有水平和垂直两种形式。

水平形式为

$$\text{Schema\_Name} \stackrel{\text{def}}{=} \text{Schema\_EXP}$$

该形式引入了一个模式名 Schema_Name，"$\stackrel{\text{def}}{=}$" 是定义符号。

大多数情况下，采用垂直形式，因为其具有更强的可理解性和可读性。垂直形式如下：

声明部分
谓词部分

Z 的框架模式分为操作模式和状态模式。前者用来描述在执行操作前后系统中部分状态值之间的改变，通常没有带修饰符的元素或谓词描述的是操作执行前

系统的状态，带修饰符 "'" 的元素或其谓词则指操作后系统的状态，一个字符后跟随一个 "?" 代表输入变量，一个字符后跟随一个 "!" 代表输出变量；后者用于刻画目标车联网系统数据类型的结构特征。

Z 语言本身是无法自动执行的，现在除了出现一些 Z 语言测试工具外，还出现可以自动转换为可执行语言 C++的 Smart Z[39]。Smart Z 继承了 Z 语言的整形、集合、幂集、笛卡儿积、谓词、关系、函数、序列和包等形式规约语言所具有的特征，同时保证了其规格说明可自动求精性。

下面给出传统 Petri 网与 Z 语言相融合的 Petri Z 网的介绍。

2.5　零信任车联网系统形式化模型的 PZN 表征

从上述介绍的内容可知所有的高级 Petri 网都是由用于定义标签、数据以及条件的底层形式化模型和一个基本的 Petri 网模型组成的。例如，用一阶逻辑作为底层的形式化模型的谓词变迁网[40]；使用函数理论作为底层的形式化模型的着色 Petri 网[41]；使用规范作为底层的形式化模型的代数 Petri 网[42]。在 PZN 中，使用一阶逻辑、规范和框架共同作为底层的形式化模型。

PZN 通过描述状态之间的前后变化来反应过程的变化，基本集成思想为系统的控制流、行为和总体结构由 Petri 网定义；抽象数据结构、功能处理以及系统限制由 Z 框架定义。

目前，已有一些文献[43-45]对 PZN 进行了描述，通常情况下，这些文献都是将模型的初始状态一起定义在模型的构建中，然而在用户需求过程的设计过程中，模型的初始状态是作为需求验证过程中的测试用例进行测试用的，因此在建模的初期暂时不需要考虑模型的初态。

胡劲松等[46]的论文以及已有的一些文献描述的 PZN 模型为

$$PZ = (N, Z, ins), \quad N = (P, T, F), \quad Z = (Z_P, Z_T, Z_I), \quad ins = (S, C, L, M_0) \quad (2\text{-}6)$$

本书的 PZN 模型为

$$PZN = (P, T, F, Z_P, Z_T, S, C, L) \quad (2\text{-}7)$$

对比式(2-3)和式(2-4)会发现，在定义 PZN 模型时，并没有同时定义初始标识 M_0。

定义 2-15　一个八元组 $PZN = (P, T, F, Z_P, Z_T, S, C, L)$ 表示一个 Petri Z 网，其中：

(1) (P, T, F) 表示一个 Petri 网；

(2) Z_P 表示用 Z 语言描述的状态模式框架；

(3) Z_T 表示用 Z 语言描述的变迁发生模式框架；

(4) S：$P \rightarrow Z_P$ 为网与定义状态模式的 Z 框架之间的一一对应的映射关系；

(5) $C: T \to Z_T$ 为网与定义变迁发生模式的 Z 框架之间的一一对应的映射关系；

(6) $L: F \to (Z_T$ 中谓词的映射或输入/输出变量的映射)即为网 N 中的流关系 F 与 Z 语言描述的操作模式 Z_T 中的相关谓词的映射关系，包括表示约束条件的谓词，和输入/输出变量。

Petri 网与 Z 语言的对应关系可见图 2-6。

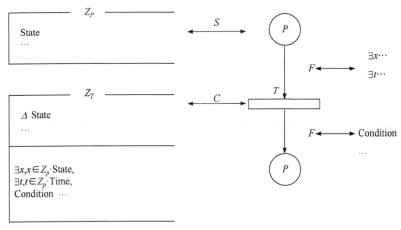

图 2-6　Petri 网与 Z 语言的对应关系

Z 语言描述的操作模式刻画的是状态上的变化关系，是通过描述操作前的状态与操作后的状态的关系来描述过程的，同时用谓词表达了产生状态变化的约束条件。以上这些是单纯的 Petri 网无法做到的，然而 Z 语言没有时序性质，因此 PZN 的控制流要通过 Petri 网来实现，但是 PZN 的控制流又要与 Z 语言的刻画相符。Z 框架之间有如下关系。

(1) $\forall z1, z2 \in Z_p \cdot (z1 \neq z2) \Rightarrow \mathrm{sig}(z1) \bigcap \mathrm{sig}(z2) = \varnothing$ ，即表示所有的 Z 框架中，状态模式不相等，则其签名的交集为空。

(2) $\forall z1, z2 \in Z_0 \cdot (z1 \neq z2) \Rightarrow \mathrm{sig}(z1) \bigcap \mathrm{sig}(z2) = \varnothing$ ，即表示所有的 Z 框架中的初始状态模式不相等，则其签名的交集为空，其中 Z_0 为初始状态模型。

(3) 对于任意 $p \in P$ ，$t \in T$ ，必须满足以下条件：

如果 $(p,t) \in F$ ，则 $\mathrm{sig}\big(S(p)\big) \bigcap \mathrm{sig}(C(t)) \neq \varnothing$ ；

如果 $(t,p) \in F$ ，则 $\mathrm{sig}\big(S(p)\big) \bigcap \mathrm{sig}(C(t)) \neq \varnothing$ 。

相邻的库所和变迁对应的 Z 框架中，必定有相同的签名。即在某一个状态 p ，有一个库所 t 被激发，则 p 和 t 必定有相同的签名存在。

定义 2-16　用 $M = \{M_0, M_1, \cdots, M_n\}$, $M_i : P \to \text{Name}(Z_P)(M_i \in M)$ 来标记该模型当前的状态，在本书中所有不同类型的用户初始需要用 $M_i(M_i \in M)$ 来表示。一般用 M_{i0} 标记某一模型测试用例的初始状态，M_{ie} 标记某一模型测试用例的终止状态。

定义 2-17　PZN 某一状态中的令牌数，指的是用 Z 语言描述的状态模式 Z 框架中，具体定义的所具有的同一类元素中不相同的元素的个数。当 name(Z) 中有多个签名元素时，该库所的状态中令牌数默认为第一个签名元素中的元素个数。

例 2-2　著名的哲学家用餐问题的 PZN 图[46]如图 2-7 所示。

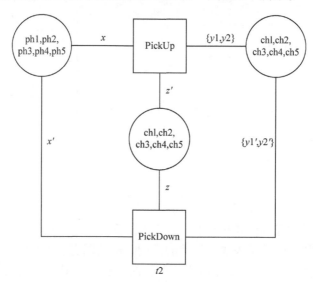

图 2-7　哲学家用餐问题的 PZN 图

该问题可以用 PZN 表达为

$Z_P = \{\text{Thinking}, \text{ChopStick}, \text{Eatting}\}$，其中

```
_____ Thinking __
  tphil :  P  PHIL
_____
```

```
_____ ChopStick __
  chop :  P  CHOP
_____
```

```
_____ Eatting __
  ephil : P(PHIL × CHOP × CHOP)
  left : PHIL → CHOP
  right : PHIL → CHOP
_____
```

$Z_T = \{\text{PickUp}, \text{PutDown}\}$，其中

$$\underline{\qquad\qquad\qquad\qquad\qquad\qquad\qquad\text{PickUp}\underline{\quad}}$$

ΔThinking
ΔChopstick
ΔEatting

$\exists x : \text{PHIL}; \exists y1, y2 : \text{CHOP}; \exists z' : \text{PHIL} \times \text{CHOP?CHOP} \bullet$

$(x \in \text{tphil} \wedge y1 \in \text{chop} \wedge y2 \in \text{chop} \wedge y1 = \text{left}(x) \wedge y2 = \text{right}(x)$

$\Rightarrow (z' = \langle x, y1, y2 \rangle$

$\text{tphil}' = \text{tphil} \backslash \{x\}$

$\text{chop}' = \text{chop} \backslash \{y1, y2\}$

$\text{ephil}' = \text{ephil} \cup \{z'\}$

$\text{left}' = \text{left} \wedge \text{right} = \text{right}'))$

$$\underline{\qquad\qquad\qquad\qquad\qquad\qquad\qquad\text{ PickDown }\underline{\quad}}$$

ΔThinking
ΔChopstick
ΔEatting

$\exists x : \text{PHIL}; \exists y1, y2 : \text{CHOP}; \exists z' : \text{PHIL} \times \text{CHOP?CHOP} \bullet$

$(x \in \text{tphil} \wedge y1 \in \text{chop} \wedge y2 \in \text{chop} \wedge y1 = \text{left}(x) \wedge y2 = \text{right}(x)$

$\Rightarrow (z' = \langle x, y1, y2 \rangle$

$\text{tphil}' = \text{tphil} \backslash \{x'\}$

$\text{chop}' = \text{chop} \backslash \{y1', y2'\}$

$\text{ephil}' = \text{ephil} \cup \{z\}$

$\text{left}' = \text{left} \wedge \text{right} = \text{right}'))$

$Z_0 = \{\text{Init\_Thinking}, \text{Init\_ChopStick}, \text{Init\_Eatting}\}$，其中

$$\underline{\qquad\qquad\qquad\qquad\qquad\qquad\qquad\text{Init\_Thinking}\underline{\quad}}$$

Thinking
tphi1={ph1, ph2, ph3, ph4, ph5}

$$\underline{\qquad\qquad\qquad\qquad\qquad\qquad\qquad\text{Init\_ChopStick}\underline{\quad}}$$

ChopStick
chop={ch1, ch2, ch3, ch4, ch5}

$\underline{\qquad\qquad\qquad\qquad\qquad\qquad\qquad\qquad\qquad\qquad\qquad\text{Eatting}\underline{\qquad}}$

ephil $=\varnothing$

left={ph1↦ch5, ph2↦ch1, ph3↦ch2, ph4↦ch3, ph5↦ch4}

right={ph1↦ch1, ph2↦ch2, ph3↦ch3, ph4↦ch4, ph5↦ch5}

$S = \{p1 \mapsto \text{Thinking}, p2 \mapsto \text{ChopStick}, p3 \mapsto \text{Eatting}\}$

$C = \{t1 \mapsto \text{PickUp}, t2 \mapsto \text{PutDown}\}$

$L = \{(p1,t1) \mapsto \{x\},(p2,t1) \mapsto \{y1,y2\},(t1,p3) \mapsto \{z'\},(p3,t2) \mapsto \{z\},(t2,p1) \mapsto \{x'\},(t2,p2) \mapsto \{y1',y2'\}\}$

$Z_0 = \{p1 \mapsto \text{Init\_hinking}, p2 \mapsto \text{Init\_hopStick}, p3 \mapsto \text{Init\_atting}\}$

则初始标识状态 M_{00} 中的令牌分布为: $M_{00} = \begin{bmatrix} 5 & 5 & 0 \end{bmatrix}$,因为 Z_0 状态模式中集合 tphil 中的元素个数为 5,所以令牌数为 5;集合 chop 中的元素个数为 5,令牌数为 5;在 Init_eatting 中有多个签名元素 "ephil"、"left" 和 "right",而第一个签名元素 "ephil" 中集合为空集,所以 p_3 库所中的令牌数为 0。

定义 2-18 变迁的触发是一种变量替代:$\beta = \{c_1 \rightarrow x_1, \cdots, c_n \rightarrow x_n\}$,相关 Z 框架的输入输出变量由指定类型的标签变量 $x_i(1 \leqslant i \leqslant n)$ 表示,Z 框架中相同类型的值 $c_i(1 \leqslant i \leqslant n)$ 可以进行替换,相关 Z 框架中对应的隐含变量则完全决定了是否能够进行替换,例如,$e:\beta$ 表示表达式 e 的结果由 β 替换,其中 e 为一个 Z 框架或者一个标签表达式。

定义 2-19 假定 M_i 为 PZN 中的一个标识,则在标识 M_i 下,变迁 $t \in T$ 有发生权,当且仅当在标识 M_i 下有可行替换 β,使得前提条件 enabled$(M[t/ > \beta)$ 为真,记作

$$\text{pre} - C(t) : \beta$$

若 enabled$(M_i[t/ > \beta)$ 为真,则变迁 t 可按可行替换 β 触发,其后继标记为 M_i',当且仅当后继条件 firing$(M_i[t/\beta >)$ 为真,记作:$\text{post} - C(t):\beta$。$\beta > M_i[t/\beta > M_i'$ 表示变迁 t 可以在标识 M_i 按可行替换 β 被触发到达新的标识 M_i'。

只要两个不同的可行变迁互相不发生冲突,这两个可行变迁就能够被同时触发,这点与传统 Petri 网相同。

假定 M_i 是 PZN 中的一个标识,集合 $[M_i >$ 表示从 M_i 开始所能到达的标识的最小集合,$M_i \in [M_i >$,且如果 $M_i' \in [M_i >$,$M_i'[t/\beta > M_i''$,则 $M_i'' \in [M_i >$,其中 $t \in T$。

PZN 中的一个执行序列 $(M_{i0}T_0M_{i1}T_1M_{i2}T_2 \cdots)$ 如果是无限的,则这个执行序列中的每一个 T_i 都是由一组没有冲突的可行变迁构成的一个执行步骤;否则在到达最后一个标识时,会因为最后标识没有其他的变迁可以被触发而导致序列终止。

PZN 描述的整个系统的结构是通过 Petri 网显性构造的,Petri 网的可执行性和并发性由 Petri 网来维护。假如库所中包含的 Z 框架个数有限,并且表示变迁的

Z 框架为空，则 PZN 网就可以看成一个简单的位置/变迁网。在 PZN 中，Petri 网的图形方式直观地用库所表示了 Z 语言所定义的状态变量，成员状态就没有必要再使用附加的框架来分组表示。另外，变迁触发的约束条件和产生的结果由与该变迁关联的 Z 框架中的谓词约束定义，所以 PZN 中的网成员必须与相关 Z 框架的关系保持一致。另外，Petri 网中的标签变量要受到对应的 Z 框架中变量的制约，Petri 网中的流关系也要与对应 Z 框架中的谓词相关联，这样不仅可以保证 PZN 中的 Petri 网与 Z 语言之间的一致性，而且可以简化 PZN 的结构，增加连接相同库所的不同变迁的潜在并发特性。

对于一个大型的复杂系统，PZN 可以利用模块划分的方法给出每一个模块的入口点和出口点，用于与其他模块的承接，这样可以将小的 PZN 模型集成为大的模型，应用于大型系统中。

模块的划分在 PZN 中体现为 Petri 网的子网划分，以及 Z 语言抽象化的提升(即将多个状态模式和操作模式进行封装，封装为一个入口点状态模式、一个出口点状态模式和一个引起这两个状态变迁的操作模式)。

定义 2-20　令 PZN1 和 PZN2 为两个 PZN 模型，PZN1 可以划分为 PZN2 的子模块，当且仅当

(1) $\text{PZN1} = (P1, T1, F1, Z1_P, Z1_T, S1, C1, L1)$；

(2) $\text{PZN2} = (P2, T2, F2, Z2_P, Z2_T, S2, C2, L2)$；

(3) $P1 \subseteq P2, T1 \subseteq T2, F1 = F2 \bigcup \left((P1 \times T1) \bigcup (T1 \times P1) \right), S1 \subseteq S2, C1 \subseteq C2, Z_{1P} \subseteq Z_{2P}, Z_{1T} \subseteq Z_{2T}, L_1 \subseteq L_2$。

此时，可以用 Z 语言对 PZN1 进行封装，将整个 PZN1 中的 $Z1_T$ 集合中的操作模式封装成一个新的可以取代整个 PZN1 变迁的模式 Z_{t1}，在封装的同时也提高了 Z 语言描述的抽象化程度。然后，将引起子模块 PZN1 产生的状态模式定义为该变迁 Z_{t1} 的入口状态模式，将 PZN1 子模块的最终状态定义为 Z_{t1} 的出口状态模式。

PZN 因为融合了 Petri 网和 Z 语言，所以同样可以进行完整性、可达性和活性分析。另外，可以通过对 Z 语言描述框架中规则的推理，找出模型中潜在的并发性。

如果零信任环境下车联网系统需求元模型的过程层 RGPS-P(role-goal-process-service-process layer)中的每一个过程 t' 都能在 PZN 对应的集合 T 的元素中找到其符号表示，并且如果该过程 t' 的功能属性或者非功能属性也都能在 Z_T 的 Z 框架描述中找到对应的 Z_{t1} 的具体刻画，那么该 PZN 是完整的。

检查 RGPS-P 的完整性，主要还是靠人工审查(review)的方式，因为需要仔细对照用户需求说明来查看是否设计的每一个过程在 PZN 模型中给出了相关的形式化描述，尤其是针对自然语言保存的文档，机器对自然语言是无法很好地处理

和理解的,所以 RGPS-P 的完整性检查主要是靠人工的形式化审查(formal review)。

在 Petri 网中,可达性是指网中标识的可达性,即按照变迁的引发规则,使能变迁的引发将改变系统中令牌的分布,进入一个新的标识。如果所有的状态都可以通过一系列使能变迁的引发到达,那么该模型具有可达性。在 PZN 中同样继承了 Petri 网的这一性质。

定义 2-21 采用 $D^-[i,j] = (p_i, t_j)$ 表示第 i 个库所到第 j 个变迁的关系。

$$D^-[i,j] = (p_i, t_j) = \begin{cases} 0, & \text{不存在一条弧从第}i\text{个库所输入到第}j\text{个迁移} \\ N, & \text{存在一条弧从第}i\text{个库所输入到第}j\text{个迁移,并且该库所} \\ & \text{中要有}N\text{个同类型的元素存在,才能产生第}j\text{个迁移} \end{cases}$$

整个模型的这种弧的输入关系采用矩阵表示, D^- 称为模型的输入矩阵。

定义 2-22 采用 $D^+[i,j] = (t_i, p_j)$ 表示第 i 个变迁到第 j 个库所的关系。

$$D^+[i,j] = (t_i, p_j) = \begin{cases} 0, & \text{不存在一条弧从第}i\text{个迁移输出到第}j\text{个库所} \\ N, & \text{存在一条弧从第}i\text{个迁移输出到第}j\text{个库所,并且该第}i\text{个} \\ & \text{迁移会产生}N\text{个同类型的第}j\text{个库所中的元素} \end{cases}$$

整个模型的这种弧的输出关系采用矩阵表示, D^+ 称为模型的输出矩阵。

定义 2-23 在 PZN 中关联矩阵,关联矩阵是指输出矩阵与输入矩阵的差,用 C 标记关联矩阵,即有 $C = D^+ - D^-$ 。

如果 M_0(初始标识)状态下,初始库所 P_0 中的令牌能够通过一系列的变迁到达终止库所 P_e 中(如果是循环系统即指进入循环的前一个状态库所),则认为该模型具有可达性。

需要注意的是, PZN 中在某一状态下的令牌数与 Petri 网中令牌数的计算方法有所不同。PZN 中某一库所中的令牌数指的是用 Z 语言描述的状态模式中,所具有的第一个签名元素的集合 sig(Z)中不相同的元素的个数。

活性用来描述与系统无死锁相关的性质,在 Petri 网中死锁就是一个或一组变迁不能引发,在 PZN 中同样继承了 Petri 网的这一性质。在 PZN 中,活性是指没有死锁发生。死锁仍然采用可达树和可达图来检测。

在 PZN 的可达树标识中定义三种标识:重复标识、覆盖标识和死标识。

(1) 重复标识:该标识已在可达树中出现过,重复标识消去了相同子树的出现。

(2) 覆盖标识:当 M_{kj} 严格覆盖其先辈标识 M_{ki} 时,从 M_{kj} 到 M_{ki} 的动作序列可以无限次地重复执行,这样从 M_{kj} 到 M_{ki} 被增值了的令牌系数就会达到无穷大,可以说覆盖标识是重复标识的一个特例。

(3) 死标识:在该标识下没有任何动作可实施,当然没有任何后继标识可达,死标识是不具有子树的标识。当一个 PZN 的死标识个数 ≥ 2 时,这个 PZN 会发生死锁。

定义 2-24　在 PZN 中每一个用户初始需求标记下的可达树是由模型的状态标识 M_{ki} 为节点构成的树，其弧线由变迁 T 元素标注。

定义 2-25　PZN 中每一个用户初始需求标记下的可达图是由标识 M_{ki} 为节点的图，其弧线由 T 元素标注。

与 Petri 网中可达树和可达图的构造是类似的，可达图是可达树中相同节点的重叠。

定义 2-26　在 PZN 中，若在系统某一状态 M_{ki} 下，同时存在多个可行替换，如：

(1)　$\beta_1 = \left\{ p_1 \mapsto p, m_1 \mapsto m, n_1 \mapsto n, \cdots \right\}$；

(2)　$\beta_2 = \left\{ p_2 \mapsto p, m_2 \mapsto m, n_2 \mapsto n, \cdots \right\}$。

使同一个变迁 t 可以被连续触发多次，且 β_1 和 β_2 这几个触发相互之间没有冲突，则 β_1 和 β_2 是潜在可并发的，称 t 按照 β_1 和 β_2 具有潜在可并发性。

定义 2-27　PZN 中的转移矩阵是指从一个库所转移到另一个库所的转换关系，标记为 L_{DP}，其定义为：$L_{DP}[i,j] = (p_i, p_j)$ 表示第 i 个库所到第 j 个库所的关系，如果存在一个变迁 $t_i (i = 1, 2, \cdots, n)$ 使得第 i 个库所可以到达第 j 个库所，则其值为 t_i，否则为 0。整个模型的这种库所与库所的转移关系采用矩阵表示，L_{DP} 就称为 PZN 模型的转移矩阵。

2.6　基于 Actor-Critic 算法的强化学习

在强化学习中，当智能体(agent)在状态 s 下根据策略函数 $\pi(a|s)$ 做出动作 a 时，环境(environment)将根据该动作产生的结果奖惩智能体，然后智能体根据环境所给的奖惩结果调整下一次所做出的动作，循环往复，智能体会逐渐迎合环境做出相应动作，从而达到环境所期望的效果。强化学习主要分为两种方法，第一种方法是策略学习(policy learning)，第二种方法是价值学习(value learning)。

策略学习主要使用神经网络 $\pi(a|s; \theta)$ 来逼近策略函数 $\pi(a|s)$，因此该神经网络也称为策略网络。策略网络中的参数 θ 代表权重，其通过智能体的动作和环境给予的奖惩进行更新和优化，使策略网络所给出的动作达到期望的结果。策略学习中以策略梯度算法为代表，其中最简单的算法之一就是蒙特卡罗(Monte Carlo)算法。

价值学习也是使用一种称为价值网络的神经网络 $Q(s, a; w)$ 来逼近价值函数 $Q^*(s_t, a_t)$ 的方法。s_t 和 a_t 分别表示 t 时刻智能体的状态和动作，s、a 和 w 分别表示价值网络的状态、动作和权重。利用价值网络 Q 预测当前状态下动作的得分，然后根据环境给出该动作的实际奖励 Q^*，再利用梯度下降法修正对未来的奖励预测。常见的价值学习算法包括 Q 学习算法、DQN(deep Q-network)算法等。DQN算法在 Q 学习算法的基础上，结合深度神经网络逼近价值函数，利用经验回放训练强化学习的整个过程。

需要注意的是，强化学习中有很多种学习方法，而本书主要基于演员-评论家(Actor-Critic)算法进行探究，该方法结合了策略学习和价值学习的思想，利用两个神经网络分别逼近策略函数和价值函数，策略网络相当于体操运动员，而价值网络相当于体操裁判。在初始状态下，运动员只能根据策略网络做出随机动作，裁判也只能根据运动员的动作和当前状态进行随机评价。裁判做出评价后，环境会根据裁判的评价给出相应的奖惩，裁判通过迎合环境而逐渐变得专业，而运动员通过迎合裁判从而使动作也逐渐标准化，满足环境期望，达到优化策略函数的目的，上述过程可以采用数据流的方式进行描述，如图 2-8 描述了 Actor-Critic 算法的工作原理。

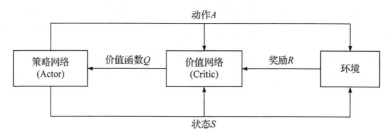

图 2-8　Actor-Critic 算法的工作原理

在 Actor-Critic 算法中定义了一个状态价值函数 $V_\pi(s) \approx \sum_a \pi(a|s) \times Q_\pi(s,a)$ ，其中 $\pi(a|s)$ 为策略函数，$Q_\pi(s,a)$ 为价值函数，因为采用了两个神经网络分别逼近策略函数和价值函数，所以策略网络为 $\pi(a|s;\theta)$ ，价值网络为 $q(s,a;w)$ ，状态价值函数为

$$V_\pi(s) \approx \sum_a \pi(a|s;\theta) \times q(s,a;w)$$

根据策略函数对每个动作给出的发生概率和价值函数对每个动作给出的奖惩价值，采用乘积求和，易得在当前状态 s 下执行策略函数 π 的好坏，Actor-Critic 算法主要步骤如图 2-9 所示。其中，时序差分(temporal difference，TD)算法是一种将整个模型训练过程分阶段进行的算法，适合强化学习中折扣回报的思想，可以应用于价值学习。

对比上述三种强化学习算法，各自的优缺点如表 2-2 所示[47-49]。价值学习中的代表算法 DQN 虽然可以通过经验池存储以前的数据，打破信息之间的关系，可以有效解决复杂的状态和动作以及数据之间存在相关性的问题，但是该方法仍

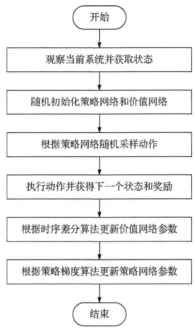

图 2-9　Actor-Critic 算法主要步骤

然存在过拟合、样本利用率低、求解过程评估不稳定等问题。与价值学习相比，策略学习更简单，收敛性更好，但仍存在算法方差大、收敛速度慢、学习步长难以确定等缺点。Actor-Critic 算法为进一步减小方差，以状态价值函数作为基线来预测 bootstrapping 方法的值，极大地减小了方差，但同时引入了偏差，成为 Actor-Critic 算法的一个主要缺点。

表 2-2　三种强化学习算法的优缺点

种类	代表算法	优势	缺陷
价值学习	DQN 算法	可解决高维复杂问题、不易陷入局部最优	容易过拟合、样本利用率低、稳定性和收敛性差
策略学习	蒙特卡罗算法	稳定性高、收敛性强	方差大、收敛慢、易局部最优
价值策略学习	Actor-Critic 算法	方差小、训练快、可解决连续问题	效率低、偏差大、稳定性差

2.7　形式化建模工具介绍

目前，在形式化研究领域中，研究人员根据不同的需要，开发出各具特色的形式化建模工具，如 CPN Tools、Tina、Snoopy、GreatSPN、Cell Illustrator 等。这些工具因其各自的特色受到领域中不同研究方向的研究人员的欢迎。对于前面所提到的随机 Petri 网，本书采用 Snoopy 软件对本书主题进行深入研究。Snoopy 具有三个特性：可扩展、自适应、独立于平台[50]，因此 Snoopy 能支持很多种类的 Petri 网模型，如颜色 Petri 网(coloured Petri net，CPN)、时间 Petri 网(time Petri net，TPN)、随机 Petri 网等。相较于其他建模工具，CPN Tools[51]专为颜色 Petri 网量身定制，但其缺乏对弧的个性化设置；GreatSPN[52]支持对广义随机 Petri 网(generalised stochastic Petri net，GSPN)和颜色 Petri 网的建模分析，但不支持其他类型的 Petri 网；Cell Illustrator[53]是一款商业软件工具，支持使用扩展混合功能的 Petri 网(hybrid functional Petri net with extensions，HFPNE)，但其不具备层次结构、动态模拟等高级建模功能。对于上述工具的缺陷，Snoopy 用丰富的功能对其进行了覆盖，并且 Snoopy 的功能契合于本书的研究内容，因此将其作为本书的形式化建模工具进行建模仿真。

Snoopy 为 Petri 网模型提供了规范的图形化构建环境，如图 2-10 所示，Snoopy 用户操作界面主要包括以下四个方面。

(1) 图形元素窗口(左侧上半部分的树形控件)：用于列出所有元素，如库所、变迁、弧等元素。

(2) 层次结构窗口(左侧中间部分的树形控件)：用于显示模型层次结构。

(3) 声明窗口(左侧下半部分的树形控件)：用于声明常量、变量、函数等。

(4) 绘图画布(右侧窗口)：用于绘图和显示模型。

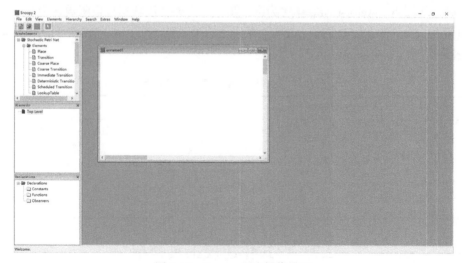

图 2-10　Snoopy 用户操作界面

Snoopy 还提供给用户丰富的功能，其基本功能主要有定义声明、添加元素、编辑节点属性等。此外，Snoopy 还为每个类型的 Petri 网提供了执行功能，将令牌流动以动画的形式进行可视化，能更好地理解模型的内在因果关系。

值得一提的是，Snoopy 中为用户提供了粗略库所和粗略变迁，这两种元素有助于实现对 Petri 网模型的精炼和抽象功能，并设计分层结构的 Petri 网模型。

2.8　本　章　小　结

本章系统阐述了零信任架构下车联网系统的核心架构与形式化建模方法。基于"车-路-人-云"一体化结构，分析了车联网多主体间的动态交互机制及复杂数据流特性。引入 Petri 网及其扩展模型(时间 Petri 网、随机 Petri 网)构建系统动态行为模型，融合 Petri 网的并发控制与 Z 语言的状态约束特性，提出 PZN 模型。此外，探讨了 Actor-Critic 算法在优化车联网动态决策中的应用潜力，并介绍了 Snoopy 等建模工具的功能特性。本章为后续零信任车联网系统的安全性验证与性能优化提供了理论方法基础与技术支持。

参　考　文　献

[1] Nallaperuma D, Nawaratne R, Bandaragoda T, et al. Online incremental machine learning platform for big data-driven smart traffic management[J].IEEE Transactions on Intelligent Transportation Systems, 2019, 20(12): 4679-4690.

[2] Ji B F, Zhang X R, Mumtaz S, et al. Survey on the internet of vehicles: Network architectures and applications[J]. IEEE Communications Standards Magazine, 2020, 4(1): 34-41.

[3] Yoshizawa T, Singelée D, Muehlberg J T, et al. A survey of security and privacy issues in V2X communication systems[J]. ACM Computing Surveys, 2023, 55(9): 1-36.

[4] Chen S Z, Hu J L, Shi Y, et al. A vision of C-V2X: Technologies, field testing, and challenges with Chinese development[J].IEEE Internet of Things Journal, 2020, 7(5): 3872-3881.

[5] Gyawali S, Xu S J, Qian Y, et al. Challenges and solutions for cellular based V2X communications[J]. IEEE Communications Surveys & Tutorials, 2020, 23(1): 222-255.

[6] Al-Turjman F, Lemayian J P. Intelligence, security, and vehicular sensor networks in internet of things (IoT)-enabled smart-cities: An overview[J].Computers & Electrical Engineering, 2020, 87: 106776.

[7] Fayyad J, Jaradat M A, Gruyer D, et al. Deep learning sensor fusion for autonomous vehicle perception and localization: A review[J]. Sensors, 2020, 20(15): 4220.

[8] Wang Z G, Zhan J, Duan C G, et al. A review of vehicle detection techniques for intelligent vehicles[J].IEEE Transactions on Neural Networks and Learning Systems, 2022, 34(8): 3811-3831.

[9] Peterson J L. Petri nets[J]. ACM Computing Surveys, 1997, 9(3): 223-252.

[10] Brauer W, Reisig W, Rozenberg G. Petri Nets: Central Model and Their Properties[M]. New York: Springer, 1987.

[11] Girault C, Reisig W. Application and Theory of Petri Nets[M]. New York: Springer, 1982.

[12] Rozenberg G. Advances in Petri Nets 1984[M]. New York: Springer, 1985.

[13] Murata T. Petri nets: Properties, analysis and applications[J]. Proceedings of the IEEE, 1989, 77(4):541-580.

[14] Reisig W. Petri nets: An introduction[J]. Monographs in Theoretical Computer Science: An EATCS Series, 1985, 4:3-8.

[15] Petri C A. Kommunikation mit automaten[R]. Dresden: Schriften des Institutes fur Instrumentelle Mathematik, 1966.

[16] Ruekdesehel W, Onken R. Modelling of Pilot Behavior Using Petri Nets[M]. Berlin: Springer, 1994.

[17] Miyazawa I, Tanaka H, Sekiguchi T. Classification of solutions of matrix equation related to parallel structure of a Petri net[C]. Proceedings of IEEE International Conference on Emerging Technologies and Factory Automation, 1996: 446-452.

[18] Song Y J, Lee J K. Analysis of Petri net models using transitive matrix[C]. Proceedings of IEEE International Conference on Systems, Man, and Cybernetics, 2000: 3211-3127.

[19] 林闯. 随机 Petri 网和系统性能评价[M]. 北京: 清华大学出版社, 2000.

[20] Merlin P, Farber D. Recoverability of communication protocols-implications of a theoretical study[J]. IEEE Transactions on Communications, 1976, 24(9): 1036-1043.

[21] Bucci G, Fedeli A, Sassoli L, et al. Time state space analys is of real-time preemptive systems[J]. IEEE Transactions on Software Engineering, 2004, 30(2): 97-111.

[22] Li P, Ding Z J, Zhou M C. A configurable state class method for temporal analysis of time Petri nets[J]. IEEE Transactions on Systems, Man, and Cybernetics, 2014, 44(4): 482-493.

[23] Bonhomme P, Berthelot G, Aygalinc P, et al. Verification technique for time Petri nets[J]. IEEE International Conference on Systems, Man and Cybernetics, 2004, 5: 4278-4283.

[24] Taleb-Berrouane M, Khan F, Amyotte P. Bayesian stochastic Petri nets (BSPN)-A new modelling tool for dynamic safety and reliability analysis[J].Reliability Engineering & System Safety, 2020, 193: 106587.

[25] Marsan M A, Balbo G, Chiola G, et al. An introduction to generalized stochastic Petri nets[J]. Microelectronics Reliability, 1991, 31(4): 699-725.

[26] Abrial J R. The specification language Z: Syntax and semantics[R].Oxford: Oxford University, 1980.

[27] Jacky J. The Way of Z: Practical Programming with Formal Methods[M]. Cambridge: Cambridge University Press, 1997.

[28] Jones C B. Systematic Software Using VDM[M]. Upper Saddle River: Prentice Hall, 1990.

[29] Abrial J R. The B-book: Assigning Programs to Meanings[M].Cambridge: Cambridge University Press, 1996.

[30] ISO, IEC. Information technology—Z formal specification notation—Syntax, type system and semantics[S]. ISO/IEC 13568, 2002.

[31] Jia X. ZTC: A type checker for Z user's guide[R].Chicago:Department of Computer Science, Depaul University, 1994.

[32] Neilson D, Prasad D. zedB: A Proof Tool for Z Built on B[M].London: Springer, 1991.

[33] Alencar A J, Goguen J A. OOZE: An object-oriented Z environment[C]. European Conference on Object-Oriented Programming, 1991: 180-199.

[34] Copeland G P, Jones D, Walters M. POSSUM: A scoring system for surgical audit[J]. British Journal of Surgery, 1991, 78(3): 356-360.

[35] Jackson D. Nitpick: A checkable specification language[C]. First ACM SIGSOFT Workshop on Formal Methods in Software Practice,1996: 60-69.

[36] 缪淮扣. 软件工程语言——Z[M].上海:上海科学技术文献出版社, 1999.

[37] Miarka R, Derrick J, Boiten E. Handling inconsistencies in Z using quasi-classical logic[J]. Lecture Notes in Computer Science, 2002, 2272: 204-225.

[38] Miarka R. Inconsistent and underdefinedness in Z specification[D]. Canterbury: The University of Kent, 2002.

[39] 王宏生. Z 形式规约的自动求精研究[M].北京:国防工业出版社, 2009.

[40] Genrich H J. Predicate transition nets[J]. Lecture Notes in Computer Science, 1987, 254: 205-247.

[41] Jensen K. Colored Petri nets[J]. Lecture Notes in Computer Science, 1987, 254: 248-299.

[42] Kan C Y, He X D. High level algebraic Petri nets[J].Information and Software Technology, 1995, 37(1): 23-30.

[43] Heiner M, Heisel M. Modeling safety-critical systems with Z and Petri-nets[J]. Computer Safety, Reliability and Security, 1999, 1698: 361-374.

[44] Peschanski F, Julien D. When concurrent control meets functional requirements or Z+Petri nets[C].ZB2003: Formal Specification and Development in Z and B,2003:50-60.

[45] He X D. PZ nets a formal method integrating Petri nets with Z[J]. Information and Software Technology, 2001, 43(1): 1-18.

[46] 胡劲松, 赵保华, 郭雄辉，等. Petri 网和 Z 语言的集成形式化方法[J].小型微型计算机系统, 2004, 25(8):1450-1453.

[47] Niu P F, Wang X F, Lu L. Survey on vehicle reinforcement learning in routing problem[J]. Computer Engineering and Applications, 2022, 58(1): 41-55.

[48] Yang S M, Shan Z, Ding Y, et al. Survey of research on deep reinforcement learning[J]. Computer Engineering, 2021, 47(12): 19-29.

[49] Kayhan B M, Yildiz G. Reinforcement learning applications to machine scheduling problems: A comprehensive literature review[J].Journal of Intelligent Manufacturing, 2023, 34(3): 905-929.

[50] Heiner M, Herajy M, Liu F, et al. Snoopy-a unifying Petri net tool[C]. Application and Theory of Petri Nets: 33rd International Conference, 2012: 398-407.

[51] Westergaard M. CPN Tools 4: Multi-formalism and extensibility[C]. International Conference on Applications and Theory of Petri Nets and Concurrency, 2013: 400-409.

[52] Amparore E G, Balbo G, Beccuti M, et al. 30 years of GreatSPN[C]. Principles of Performance and Reliability Modeling and Evaluation: Essays in Honor of Kishor Trivedi on his 70th Birthday, 2016: 227-254.

[53] Nagasaki M, Saito A, Jeong E, et al. Cell illustrator 4.0: A computational platform for systems biology[J]. Silico Biology: An International on Computational Biology, 2010, 10(1-2): 5-26.

第 3 章　零信任环境下车联网系统需求模型的形式化建模

3.1　基于零信任的车联网系统需求目标模型的形式化建模与分析

验证需求目标的主要目的是明确用户需要系统做些什么，基于零信任的车联网系统需要实现什么功能，最终达到什么效果。本节首先采用超协调逻辑中协调子集的基本思想对所描述的车联网系统需求中获取的用户目标需求进行预处理；然后在车联网系统需求元模型目标层 RGPS-G(role-goal-process-service-goal layer)的指导下，对获取的用户目标需求进行逐层精化，将存在冲突的用户目标信息根据目标本身的特点转化为某种可以由用户自由选择的目标；最后采用下面将要介绍的目标模型(goal model，GM)模型建立目标层的形式化模型，对模型进行形式化验证。

3.1.1　基于超协调逻辑思想的需求预处理

在对用户的需求目标进行分析时,分析人员得到的文档可能是自然语言文本，如果与用户沟通的人员有一定的规约语言基础(如现在比较流行的本体描述语言 owl、owl-s 等)，那么也有可能是用某种规约语言记录的初期需求文档。这些初期的文本文件或者文档处理起来费时费力，并且里面记录的内容不可避免地存在冲突。如果只是一味地剔除这些存在的冲突，那么很可能会违背某些用户群的本意，遗漏车联网系统本来应该存在的重要组成模块。因此，需要采用一种恰当的方式处理这些存在的冲突，能够把这些本来困扰需求分析人员的冲突问题转化为有利用价值的信息,这些信息对车联网系统的扩充以及功能的扩展都是十分有帮助的，其需求预处理示意图如图 3-1 所示。

零信任环境中的超协调逻辑(hyper-coordinated logic，HL)[1-9]也称为次协调逻辑、弗协调逻辑、亚相容逻辑等，它是一种十分重要的非经典逻辑，具有容纳矛盾的能力，即从矛盾不能推出一切的逻辑理论。超协调逻辑的历史渊源可以追溯到古希腊，在赫拉克利特的论著中出现 "矛盾中求协调" (即超协调)思想的最早踪迹。而超协调逻辑的真正创建者应当是巴西逻辑学家 da Costa，1963 年他成功地构造了超协调谓词演算系统，这标志着超协调逻辑的真正诞生。下面给出非协调性在经典逻辑里面的定义。

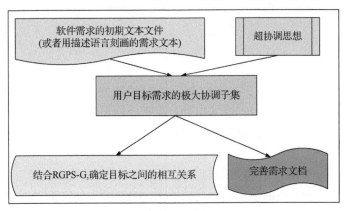

图 3-1 需求预处理示意图

定义 3-1 给定一个理论 T，如果存在公式 a，并且满足 $T\,|-a$ 和 $T\,|-\neg a$，那么 T 是非协调的，可以说 T 是非协调性理论[5]。

假定 $T=\{p,\neg p\}$，根据经典逻辑里的推理规则，有如下推理过程[10]：

(1) $p\wedge\neg p$　　前提；

(2) p　　　　　　由(1)，$\wedge$ 消去；

(3) $\neg p$　　　　　由(1)，$\wedge$ 消去；

(4) $p\vee q$　　　　由(2)，$\vee$ 引进；

(5) q　　　　　　由(3)和(4)，$\vee$ 消去。

上面的推理结果代表着从非协调的理论可以得出任何结论，这种推理毫无意义，称为平凡推理。经典逻辑里的这种现象称为爆炸原理(principle of explosion)或逻辑爆炸(logic of explosion)。基于爆炸原理现象，超协调性、超协调的基本定义如下[10]。

定义 3-2 假设对于任何公式 α 和 β，演算序列 $(\alpha,\neg\alpha\Rightarrow\beta)$ 在一个演算 L 中都可证的话，则该演算 L 对于否定连接词 $\neg$ 是平凡的。当演算 L 不会产生爆炸原理现象时，它就是非平凡的，称演算 L 具有超协调性[10]。零信任环境中的超协调逻辑是对所有的具有超协调性的逻辑系统的统称。

定义 3-3 如果一个逻辑系统 S 拒绝爆炸原理现象，那么该逻辑系统 S 是超协调的，即 S 是超协调逻辑，具有超协调性；反之，S 是平凡的。S 中的逻辑非连接符 $\neg$ 被称为超协调的逻辑非[10]。

当前大部分超协调逻辑方法，如修改原有的逻辑标准、增加不同的逻辑操作符、对一些推理规则进行禁用、引进不同的逻辑值等都是对经典逻辑的一种弱化。一直以来，有很多超协调逻辑的研究[1,2]，随着超协调逻辑的推广也产生了很多分支，被广泛应用于计算机、人工智能领域，如多值逻辑[3]、准经典逻辑[4, 5]、超协调注解逻辑[6,7]、辩论逻辑[8,9]、超协调模态逻辑[11]等。

下面介绍两种具有代表性的超协调逻辑：多值逻辑和准经典逻辑，同时介绍本节中将要用到的一阶准经典逻辑的相关知识。

(1) 多值逻辑。

多值逻辑(multi-valued logic，MVL)[3]是超协调逻辑的一个分支，是指一切逻辑值的取值数大于 2 的逻辑，也就是说其逻辑命题真值除了"真"和"假"以外，还含有其他的真值。在多值逻辑中，"真"和"假"也分别称为"经典的真"和"经典的假"。

多值逻辑的研究历史可以追溯到 1921 年，Post[12]首次提出了 Post 代数(对任何基数都保持功能完备的多值逻辑代数)。20 世纪中期，Booth 等[13,14]提出了有关多值数字电路的论文。20 世纪 50 年代，世界上第一台三值计算机由莫斯科大学研制成功。1976 年，Signetics 公司宣布 12L 四值器件投放市场；1981 年，四值只读存储器(read-only memory，ROM)被 Intel 公司应用于 Intel-8087 数字数据处理机和 iAPX-432 计算机的 43203 输入输出接口中。多值逻辑技术开始进入实用化阶段，多值逻辑器件第一次应用于批量生产的计算机系统中。20 世纪 70 年代末到 80 年代初，我国研究工作者为了开拓多值逻辑在我国的应用领域，做了大量的引进工作，积极推动了我国的多值逻辑研究。目前，多值逻辑已被广泛应用于硬件电路的设计、检测、系统诊断以及数据库管理方面。

其中应用最广泛的就是三值逻辑(three-valued logic)[15,16]和四值逻辑(four-valued logic)[17,18]。

零信任环境中的三值逻辑是指在"真"和"假"两个逻辑值之中还存在一个中间值的逻辑。三值逻辑是最早出现的一种典型超协调逻辑，是由 1920 年波兰学者 Lukasiewicz[15]在研究亚里士多德的未来偶然性问题时首先提出来的。在三值逻辑中，对一个命题的判断可以由三个真值常量中的某一个来表达，三个真值常量通常表示为 T[true"(经典)真"]、F[false"(经典)假"]和 U(unknow"不知道为真还是为假")(也有学者用 M 或 N 等来表示第三个真值常量)。现在常使用的三值逻辑多是借鉴 Belnap[19]和 Lukasiewicz[15]的三值逻辑运算操作。三值逻辑应用很广泛，其中在数据库和数字电路中应用最为典型。

零信任环境中的四值逻辑除了"真""假"两个逻辑值之外，还有两种中间情况，四值逻辑的命题真值分别用 T[only true"(经典)真"]、F[only false"(经典)假"]、B(both true and false"既真又假")和 N(neither true nor false"非真非假")来表示。现在的四值逻辑大多借鉴 Belnap 的四值逻辑。目前针对四值语义的演算有基于经典语义的、基于消解原理的、基于序列演算的[20-22]。

现有的基于多值逻辑的超协调方法尽管在一定程度上容忍了矛盾，但同时继承了自身的弱点，如弱推理性(消解规则、排中律等重要规则不满足)、语法变更(四值语义的概念不容易捕捉到整个概念包含断言的语义)、直观等价性缺失等。

(2) 准经典逻辑。

Besnard 和 Hunter[23]在 20 世纪 90 年代提出了准经典逻辑(quasi-classical logic，QCL)，用来克服多值逻辑较弱的推理能力。准经典逻辑非常适合数据中与完整性约束有关的推理，同时适用于比较由资源不同而引起的不同信息资源相互之间的不一致性，准经典逻辑的关键特征是其存在一个关于任何公式和任何公式集合的模型[24]。零信任环境中的准经典逻辑包含两个语义：强语义和弱语义。前者保持消解规则以增强推理能力，后者用来容忍矛盾。准经典逻辑的强满足关系和弱满足关系分别表示为$|=_s$和$|=_w$。

假设$+\alpha$表示正知识，$-\alpha$表示负知识，$\kappa^{\pm}$表示带正负号的知识库[25]，则

$$\kappa^{\pm} = \{+\alpha| \ \alpha \in \kappa\} \bigcup \{-\alpha| \ \alpha \in \kappa\}$$

给定一个公式α和一个解释I，有

① $+\alpha \in I$表示已知α在I成真且$-\alpha$在I成假；

② $-\alpha \in I$表示已知α在I成真且$-\alpha$在I成假。

也就是说：

① $+\alpha \in I$意味着I满足α；

② $-\alpha \in I$意味着I满足$\neg\alpha$；

③ $+\alpha \notin I$意味着I不满足α；

④ $-\alpha \notin I$意味着I不满足$\neg\alpha$。

给定命题逻辑文字$\alpha_1, \alpha_2, \cdots, \alpha_n$和一个公理$\alpha$，对任意的$I \in \vartheta(K^{\pm})$[其中$\vartheta(K^{\pm})$是$K^{\pm}$中的原子组成子集]，可以将强满足关系[25]定义为

① $I|=_s \alpha$，如果$+\alpha \in I$；

② $I|=_s \neg\alpha$，如果$-\alpha \in I$；

③ $I|=_s \alpha_1 \vee \cdots \vee \alpha_n$当且仅当$-I|=_s \alpha_1$或$\cdots$或$I|=_s \alpha_n$，且$-\forall i(1 \leqslant i \leqslant n)$，如果$I|=_s \sim \alpha_i$，那么$I|=_s \alpha_1 \vee \cdots \vee \alpha_{i-1} \vee \alpha_{i+1} \vee \cdots \vee \alpha_n$；

④ $I|=_s \alpha_1 \wedge \cdots \wedge \alpha_n$当且仅当$I|=_s \alpha_1$且$\cdots$且$I|=_s \alpha_n$。

可以将弱满足关系[25]定义为

① $I|=_w \alpha$，如果$+\alpha \in I$；

② $I|=_w \neg\alpha$，如果$-\alpha \in I$；

③ $I|=_w \alpha_1 \vee \cdots \vee \alpha_n$当且仅当$I|=_s \alpha_1$或$\cdots$或$I|=_s \alpha_n$；

④ $I|==_w \alpha_1 \wedge \cdots \wedge \alpha_n$当且仅当$I|=_s \alpha_1$且$\cdots$且$I|=_s \alpha_n$。

若$I|=_s \varphi$，则称一个解释I是公式φ的准经典模型(quasi-classical model，

QCM)。K 的准经典模型是指强满足知识库 K 中的所有公式的解释 I。$\text{Mod}^Q(K)$ 表示为 K 的所有准经典模型的集合。一个知识库 K 准经典蕴含一个公式 φ 当且仅当对于任意的准经典模型 $I \in \text{Mod}^Q(K)$ 都有 $I \models_w \varphi$，记为 $K \models_Q \varphi$。

经典逻辑证明规则的应用次序在准经典逻辑的证明系统受到限制，大致分为两步：首先限制析取规则的应用，即应用所有的除了析取规则之外的证明规则；其次只应用析取规则，详细内容见文献[5]～文献[26]。

(3) 一阶准经典逻辑。

Hunter[26]在 2001 年提出一阶准经典逻辑以及相应的证明系统，他和 Grant[24] 于 2006 年又对其进行了扩充。一阶准经典逻辑是对准逻辑的扩展，其语义是基于 Herbrand 解释的。

一阶准经典逻辑包括标准逻辑符号：变量符号的集合 v、连接符 $\{\neg, \wedge, \vee, \rightarrow\}$、量词 $\{\forall, \exists\}$，以及一些需要的标点符号(如括号、逗号等)。规约语言 L 是谓词符号和函数符号的集合，用一个二元组 $\langle P, C \rangle$ 来表示，其中 P 表示谓词符号的集合，C 表示常量符号的集合。在一阶准经典逻辑中，一般采用大写字母(如 P、R)表示谓词符号，采用小写字母(如 a、b、c、d 等)表示常量符号，采用 x 和 y(或者带下标的 x、y)表示变量符号。此外，一阶准经典逻辑还定义了自由变量(free variable)、约束变量(bound variable)以及基本公式(ground formula)。

一个项(term)既可以是一个常量，也可以是一个变量。一个原子(atom)的形式定义为 $P(t_1, t_2, \cdots, t_n)$，其中 $t_1, t_2, \cdots, t_n$ 为项(term)。一个文字(literal)是一个原子公式或一个原子公式的否定形式，通常用希腊字母 α、β、γ 表示文字，φ 表示它们的析取(disjunction)子句(clause)，ψ 表示它们的合取(conjunction)子句，表示任意公式。对于规约语言 L 的一个公式集可以形式表达为 $\text{Formulae}(L)$。

定义 3-4 假定 α 为一个原子公式，则 $\sim\alpha$ 为 α 的补操作，即 $\sim\alpha$ 表示 $\neg\alpha$，$\sim(\neg\alpha)$ 表示 α。

定义 3-5 假定 $\alpha_1 \vee \alpha_2 \vee \cdots \vee \alpha_n (n > 1)$ 为一个基子句，其中 α_i 为一个基文字，那么，$\otimes(\alpha_1 \vee \cdots \vee \alpha_{i-1} \vee \alpha_{i+1} \vee \cdots \vee \alpha_n, \alpha_i)(n > 1)$ 表示将 α_i 从子句 $\alpha_1 \vee \cdots \vee \alpha_2 \vee \cdots \vee \alpha_n$ 中移除的结果[24]。

例 3-1 $\alpha \vee \beta \vee \gamma$ 为一个基子句，则

$$\otimes(\alpha \vee \beta \vee \gamma, \beta) = \alpha \vee \gamma$$

零信任环境中的一阶准经典逻辑的结构概念是基于经典解释的标准概念的。

定义 3-6 对于规约语言 L，其标准结构形式为 (D, I)，其中 D 是一个非空的论域集合，I 的功能是指在论域 D 中的相关谓词符号的解释，并且满足[24]：

(1) 对于每一个常量符号 $c, I(c) \in D$；

(2) 对于每一个谓词符号 $P(n)(n>0)$，$I(P):D^n \mapsto \{0,1\}$ 是一个 n 元谓词。

因为所有的常量符号映射到不同的元素，所以可以给出规约语言 L 的形式 $L=\langle P,C \rangle$ 以及论域 $(D,C \subseteq D)$。D 中不属于 C 的元素表示为 $D-C$，则 $L(D)=\langle P,D \rangle$。

假定有函数 $(A:v \mapsto D,A)$ 表示变量符号到 v 论域 D 的映射，那么有

(1) $A(t)=d$，如果 $t=x$ 并且 $A(x)=d$；

(2) $A(t)=d$，如果 $t=d$。

定义 3-7　假定 ϕ 是一个带有一个或多个变量 x 和一个常量 d 的公式。$\phi[x/d]$ 表示在 ϕ 中，用 d 代替自由变量 x。

在一阶准经典逻辑中，采用经典解释来赋予准经典解释。

定义 3-8　一个双重结构(bistructure)定义为一个元组 (D,I^+,I^-)，其中 (D,I^+) 和 (D,I^-) 是经典解释[5]。

对于所有的常量符号 c，$I^+(c)=I^-(c)$；对于所有的函数符号，$I^+(f)=I^-(f)$。因此，在双重结构中，I^+ 和 I^- 只能区分谓词符号。实际上，I^+ 是对正文字的解释，I^- 是对负文字的解释。这样就对双重满足给出了形式化的定义。

定义 3-9　将一个双重结构 $E=\left(D,I^+,I^-\right)$ 和一个指配的 $A,L(D)$ 中文字的双重满足关系 $|=_d$ [24]定义为

$$(E,A)|=_d P\left(t_1,t_2,\cdots,t_n\right) \quad 当且仅当 I^+(P)\left(A(t_1),A(t_2),\cdots,A(t_n)\right)=1$$

$$(E,A)|=_d \neg P\left(t_1,t_2,\cdots,t_n\right) \quad 当且仅当 I^-(P)\left(A(t_1),A(t_2),\cdots,A(t_n)\right)=1$$

定义 3-10　强满足(strong satisfaction)关系 $|=_s$ 定义如下[24]。

(1) $(E,A)|=_s \alpha$ 当且仅当 $(E,A)|=_d \alpha$。

(2) $(E,A)|=_s \alpha_1 \vee \cdots \vee \alpha_n$ 当且仅当 $\left[(E,A)|==_s \alpha_1 \text{ or}\cdots\text{or } (E,A)|=_s \alpha_n\right]$ and $\forall i_{s.t.}1 \leqslant i \leqslant n\left[(E,A)|=_s \sim \alpha_i \text{ implies } (E,A)|=_s \otimes(\alpha_1 \vee \cdots \vee \alpha_n,\alpha_i)\right]$。

(3) $(E,A)|=_s \phi_1 \wedge \cdots \wedge \phi_m$ 当且仅当 $\left[(E,A)|=_s \phi_1 \text{ and } \cdots \text{ and } (E,A)|=_s \phi_m\right]$。

(4) $(E,A)|=_s \exists x\theta$ 当且仅当对于某些变量 x 的指配 $A',(E,A')|=_s \theta[x/d]$，其中 $A'(x)=d$。

(5) $(E,A)|_s \forall x\theta$ 当且仅当对于所有的变量 x 的指配 $A',(E,A')|=_s \theta[x/d]$，其中 $A'(x)=d$。

定义 3-11　双重结构中的强满足关系扩展如下。

$E|=_s \theta$ 当且仅当对于所有的指配 $A,(E,A)|=_s \theta$ [26]。

定义 3-12　假定 Δ 是一个有限公式集合，E 是一个双重结构，那么 E 是 Δ 的

一个准经典模型当且仅当[23]:

$$\forall \theta \in \Delta, E \mid=_s \theta$$

定义 3-13 对于一个语言 $L = \langle P, C \rangle$ 和一个论域 D，基态原子(Groundatoms)和基态文字(Groundliterals)定义如下:

$$\text{Groundatoms}(L, D) = \{P(d_1, d_2, \cdots, d_n) \mid P(n) \in P \dashv \text{and} \vdash d_1, d_2, \cdots, d_n \in D\}$$

$$\text{Groundliterals}(L, D) = \text{Groundatoms}(L, D) \bigcup \{\neg \alpha \mid \alpha \in \text{Groundatoms}(L, D)\}$$

定义 3-14 对于规约语言 L 的一个准经典模型的集合 $\{M_1, M_2, \cdots, M_n\}$，其中 $\forall M_i \in \{M_1, M_2, \cdots, M_n\}(M_i \subseteq \text{Groundliterals}(L, D))$，这个集合的满足公式集 $\text{SF}(\{M_1, M_2, \cdots, M_n\})$ 可定义如下:

$$\text{SF}(\{M_1, M_2, \cdots, M_n\}) = \{\alpha \in \text{Formulae}(L) \mid \forall M_i \in \{M_1, M_2, \cdots, M_n\}, M_i \mid=_s \alpha\}$$

很显然有 $\Delta \subseteq \text{SF}(\text{QC}(L, \Delta, D))$ [23]。

定义 3-15 给定一个公式集 Δ 和规约语言 L，在论域范围 D 内公式集 Δ 的极小准经典模型 $\text{MQC}(L, \Delta, D)$[24]定义为

$$\text{MQC}(L, \Delta, D) = \{M \in \text{QC}(L, \Delta, D) \mid \text{if } M' \subset M, \text{ then } M' \notin \text{QC}(L, \Delta, D)\}$$

可以看出，极小准经典模型仅仅是指没有相互冲突的无用信息的模型。

定理 3-1 给定规约语言 L，Δ 为 L 和论域 D 内的一个公式集，则有

$$\text{SF}(\text{QC}(L, \Delta, D)) = \text{SF}(\text{MQC}(L, \Delta, D))$$

证明过程详情可见参考文献[24]。

定义 3-16 对于一个准经典模型 M，其冲突库(Conflictbase)[24]定义为

$$\text{Conflictbase}(M) = \{\alpha \mid \alpha \in M \text{ and } \neg \alpha \in M\}$$

因此，一个准经典模型冲突库的大小即为准经典模型中不一致信息的数量。

定义 3-17 衡量在论域 D 中用规约语言 L 表示的模型 M 的不一致性程度，可以定义为

$$\text{Model ln} c(M, L, D) = \frac{|\text{Conflictbase}(M)|}{|\text{Groundatoms}(L, D)|}$$

其中，$\text{Conflictbase}(M) \subseteq \$\text{Groundatoms}(L, D)$ [27]。

例 3-2

$$L = \langle \{P(2), R(1)\}, \{\} \rangle, D = \{a, b, c\}, M = \{P(a, a), \neg P(a, a), R(a), \neg R(b), P(b, c)\}$$

则

$$|\text{Groundatoms}(L, D)| = 12$$

其中，有 9 个基态原子来自 P ，3 个基态原子来自 R 。

$$\text{Conflictbase}(M) = \{P(a,a)\}$$

$$\text{Model}\ \ln c(M,L,D) = \frac{|\text{Conflictbase}(M)|}{|\text{Groundatoms}(L,D)|} = \frac{1}{12}$$

　　该方法可以用来判断同一论域范围内，同一公式集的不同模型的不一致性程度，可以为系统设计人员在需求分析、设计过程中提供一个参考依据。

　　零信任环境中的需求获取是系统设计的第一阶段，对于用户需求目标的获取尤为重要。因为需求获取是系统开发过程中进入下一阶段的关键一步。要确认所有持有关键信息的人本身就比较困难，还需要从这些人里获得有用的信息并把这些信息转化为清晰的、完整的形式，同时车联网系统需求分析人员还要考虑到可能的约束条件，这是一件非常不容易的事情。本节不讨论如何从最初的用户交流中了解用户的原始信息(这一阶段是需要与用户相互交流并反复沟通进行的，与本节的研究内容形式化验证没有太大关联)，只讨论需求分析人员在与用户充分沟通后，将所有的用户需求目标(所有目标已经细化到可以直接由过程层中的过程完成，因此这里目标的提出者不一定是人，可能是系统、设备等)信息全部文档转化成需求规约文本后，从这些信息中提取感兴趣的重要信息来进行后续阶段的目标层建模。

　　想让获取到的信息完全一致基本上是不可能的，因为从用户的个性化需求、对车联网系统的理解不同等因素出发，存在不一致性信息在所难免。零信任环境中的超协调逻辑的思想就非常适合运用于这一阶段从目标需求获取到目标层建模的形式化分析。而目前基于零信任环境中的超协调逻辑思想的研究方法大致分为两大类：基于协调子集[27-30]和基于多值逻辑[31-33]。

　　采用多值思想解决需求过程中目标的不一致性是一种很直观、很易理解的方法，在对用户目标进行形式化建模研究的初期，曾经尝试过使用多值逻辑解决需求分析阶段用户目标之间的不一致性[34]，但是在进行目标层模型形式化验证的后续阶段时，多值逻辑的缺陷就开始渐渐显现。虽然多值逻辑在一定程度上容忍了矛盾，但同时继承了自身的弱点：排中律、消解规则不满足，并且推理能力会在处理协调的知识库时被弱化；任何一种概念包含断言的语言很难捕捉整个概念包含断言的语义；概念包含公理不满足直观等价性等。

　　因此，下面将讨论另外一种解决信息中不一致问题的良好策略，即使用一致性子集的思想。下面首先介绍目标层中目标的形式化描述方法。

　　(1) 功能性目标的形式化描述。

　　功能性目标一般包括三个部分：操作(operation，如"排序")，对应过程层中的相关原子过程；操作所处理的业务对象(object，如"订单")，对应角色层中的相关角色；方式(manner，如"根据日期")，用来描述操作如何影响业务对象。具体的功能目标需要给出具体的操作、业务对象和方式。需要注意的是，前面已经提过本节的研究是在目标已经与用户沟通细化到原子目标的情况下进行的，因此本节所描述的目标全部为原子目标，即可操作目标(operational goal)，在功能目标中的 Object 与角色层中的 Object 是相同的，都是表示过程或操作所处理的业务对象。需要特别指出的是，功能目标与操作和业务对象之间的对应关系都是一对一的，与方式的对应关系是一对零到一的，即每个功能目标中至多包含一个方式，也可以不包含。因此，这里的每一个目标所具有的功能可以用一个四元谓词FunctionalGoal(g,x,y,z) 来表示，其中变量 g、x、y、z 分别指目标层中的目标、过程层中相对应的过程、角色层中的参与者(包括人、设备、系统等所有一切参与的事物)、操作方式的集合(一个功能目标的操作方式可以为空)。

(2) 非功能性目标的形式化描述。

非功能性目标可以包括类型、比较符、值、计量单位和程度。典型的非功能性目标的类型包括性能、费用、安全性、准确性等，比较符可以是大于、小于、等于等关系，典型的程度描述则包括高、中、低等。可以用一个六元谓词NonFunctionalGoal(g,t,c,v,u,d) 表示非功能性目标。其中的变量 g、t、c、v、u、d 分别表示目标、类型、比较符、值、计量单位和程度，当然也可以根据实际系统的需要对其谓词变量数进行扩展。

本节中目标层的形式化验证，主要是验证目标之间的关系刻画是否正确，暂不涉及目标的非功能属性。因此，目标的非功能属性不在本节的讨论范围内，仅给出一种可以用于形式刻画非功能性目标的方法，非功能性目标所附带的一些约束条件将在下一章中对需求过程模型建模时展开讨论。

(3) 任一目标的形式化描述。

对于目标层中的任何一个目标，可以用一个一元谓词Goal(g) 来表示。那么，一个目标可能同时含有功能性和非功能性的属性，可以形式地表示为

$$\text{Goal}(g) \wedge \text{FunctionalGoal}(g,x,y,z) \wedge \text{NonFunctionalGoal}(g,t,c,v,u,d)$$

在本节对目标进行形式化验证的过程中，主要验证零信任环境中的目标层中的目标之间的关系，因此本节中关注的对象是对目标层中目标关系的刻画，目标的具体功能属性和非功能属性不再阐述。

从用户处获取的需求是繁杂的，并且不一致性难以避免。本节给出了超协调逻辑的相关理论基础，下面结合 Hunter[35]和 Li[36]文中的子集划分方法，给出自由集准经典集和问题集的定义。

定义 3-18 给定一个公式集 Δ，Δ 的协调集 CON(Δ) 表示为

$$\text{CON}(\Delta) = \{\Gamma \subseteq \Delta \mid \Gamma \nvdash \bot\}$$

其中，$\bot$ 表示空概念；CON(Δ) 表示 Δ 中含有的信息具有一致性[35]。

定理 3-2　给定一个协调集 $\mathrm{CON}(\Delta)$，对于任意的公式 θ，如果 $\theta \in \Delta$，则 $\neg\theta \notin \Delta$。

证明　如果 $\theta \in \Delta$ 且 $\neg\theta \notin \Delta$，则 $\Delta |-\bot$，即 Δ 是不协调的，因此得证。

定理 3-3　设 $\mathrm{CON}(\Delta)$ 是协调集，则对于任何的 $\alpha \in \mathrm{CON}(\Delta)$ 和 $\beta \in \mathrm{CON}(\Delta)$：

(1) 如果 $\neg\alpha \in \mathrm{CON}(\Delta)$，则 $\mathrm{CON}(\Delta) \nvdash \alpha$；

(2) 如果 $\alpha \wedge \beta \in \mathrm{CON}(\Delta)$，则 $\mathrm{CON}(\Delta) \nvdash \neg\alpha$ 并且 $\mathrm{CON}(\Delta) \nvdash \neg\beta$；

(3) 如果 $\alpha \vee \beta \in \mathrm{CON}(\Delta)$，则 $\mathrm{CON}(\Delta) \nvdash \neg\alpha \wedge \neg\beta$；

(4) 如果 $\alpha \rightarrow \beta \in \mathrm{CON}(\Delta)$，则 $\mathrm{CON}(\Delta) \nvdash \alpha \wedge \neg\beta$。

证明

(1) 由协调集的定义知，如果 $\neg\alpha \in \mathrm{CON}(\Delta) \Rightarrow \mathrm{CON}(\Delta)|-\neg\alpha$，而假设 $\mathrm{CON}(\Delta)|-\alpha$，则 $\mathrm{CON}(\Delta)$ 是不协调的，与假设 $\mathrm{CON}(\Delta)$ 是协调集相矛盾，因此得证。

(2) 由 $\alpha \wedge \beta \in \mathrm{CON}(\Delta)$ 知，$\mathrm{CON}(\Delta)|-\alpha \wedge \beta \Rightarrow \mathrm{CON}(\Delta)|-\alpha$ 且 $\mathrm{CON}(\Delta)-\beta$，如果存在 $\mathrm{CON}(\Delta) \nvdash \neg\alpha$，则与 $\mathrm{CON}(\Delta)|-\alpha$ 相矛盾；如果存在 $\mathrm{CON}(\Delta) \nvdash \neg\beta$，则与 $\mathrm{CON}(\Delta)|-\beta$ 相矛盾，因此得证。

(3) 由 $\alpha \vee \beta \in \mathrm{CON}(\Delta)$ 知

$$\mathrm{CON}(\Delta)|-\alpha \vee \beta \Rightarrow \begin{cases} \mathrm{CON}(\Delta)|-\alpha & \text{①} \\ \mathrm{CON}(\Delta)|-\beta & \text{②} \end{cases}$$

即①或②成立。

如果存在 $\mathrm{CON}(\Delta)|-\neg\alpha \wedge \neg\beta$，则

$$\mathrm{CON}(\Delta)-\neg\alpha \wedge \neg\beta \Rightarrow \begin{cases} \mathrm{CON}(\Delta)|-\neg\alpha & \text{③} \\ \mathrm{CON}(\Delta)|-\neg\beta & \text{④} \end{cases}$$

即③和④同时成立。

因此，得出的结论是相互矛盾的，所以命题得证。

(4) 由 $\alpha \rightarrow \beta \in \mathrm{CON}(\Delta)$ 知

$$|\mathrm{CON}(\Delta)|-\alpha \rightarrow \beta \qquad\qquad ⑤$$

如果 $\mathrm{CON}(\Delta)|-\alpha \wedge \neg\beta$，则

$$\mathrm{CON}(\Delta)-\alpha \wedge \neg\beta \Rightarrow \begin{cases} \mathrm{CON}(\Delta)|-\alpha & \text{⑥} \\ \mathrm{CON}(\Delta)|-\neg\beta & \text{⑦} \end{cases}$$

即⑥和⑦同时成立。由蕴含规则可知，⑥和⑦同时成立时，⑤不可能成立。

因此，命题得证。

定义 3-19　给定一个公式集 Δ，Δ 的极大协调集 $\mathrm{MC}(\Delta)$[35]表示为

$$\mathrm{MC}(\Delta) = \{\Gamma \in \mathrm{CON}(\Delta)|\ \forall I \in \mathrm{CON}(\Delta)\Gamma \not\subset I\}$$

定理 3-4　给定一个极大协调集 $MC(\Delta)$，对于任意的公式 θ，如果 $\theta \in \Delta - MC(\Delta)$，那么 $MC(\Delta) \bigcup \{\theta\}$ 是不协调的。

证明　对于给定一个极大协调集 $MC(\Delta)$，如果 $\exists \theta \in \Delta - MC(\Delta)$ 使得 $MC(\Delta) \bigcup \{\theta\}$ 是协调的，那么令 $I = MC(\Delta) \bigcup \{\theta\}$，则 $\exists I$ 使得 $MC(\Delta) \subseteq I$。这与定义 3-2 是矛盾的，因此命题得证。

零信任环境中的极大协调子集获取的基本思想：首先寻找导致矛盾的语句，如果没有导致矛盾的语句(即集合为空集)，那么是协调的，停止进一步处理，否则删除原来的语句中引起某些矛盾的语句，然后针对这个子集重复上述过程，直到每一个子集都没有导致矛盾的语句(即都是协调的)。目前已经有一些学者对极大协调子集的求解方法进行了研究[36-39]，在此不再展开讨论。

定义 3-20(自由集)　给定一个公式集 Δ，Δ 的自由集准经典集 $FREE(\Delta)$ 表示为

$$FREE(\Delta) = \bigcup MC(\Delta)$$

不难看出，自由集准经典集 $FREE(\Delta)$ 中没有相互冲突的无用信息，即内容全部都是协调且一致的，不存在争议的内容。

定义 3-21　给定一个公式集 Δ，Δ 的非协调集 $INC(\Delta)$[36]表示为

$$INC(\Delta) = \{\Gamma \subseteq \Delta \mid \Gamma \mid - \perp\}$$

其中，$INC(\Delta)$ 表示 Δ 中含有相冲突的信息。

定理 3-5　给定一个非协调集 $INC(\Delta)$，则 $\exists \alpha, INC(\Delta) \mid - \neg \alpha \wedge \alpha$。由定义 3-4 可以看出。

定义 3-22　给定一个公式集 Δ，Δ 的极小非协调集 $MI(\Delta)$[36]表示为

$$MI(\Delta) = \{\Gamma \in INC(\Delta) \mid \forall I \in INC(\Delta) I \not\subset \Gamma\}$$

求一个公式集合中极小不协调子集的方法可以参考文献[40]和文献[41]，在此不再展开讨论。

定义 3-23(问题集)　给定一个公式集 Δ，其问题集定义为

$$PC(\Delta) = \bigcup MI(\Delta)$$

不难看出，问题集 $PC(\Delta)$ 中为相互冲突的信息，也是车联网系统需求分析人员需要进行下一步重要工作的内容。

命题 3-1　给定一个信息库 Δ，有 $FREE(\Delta) = \Delta - PC(\Delta)$。

证明　因为 $FREE(\Delta) = \bigcup MC(\Delta)$ 且 $PC(\Delta) = \bigcup MI(\Delta)$，即一个是属于信息库 Δ 中的一致性信息，一个是属于信息库 Δ 中的不一致信息，所以不难看出 $FREE(\Delta) = \Delta - PC(\Delta)$。

定义 3-24　目标需求获取过程中的规约语言 L 为 $L = \langle P, C \rangle$，其中：

(1) $P = \{Goal(1), FunctionalGoal(4), NonFunctionalGoal(6)\}$，表示目标的非功

能属性的六元谓词，NonFunctionalGoal 中的变量数可以根据车联网系统实际情况进行扩展，如果某一项缺省可以为空；

(2) C 为整个需求获取过程中所得到的具体的角色(Role)、过程(Process)、操作方式(Way)、目标的一些非功能性属性(如类型、比较符、值、计量单位和程度等)，这里的论域 $D = C$。

在分析需求获取中所得到的用户有用信息时，需要对得到的信息进行抽象和挑选，对所有信息进行验证是不可能的，也是没有必要的，因为用户有时也不清楚自身需求，因此在对用户需求的目标层进行分析验证时，重点对目标之间的相互关系进行验证。在获取的知识库中，只需要针对与描述目标和描述目标之间关系的规约语句进行分析。

定位用户需求中存在争议的目标可以采用问题集 PC(Δ) 来获取，那么存在问题的目标该如何处理，是需求设计人员需要掌握的关键，车联网系统需求元模型目标模型中的四种上下层关系的划分给出了一种很好的处理方法。对于有争议的问题，可以在上下层关系的划分中，根据问题的实际情况划分为用户可以自由选择的目标。

获得用户在零信任环境中的需求信息之后，对于 FREE(Δ) 和 PC(Δ) 中的信息需要进行进一步整理，理清目标之间的相互关系。在对模型进行形式化验证时，首先碰到的问题是如何为它的某些重要特征构造一个数学模型，这就需要抽象，抓住最本质、最重要的特征，暂时丢开某些细节。在分解目标时，采用类似特征分解的方式，将目标分解到可由过程层中的过程直接完成的可操作目标结束。目标分解过程结束的标志是所有的最下层目标都是可操作目标。可操作目标同时具备功能性目标的属性和非功能性目标的属性。RGPS-G 的最高层目标分解流程图如图 3-2 所示。

在上层组合目标和下层子目标之间定义了以下四种关系。

(1) 必选的(mandatory)：当上层目标被选择到结果目标集里，与该目标有必选的关联的下层子目标集中的所有目标也必须被选择到结果目标集里。

(2) 可选的(optional)：当上层目标被选择到结果目标集里，与该目标有可选的关联的下层子目标集中的目标可以被选择性地加入到结果目标集里。

(3) 多选多的(or)：当上层目标被选择到结果目标集里，与该目标有多选多的关联的下层子目标集中，至少有一个目标被加入到结果目标集里。

(4) 多选一的(alternative)：当上层目标被选择到结果目标集里，与该目标有多选一的关联的下层子目标集中，只有唯一的一个目标能够被选择到结果目标集里。

另外，目标之间还存在以下两种相互的约束(constraint)关系。

(1) 依赖(depend)：假如某个目标被选择到结果目标集中，则必须将与该目标有依赖关系的目标选择到结果目标集中。

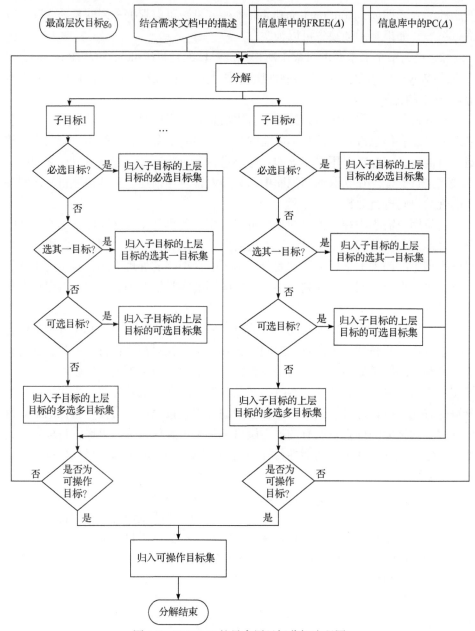

图 3-2　RGPS-G 的最高层目标分解流程图

(2) 排斥(exclude)：假如某个目标被选择到结果目标集中，则在结果目标集中不能再次将与该目标有排斥关系的目标选择进去。

可以看出，上、下层中的只能选其一关系是整个目标层中目标与目标之间排斥关系的一个特例，目标分解后，它是否满足用户的初衷、整个模型是否正确、与用户的需求是否一致等都是非常重要的问题。因此，零信任环境中的形式化验证工作主要就是对原模型中抽取出来的子目标之间的关系以及子目标的完成情况对最高层次目标的影响进行验证，以保证目标层的完整性和正确性。

目标层中的目标与目标之间的关系都是二元关系。目标被分解完成之后，每一个上层中的目标都有一些相对应的从属子目标。上下层目标之间的关系引入四个二元谓词，分别定义如下。

(1) $\text{HasMandatory}(g_1, g_2)$：表示目标 g_1 有下层必选关系子目标 g_2。

(2) $\text{HasOptional}(g_1, g_2)$：表示目标 g_1 有下层可选关系子目标 g_2。

(3) $\text{HasAlternative}(g_1, g_2)$：表示目标 g_1 有下层选其一关系子目标 g_2。

(4) $\text{HasOr}(g_1, g_2)$：表示目标 g_1 有下层多选多关系子目标 g_2。

注意：本节假定所有的组合目标不存在有且仅有可选子目标的组合目标。如果在细化过程中，某一个组合目标 g 只有可选子目标，那么把 g 的可选子目标放到 g 的上层组合目标的可选子目标集中，并把 g 删除。

目标之间的约束关系引入两个二元谓语，分别定义如下。

(1) $\text{HasDepend}(g_1, g_2)$：表示目标 g_1 依赖目标 g_2。

(2) $\text{HasExclude}(g_1, g_2)$：表示目标 g_1 排斥目标 g_2。

一个目标的同一个下层子目标，只可能是某一种性质的子目标(即 Mandatory、Optional、Alternative 和 Or 其中的一种)，不可能同时具有多种性质。

此时，整个目标层形式刻画的所有内容如图 3-3 所示，$L = \langle P, C \rangle$ 中的 P 扩展为

$$P = \{\text{Goal}(1), \text{FunctionalGoal}(4), \text{Non FunctionalGoal}(6), \text{HasMandatory}(2), \text{HasOr}(2),$$
$$\text{HasOptional}(2), \text{HasAlternative}(2), \text{HasDepend}(2), \text{HasExclude}(2)\}$$

零信任环境中的形式化建模就是将需要验证的性质进行刻画，把原来模型中与待验证性质无关的信息去掉而获得模型的简化，从而减少模型检验时问题的规模。为了简化模型可以通过函数筛选的方法来找到所有用户目标，对用户需求目标的刻画体现在用一元谓词 Goal 所构成的各种公式，包括原子公式、析取范式或合取范式上。

定义 3-25 (基态需求集)　假设 Δ^U 表示从需求获取的公式集 Δ 中通过函数筛选得到的只有一元谓词 Goal、二元谓词 HasMandatory、HasOptional、HasAlternative、HasDepend、HasExclude 和 HasOr 所构成的公式集，那么目标 GM 模型的基态需求集 Λ 定义为

$$\Lambda = \{\Lambda_1, \Lambda_2, \cdots, \Lambda_n\}$$

其中，$\Lambda_i (\Lambda_i \in \Lambda)$ 为 Δ^U 不同的极大协调子集 $\text{MC}(\Delta^U)$，不同的极大协调子集 Λ_i 代表了不同类用户群的需求。

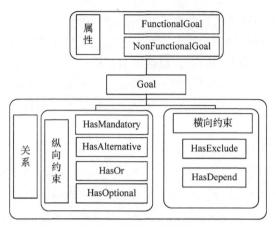

图 3-3　整个目标层形式刻画的所有内容

3.1.2　目标层的形式化建模

本节中目标层形式化验证工作主要是对原模型中抽取出来的子目标之间的关系以及子目标的完成情况对最高层次目标的影响进行验证，以保证目标层的完整性和正确性，如图 3-4 所示。因此，在目标层的形式化建模中，只考虑目标之间的相互关系对上层目标的实现情况的影响。

零信任环境中的逻辑描述具有很强的推理能力，但是直观性较弱。实际上，可以将目标层看成一棵树，根节点为最高层目标(即最终要实现的目标)，叶子节点为由原子过程实现的不可分割的原子目标。父辈节点与子节点之间的关系链有四种：必选性质关系链、选其一性质关系链、多选多性质关系链和可选性质关系链；另外，子节点之间还存在两种关系链：依赖链和排斥链。

因此，良构的目标图必须满足的条件如下。

(1) 所有的根节点都来自目标模型中最上层目标之一。

(2) 所有的叶子节点都表示一个可操作目标(即可以由过程层的原子过程直接实现)。

(3) 没有孤立的节点，任何一个节点都是与其他节点有关系的。

(4) 依赖链不构成回路(不能自我依赖)。

(5) 排斥链总能在两节点间形成回路(相互排斥)。

本节提出用于形式刻画目标层的 GM 模型，基于 RGPS-G 的上述特征，下面将给出用于目标层建模的 GM 模型的相关定义。

定义 3-26(GM 模型)　一个九元组 $GM = (g_0, O, G, M, A, R, P, D, E)$ 表示一个最高层次目标分解后的需求目标层模型，当且仅当：

(1) g_0 表示目标层中的最高层次目标，即目标树的根节点；

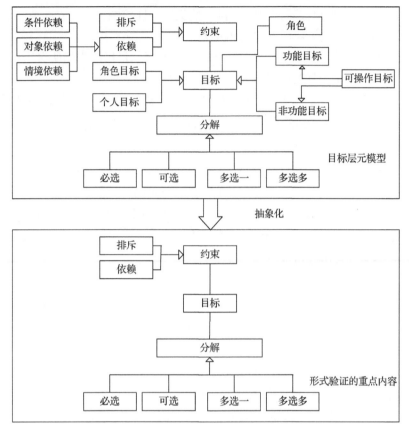

图 3-4　形式验证目标层的重点内容

(2) O 表示目标层中的所有原子目标，即目标树的叶子节点；

(3) G 表示目标层中的所有目标的集合，$G = \{g_0, g_m, \cdots, g_n\}$，其中 $g_0, g_m, \cdots, g_n$ 表示目标层中所有目标，包括原子目标和组合目标，一元谓词 Goal 所描述的所有对象；

(4) M 表示目标层中的所有必选性质关系链的集合，二元谓词 HasMandatory 所描述的对象；

(5) A 表示目标层中的所有选其一性质关系链的集合，二元谓词 HasAlternative 所描述的对象；

(6) R 表示目标层中的所有多选多性质关系链的集合，二元谓词 HasOr 所描述的对象；

(7) P 表示目标层中的所有可选性质关系链的集合，二元谓词 HasOptional 所描述的对象；

(8) D 表示目标层中的所有依赖链的集合，二元谓词 HasDepend 所描述的对象；

(9) E 表示目标层中的所有排斥链的集合，二元谓词 HasExclude 所描述的对象。

因此，GM 模型可以看成对需求目标抽象后的连接图，每个节点是一个目标，而节点之间的连接边是目标之间的相互关系。

在 GM 模型中，集合 M、A、R、P、D 和 E 表示目标图中的所有边；g 表示根节点；O 表示叶子节点；G 表示目标图中的所有节点。

定义 3-27　$\Sigma = \{\Sigma_1, \Sigma_2, \cdots, \Sigma_n\}$ 表示用户的初始需求集集合，对于任意的 $\Sigma_i(\Sigma_i \in \Sigma)$ 表示一种类型的来自用户的初始需求，其中 $\Sigma_i = \{g_m, g_n, \cdots, g_j\}$，$\Sigma_i$ 中的元素表示用户的需求目标。

推论 3-1　对于一个任意的 GM 模型 Ω，若 $(\exists g, g \in \Sigma_i, \Sigma_i \in \Sigma)$，则当且仅当：

$$\exists \varLambda_i, \varLambda_i \in \varLambda \wedge \varLambda_i | = \text{Goal}(g)$$

证明　从 Σ 的定义可知，$\Sigma = \{\Sigma_1, \Sigma_2, \cdots, \Sigma_n\}$ 映射了基态集 $\varLambda = \{\varLambda_1, \varLambda_2, \cdots, \varLambda_n\}$ 中不同目标能同时实现的组合情况，即存在一一映射关系 $(\varLambda_1 \rightarrow \Sigma_1, \varLambda_2 \rightarrow \Sigma_2, \cdots, \varLambda_n \rightarrow \Sigma_n)$，由此得证。

例 3-3　假设在基态集中，有

$$\exists \varLambda_i, \varLambda_i \in \varLambda, \varLambda_i| = \text{Goal}(g_0), \varLambda_i| = \text{Goal}(g_1), \varLambda_i| = \text{Goal}(g_2), \varLambda_i| = \text{Goal}(g_4), \varLambda_i|$$
$$= \text{Goal}(g_5), \cdots, \varLambda_i| = \text{Goal}(g_n)$$

那么在 Σ 中，$\exists \Sigma_i$ 与 $\varLambda_i$ 对应，且有

$$\Sigma_i = \{g_0, g_1, g_2, g_4, g_5, \cdots, g_n\}$$

因此，Σ 可以看成来自用户原始需求(基态集 $\varLambda$)的关于目标命题取值的组合情况。下面给出从基态集 $\varLambda$ 求解模型的 Σ 的算法 $\text{Get}\Sigma(\varLambda, G)$，其输入为目标层的基态集 $\varLambda$ 和目标集 G，输出为目标模型 GM 的 Σ。对于每一个 $\varLambda_i \in \varLambda$，只要能从中推导出 $\text{Goal}(g)$，则对应的 Σ_i 中加入元素 g。

(1) 初始化；

$B = \varnothing$；//初始化辅助集合

$C = \varnothing$；//初始化辅助集合

(2) 搜索基态集中的每一个元素；

```
for each Λ_i ∈ Λ do
    for each g ∈ G do
        if Λ_i |= Goal(g) then
            B = B∪{g};
        endif;
    endfor;
endfor;
C = C∪{B};
```

(3) 如果 C 最终为空集，返回错误提示；否则返回集合 C 的内容；

(4) 结束。

从 Σ 的求解算法，给出下面的定理 3-6 以及其证明过程。

定理 3-6　对于一个任意给定的 GM 模型 $GM=(g_0,O,G,M,A,R,P,D,E)$，必须满足：

$$\forall x\forall y\big(x\in\Sigma_i\wedge(x,y)\in M\to y\in\Sigma_i\big) \tag{3-1}$$

证明　对于任何一个目标 g 而言，由语义知要么 $\Lambda_i|=Goal(g)$，要么 $\Lambda_i=Goal(g)$，而对应的有 $g\in\Sigma_i$ 或者 $g\notin\Sigma_i$；如果存在 $(g,g')\in M$，即目标 g 与目标 g' 属于必选关系，如果 $(g,T)\in\Sigma_i$，其语义表示该用户群要求实现目标 g，而目标 g 与目标 g' 之间的关系决定目标 g' 也必须要实现；如果有 $g'\notin\Sigma_i$，那么意味着目标 g' 不能实现，这与关系链的性质相矛盾；因此 $g'\in\Sigma_i$，即有 $\forall x\forall y\big(x\in\Sigma_i(x,y)\in M\to y\in\Sigma_i\big)$。

定理 3-7　对于一个任意给定的 GM 模型 $GM=(g_0,O,G,M,A,R,P,D,E)$，必须满足：

$$\forall x\exists y\big(x\in\Sigma_i\wedge(x,y)\in R\to y\in\Sigma_i\big) \tag{3-2}$$

证明　对于任意的目标 g，如果存在 $(g,T)\in\Sigma_i$，其语义表示该用户群要求实现目标 g，若存在 $(g,g')\in R$，则表示目标 g 具有下层多选多关系的子目标 g'，根据多选多链的性质，必定还存在另外不同于目标 g' 的目标也与目标 g 具有下层多选多关系，此时只要 g 的这些下层多选多链上的子目标有一个被实现，目标 g 就能实现。

因此，只要 $\exists g'(g,g')\in R\wedge g'\in\Sigma_i$，对于任一目标 g 就能实现，即有

$$\forall x\exists y\big(x\in\Sigma_i\wedge(x,y)\in R\to y\in\Sigma_i\big)$$

定理 3-8　对于一个任意给定的 GM 模型 $GM=(g_0,O,G,M,A,R,P,D,E)$，必须满足：

$$\forall x\exists y\forall z\big(x\in\Sigma_i\wedge(x,y)\in A\wedge(x,z)\in A\to(y\in\Sigma_i\wedge z\notin\Sigma_i)\big) \tag{3-3}$$

定理 3-9　对于一个任意给定的 GM 模型 $GM=(g_0,O,G,M,A,R,P,D,E)$，必须满足：

$$\forall x\forall y\big(x\in\Sigma_i\wedge(x,y)\in D\to y\in\Sigma_i\big) \tag{3-4}$$

定理 3-10　对于一个任意给定的 GM 模型 $GM=(g_0,O,G,M,A,R,P,D,E)$，必须满足：

$$\forall x\forall y\big(x\in\Sigma_i\wedge(x,y)\in E\to y\notin\Sigma_i\big) \tag{3-5}$$

同理，定理 3-8、定理 3-9 和定理 3-10 同样可以根据规则对应语义和关系链的性质得出。

例 3-4 假设在获得用户需求目标后，经过函数选择得到用户需求群的极大协调子集的集合即基态需求集集合 Λ，通过函数 $\text{Get}\Sigma(\Lambda,G)$ 得到模型的 Σ 值，它的直观图如图 3-5 所示，其中：

(1) $O = \{g_6, g_7, g_{10}, g_{12}, g_{13}, g_{16}, g_{17}, g_{18}, g_{19}, g_{20}, g_{21}, g_{22}, g_{23}, g_{24}, g_{25}, g_{26}, g_{27}, g_{28}\}$;

$G = \{g_0, g_1, g_2, g_3, g_4, g_5, g_6, g_7, g_8, g_9, g_{10}, g_{11}, g_{12}, g_{13}, g_{14}, g_{15}, g_{16}, g_{17}, g_{18}$
$g_{19}, g_{20}, g_{21}, g_{22}, g_{23}, g_{24}, g_{25}, g_{26}, g_{27}, g_{28}\}$;

(2) $M = \{(g_0, g_1), (g_0, g_2), (g_0, g_3), (g_0, g_4), (g_5, g_{16}), (g_5, g_{17}), (g_8, g_{18}), (g_8, g_{19}),$
$(g_9, g_{20}), (g_9, g_{21}), (g_3, g_{10}), (g_4, g_{14}), (g_4, g_{15}), (g_{15}, g_{28})\}$;

(3) $R = \{(g_1, g_5), (g_1, g_6), (g_1, g_7)\}$;

(4) $A = \{(g_2, g_8), (g_2, g_9), (g_{11}, g_{23}), (g_{11}, g_{24}), (g_{14}, g_{25}), (g_{14}, g_{26})\}$;

(5) $P = \{(g_3, g_{12}), (g_9, g_{22}), (g_4, g_{13}), (g_{15}, g_{27})\}$;

(6) $D = \{(g_{12}, g_{13})\}$;

(7) $E = \{(g_{22}, g_{13}), (g_{13}, g_{22})\}$;

(8) $\Sigma = \{\{g_0, g_1, g_2, g_3, g_4, g_5, g_6, g_7, g_8, g_{10}, g_{11}, g_{12}, g_{13}, g_{14}, g_{15}, g_{16}, g_{17}, g_{18}, g_{19},$
$g_{23}, g_{25}, g_{27}, g_{28}\}, \{g_0, g_1, g_2, g_3, g_4, g_6, g_7, g_8, g_9, g_{10}, g_{11}, g_{12}, g_{13}, g_{14}, g_{15}, g_{18},$
$g_{19}, g_{23}, g_{25}, g_{27}, g_{28}\}, \cdots, \{g_0, g_1, g_2, g_3, g_4, g_7, g_9, g_{10}, g_{11}, g_{14}, g_{15}, g_{20}, g_{21}, g_{22},$
$g_{24}, g_{26}, g_{28}\}\}$。

省略的部分就不再一一举出。

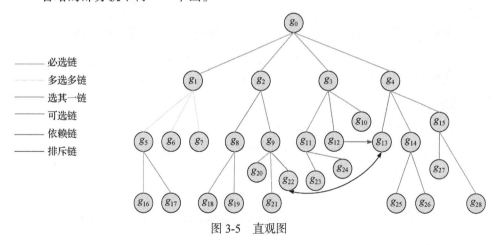

图 3-5　直观图

形式化建模有利于模型的抽象化和简化，将被研究对象中的重点内容呈现在形式化模型中，GM 模型的直观图非常形象直观地展示了目标与目标之间的联系。下一小节中，将对需求目标模型进行形式化验证。

3.1.3　目标层的形式化分析与验证

形式化分析与验证是建立在形式刻画的基础上的,本节基于 3.1.2 节中对目标层的形式化建模,对模型进行规则的分析推理,并对建立的模型进行形式验证,主要是验证模型的完整性和正确性。完整性分析采用自顶层目标向下层叶子节点目标的顺序,正确性分析则采用自底层叶子节点向顶层目标节点的顺序。整个目标层形式化验证核心思想如图 3-6 所示。

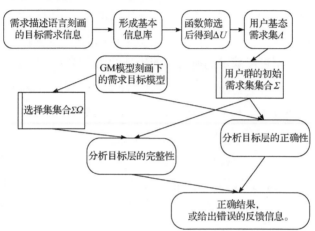

图 3-6　整个目标层形式化验证核心思想

目标层的形式分析主要是对 GM 模型描述下模型的正确性和完整性进行分析。本节将给出模型的可满足性和选择集的定义,为分析模型的正确性和完整性进行准备。

定义 3-28(可满足性)　设 $\Omega \in \mathrm{GM}$, $\Sigma_i \in \Sigma$ 。 Σ_i 对于模型 Ω 是可满足的,当且仅当:

(1)　$g_0 \in \Sigma_i$;

(2)　$\forall x \forall y \left(x \in \Sigma_i \wedge (x,y) \in M \rightarrow y \in \Sigma_i \right)$;

(3)　$\forall x \exists y \left(x \in \Sigma_i \wedge (x,y) \in R \rightarrow y \in \Sigma_i \right)$;

(4)　$\forall x \exists y \forall z \left(x \in \Sigma_i \wedge (x,y) \in A \wedge (x,z) \in A \rightarrow \left(y \in \Sigma_i \wedge z \notin \Sigma_i \right) \right)$;

(5)　$\forall x \forall y \left(x \in \Sigma_i \wedge (x,y) \in D \rightarrow y \in \Sigma_i \right)$;

(6)　$\forall x \forall y \left(x \in \Sigma_i \wedge (x,y) \in E \rightarrow y \notin \Sigma_i \right)$ 。

对于任何目标层模型而言,其最高层次目标是必须要实现的,因而有 $g_0 \in \Sigma_i$,另外,其关系链中的约束关系必须满足,即满足定理 3-6～定理 3-10。

定理 3-11　模型 Ω 是一个正确的 GM 模型,当且仅当 $\forall \Sigma_i (\Sigma_i \in \Sigma)$ 对于模型 Ω 是可满足的。

证明 由 Σ 的定义可知，它来自极大协调集的集合 Λ，又由 Λ 的语义可知，它反映的是不同用户群对目标的偏好选取情况。如果对于任一用户群的状态 Λ_i，有 $\Lambda_i \in \Lambda$，对应的 $\Sigma_i(\Sigma_i \in \Sigma)$ 都是可满足的，即各种不同用户群的需求都在模型中能满足，所以该模型是正确的。

定义 3-29 设模型 Ω 是一个 GM 模型，其选择集集合定义为 Σ^Ω，即

$$\Sigma^\Omega = \left\{ \Sigma_1^\Omega, \Sigma_2^\Omega, \cdots, \Sigma_n^\Omega \right\}。$$

任意的 $\Sigma_i^\Omega (\Sigma_i^\Omega \in \Sigma^\Omega)$ 为模型 Ω 的一个选择集，表示以根节点的命题取值为 "T" 开始，从根节点开始分析得到的一组关于目标命题取值情况。因此，选择集集合也就是这个模型可以满足的所有可能出现的用户需求目标状态。

例 3-5 如果 $\Sigma^\Omega = \{\{g_0, g_1, \cdots, g_n\}, \cdots, \{g_0, g_1, \cdots, g_{n-1}\}\}$，表示目标模型 Ω 的选择集集合，则它的每一个元素(如 $\{g_0, g_1, \cdots, g_n\}$)即为目标模型 Ω 的一个选择集。

命题 3-2 对于任何 $\Sigma_i^\Omega (\Sigma_i^\Omega \in \Sigma^\Omega)$，有 $g_0 \in \Sigma_i^\Omega$。

证明 由于任何一个目标模型的最高层次目标必须要实现，因此命题成立。

求解模型 $\Omega \in$ GM 的选择集 Σ^Ω 的基本思想：对目标模型的目标树先进行广度优先遍历搜索满足纵向约束条件的目标组合，然后删除不满足横向约束条件的目标组合，步骤包括以下七步。

第一步，从最高层目标 g_0 开始分析，在 Ω 的 M、A、R、P 中搜索与 g_0 相关的边，可以找到 g_0 的所有下层子节点，以 g_0 必须实现为前提，有 $\Sigma^\Omega = \{g_0\}$。

第二步，判断：假定有 $(g_0, g_i) \in M, (g_0, g_j) \in M, \cdots, (g_0, g_k) \in M$，则有 $\Sigma^\Omega = \{g_0\} \cup \{g_i, g_j, \cdots, g_k\}$。

第三步，判断：假定有 $(g_0, g_i) \in A, (g_0, g_j) \in A, \cdots, (g_0, g_k) \in A$，则可以选择其中任何一个目标的命题为 T，其他的为 F，如 $\Sigma^\Omega = \cup\{g_0\} \cup \{g_m\}, g_m \in \{g_i, g_j, \cdots, g_k\}$。

第四步，判断：假定有 $(g_0, g_i) \in R$，$(g_0, g_j) \in R, \cdots, (g_0, g_k) \in R$，则可以选择其中任何一个目标的命题为 T，其他的为 T 或 F 均可，如 $\Sigma^\Omega = \cup\{g_0\} \cup \{g_m\}$，$g_m \subseteq \{g_i, g_j, \cdots, g_k\}$；

第五步，判断：假定有 $(g_0, g_i) \in P$，$(g_0, g_j) \in P$，$\cdots$，$(g_0, g_k) \in P$，则其中任何一个目标的命题为 T 或 F 均可，如 $\Sigma^\Omega = \{g_0\} \cup (\cup\{g_0\} \cup \{g_m\}), g_m \subseteq \{g_i, g_j, \cdots, g_k\}$。

第六步，依次对下一层目标的取值根据上层目标的取值情况进行选择，直至

所有目标以及其相应取值出现在 Σ_i^Ω 中,再进行新一次的确认 Σ_j^Ω ,判断 $\Sigma_i^\Omega \neq \Sigma_j^\Omega$ 是否成立,即在出现目标命题为 T 或 F 均可时,判断是不是在 Σ_i^Ω 中已经出现过,如果出现过就选择另外一种命题情况,直至没有新的选择集出现,此时假定选择集集合为 $\Sigma^\Omega = \left\{ \Sigma_1^\Omega, \Sigma_2^\Omega, \cdots, \Sigma_i^\Omega, \cdots, \Sigma_j^\Omega, \cdots, \Sigma_n^\Omega \right\}$ 。

第七步,最后再搜索模型 Ω 中的依赖链和排斥链即 D 和 E ,在选择集合中删除目标命题不满足依赖关系或排斥关系的选择集,假定有 Σ^Ω 中 Σ_i^Ω 和 Σ_j^Ω 不满足,最后可以确定模型 Ω 的选择集合 Σ^Ω 为 $\Sigma^\Omega = \left\{ \Sigma_1^\Omega, \Sigma_2^\Omega, \cdots, \Sigma_{i-1}^\Omega, \Sigma_{i+1}^\Omega, \cdots, \Sigma_{j-1}^\Omega, \Sigma_{j+1}^\Omega, \cdots, \Sigma_n^\Omega \right\}$ 。

下面给出在目标命题取值为 T 的情况下,求某一个目标的下层子目标选择集的算法:用于求 Σ^Ω 的子过程 $\mathrm{Get}\Sigma^\Omega \mathrm{ofgT}(g, B)$ 。其中参数 B 为已记录的选择集, g 为目标层中的任一目标。

算法具体步骤如下。

(1) 初始化: $B_0 = B$ 。

(2) 判断是否为原子目标,如果是,返回原选择集:$\mathrm{if}\, g \in O\, \mathrm{then}\, \mathrm{return}\, B_0$ 。

(3) 如果不是,求出模型中的选择集集合,首先判断 g 是否有下层必选子目标,如果有,记录更新,伪代码表示如下。

```
if  ∃x(g,x)∈M   then
    for  each  x,(g,x)∈M   do
        B₀ = B₀ ∪ {x};
    endfor;
    C₀ = B₀;
endif;
```

(4) 再判断是否具有选其一的下层子目标,如果有,记录更新,伪代码表示如下。

```
if  ∃x(g,x)∈A   then
    H = ∅;
    for j = 0, k = 0, j < sizeof(dom  A ◁ {g}) do
        while ∃y(g,y)∈A ∧ y∉Hᵢ ∧ Hᵢ is any set of H do
            Bⱼ = Cⱼ ∪ {y}; H = H ∪ {Bⱼ}; j + +; k + +;
        endwhile;
    endfor;
    for i = 0, i < k do      Cᵢ = Bᵢ;
    endfor;
endif;
```

(5) 再判断是否具有可选的下层子目标，如果有，记录更新，伪代码表示如下。

if $\exists x(g,x) \in P$ then

 for each $x,(g,x) \in P$ do

  for $j = 0, j < k$ do

   $B_j = C_j \bigcup \{(x)\}; B_{j+k} = C_j; j++;$

  endfor;

  $k = k + k;$

  for $i = 0, i < k$ do $C_i = B_i;$

 endfor;

endif;

(6) 再判断是否具有多选多的下层子目标，如果有，记录更新，伪代码表示如下。

if $\exists x(g,x) \in R$ then

 $H = \varnothing;$

 while $\exists y(g,y) \in R \wedge y \notin H_i \wedge H_i$ is any set of H do

  $B_j = C_j \bigcup \{y\};$

  for each $z, z \neq y \wedge (g,z) \in R$ do

   $B_{j++} = C_j \bigcup \{z\};$

  endfor;

 endwhile;

 while $\exists y_1, y_2 (g,y_1) \in R \wedge (g,y_2) \in R \wedge \{y_1, y_2\} \not\subseteq H_i \wedge H_i$ is any set of H do

  $B_{j++} = C_{j++} \bigcup \{y_1, y_2\};$

  if $\exists z, z \neq y_1 \wedge z \neq y_2 \wedge (g,z) \in R$ then

   for each z do

    $B_{j++} = C_{j++} \bigcup \{y_1, z\};$

    $B_{j++} = C_{j++} \bigcup \{y_2, z\};$

   endfor;

  endif;

 endwhile;

if sizeof $(\text{dom } R \triangleleft \{g\}) > 3$ then

 for $n = 3, n < $ sizeof $(\text{dom } R \triangleleft \{g\})$ do

  while $\exists y_0, y_1, \cdots, y_n (g,y_0) \in R \wedge (g,y_1) \in R \wedge \cdots \wedge (g,y_n) \in R \wedge$

   $\{y_0, y_1, \cdots, y_n\} \not\subseteq H_i \wedge H_i$ is any set of H do

$$B_{j++} = C_{j++} \bigcup \{y_0, y_1, \cdots, y_n\}; \quad n++;$$

endwhile;

endfor;

endif;

for $i = 0, i < k$ do $H = H \bigcup \{B_{i++}\}$;

endfor;

(7) 将找出的组合目标命题取值为真情况下的所有子目标的选择集记录在 H 中。

(8) 结束。

上述算法还没有排除不满足依赖关系和排斥关系的选择集，因此接下来给出求 Σ^Ω 的最后一个子过程 $\mathrm{Delete}\,\Sigma^\Omega(\varPi)$ 的算法，其中参数 $\varPi$ 为已记录的选择集的集合，其思想是从子过程 $\mathrm{Get}\,\Sigma^\Omega\,\mathrm{ofgT}(g,B)$ 得到的目标模型的所有选择集构成的集合中删掉不满足依赖关系和排斥关系的选择集。

for each $\varPi_i \in \varPi$ do

    for each $x, x \in G$ do

        if $\exists g(x,g) \in D \wedge x \in \varPi_i \wedge g \notin \varPi_i$ then return $\varPi = \varPi \setminus \varPi_i$;

        else if

            $\exists g(x,g) \in E \wedge x \in \varPi_i \wedge g \in \varPi_i$ then return $\varPi = \varPi \setminus \varPi_i$;

        else

            return $\varPi$;

        endif;

        endif;

    endfor;

endfor;

求一个模型 $\Omega(\Omega \in \mathrm{GM})$ 的选择集集合 Σ^Ω 的主算法，是由 $\mathrm{Get}\,\Sigma^\Omega\,\mathrm{ofgT}(g,B)$ 和 $\mathrm{Delete}\,\Sigma^\Omega(\varPi)$ 两个子过程构成的。这里，需要递归调用子程序 $\mathrm{Get}\,\Sigma^\Omega\,\mathrm{ofgT}(g,B)$。

(1) 初始化。

$H = \{\{g_0\}\}$; $C = G$;

(2) 对于每一个目标，求出其目标选择集，并删除不满足条件的元素。

for each $g \in C$ do

    for each $H_i \in H$ do

        if $g \in H_i$ then

            $B_i = \mathrm{Get}\,\Sigma^\Omega\,\mathrm{ofgT}(g, H_i)$;

$$\text{endif};$$

$$C = C \setminus \{g\};$$

$$\text{endfor};$$

$$H = \bigcup B_i;$$

　endfor;

$$\Sigma^{\Omega} = \text{Delete}\Sigma^{\Omega}(H);$$

　return Σ^{Ω};

给出了求解一个目标模型 $\Omega \in \text{GM}$ 的 Σ^{Ω} 的算法后,下面给出该目标模型完整性的解释以及分析。

命题 3-3　设 $\Omega \in \text{GM}$,模型 Ω 是完整的,当且仅当 $\Sigma = \Sigma^{\Omega}$。

证明　存在两种情况。

(1) $\Sigma \subset \Sigma^{\Omega}$。

如果 $\Sigma \subset \Sigma^{\Omega}$,则

$$\exists \Sigma_i^{\Omega}, \Sigma_i^{\Omega} \in \Sigma^{\Omega} \wedge \Sigma_i^{\Omega} \notin \Sigma$$

即该模型包含了用户的原始需求中基态需求集 Λ 中的所有描述,但是有一些目标组合状态是模型也满足的,而用户的原始需求没有在基态需求 Λ 中全部刻画出来,这种情况下模型是不完整的,但是模型是正确的。

(2) $\Sigma \not\subset \Sigma^{\Omega}$ 且 $\Sigma \neq \Sigma^{\Omega}$。

如果 $\Sigma \not\subset \Sigma^{\Omega}$ 且 $\Sigma \neq \Sigma^{\Omega}$,则

$$\exists \Sigma_i, \Sigma_i \in \Sigma \wedge \Sigma_i \notin \Sigma^{\Omega} \text{且} \exists \Sigma_i^{\Omega}, \Sigma_i^{\Omega} \in \Sigma^{\Omega} \wedge \Sigma_i^{\Omega} \notin \Sigma$$

即该模型中用户的原始需求基态需求集 Λ 中的部分描述没有在模型 Ω 中体现,并且有一些模型可满足的目标组合状态,用户的原始需求基态需求集 Λ 中也没有刻画出来,这种情况下模型是不完整的,也是不正确的。

因此,模型 Ω 是完整的,当且仅当 $\Sigma = \Sigma^{\Omega}$ 得证。

推论 3-2　如果模型 $\Omega(\Omega \in \text{GM})$ 具有完整性,那么它一定具有正确性。

本节将基于上面的讨论给出对 GM 模型进行形式化验证的具体算法,包括验证正确性和完整性。如 3.1.2 节所述,正确性是判断 $\forall \Sigma_i (\Sigma_i \in \Sigma)$ 对于模型 $\Omega(\Omega \in \text{GM})$ 是否可满足的;完整性是判断 Σ 是否与 Σ^{Ω} 相等。

1) 正确性验证

对 $\forall \Sigma_i (\Sigma_i \in \Sigma)$ 中的目标命题取值情况进行分析,检查是否与相关规则相匹配,其输入是一个具体的 GM 模型,输出为匹配的结果 Yes 或所有不满足模型的用户群需求 $\Sigma_i (\Sigma_i \in \Sigma)$。其中的相关规则包括定义 3-26 里的可满足性所需要满足

的所有规则，如果其中任何一条规则不满足则输入该 $\varSigma_i$，不满足规则的情况包括以下六种情况。

(1) 最高层次目标 g_0 没能实现：$g_0 \notin \varSigma_i$。

(2) 要实现组合目标，但其某个下层必选子目标没能实现：$\exists x \exists y, x \in \varSigma_i \wedge (x,y) \in M \wedge y \notin \varSigma_i$。

(3) 要实现组合目标，但其所有下层多选多子目标都没能实现：$\exists x \forall y, x \in \varSigma_i \wedge (x,y) \in R \wedge y \notin \varSigma_i$。

(4) 要实现组合目标，但存在有其两个下层选其一子目标要同时实现：$\exists x \exists y \exists z, x \in \varSigma_i \wedge (x,y) \in A \wedge (x,z) \in A \wedge y \in \varSigma_i \wedge z \in \varSigma_i$。

(5) 要实现组合目标，但其所依赖的目标没能实现：$\exists x \exists y, x \in \varSigma_i \wedge (x,y) \in D \wedge y \notin \varSigma_i$。

(6) 要实现组合目标，但其所排斥的目标也要实现：$\exists x \exists y, x \in \varSigma_i \wedge (x,y) \in E \wedge y \in \varSigma_i$。

下面给出验证模型正确性的算法，其输入为目标模型 GM 模型的各元素，以及所得到的用户群的初始需求集集合 $\varSigma$，输出为正确情况下的 Yes 或错误情况下的不满足条件的反例。

(1) 初始化：$B = \varnothing$。

(2) 对于每一个 $\varSigma_i \in \varSigma$ 进行判断，判断是否满足所有的规则。

```
for each Σi ∈ Σ do
    if g0 ∉ Σi then return B = B∪{Σi};
        else if ∃x∃y, x ∈ Σi ∧ (x,y) ∈ M ∧ y ∉ Σi then return B = B∪{Σi};
            else if ∃x∀y, x ∈ Σi ∧ (x,y) ∈ R ∧ y ∉ Σi then return B = B∪{Σi};
                else if ∃x∃y∃z, x ∈ Σi ∧ (x,y) ∈ A ∧ (x,z) ∈ A ∧ y ∈ Σi ∧ z ∈ Σi then
                        return B = B∪{Σi};
                    else if ∃x∃y, x ∈ Σi ∧ (x,y) ∈ D ∧ y ∉ Σi then    return B = B∪{Σi};
                    else if ∃x∃y, x ∈ Σi ∧ (x,y) ∈ E ∧ y ∈ Σi then    return B = B∪{Σi};
                    else
                        return B;
                    endif;
                endif;
            endif;
        endif;
    endif;
```

endif;

endfor;

(3) 如果 B 为空集，说明模型正确；否则，输出 B 的内容，即所有不满足条件的 Σ_i。

(4) 结束。

通过正确性分析，如果模型不正确，可以给出不正确的反例，从而方便分析人员找出问题的所在点，有利于模型的改进，有效节省了重新建模的时间。

2) 完整性验证

判断 Σ 是否与 Σ^Ω 相等，要求 $\forall \Sigma_i(\Sigma_i \in \Sigma)$ 与 $\forall \Sigma_i^\Omega(\Sigma_i^\Omega \in \Sigma^\Omega)$ 成 $\Sigma_i \to \Sigma_i^\Omega$ 一一映射关系，其输入为一个具体的模型 $\Omega \in GM$，输出为具有完整性情况下的 Yes；或者不具有完整性情况下 Σ 中 Σ^Ω 没有的部分以及 Σ^Ω 中 Σ 没有的部分。

这里需要首先找到模型 $\Omega \in GM$ 中的 Σ^Ω，在 3.3.1 节中给出了确定模型 $\Omega \in GM$ 的选择集 Σ_i^Ω 的基本思想和算法。下面给出验证模型完整性的算法。其输入为一个刻画需求目标的 GM 模型以及用户群的初始需求集集合 Σ，输出为具体完整性情况下的 Yes 或不完整情况下的反馈信息。

(1) 初始化：$B=\varnothing$，$C=\varnothing$。

(2) 如果 $\Sigma = \Sigma^\Omega$，那么返回 Yes。

(3) 否则，$B = \Sigma/(\Sigma^\Omega \cap \Sigma)$，$C = \Sigma^\Omega/(\Sigma^\Omega \cap \Sigma)$，返回 B 和 C。

通过正确性分析，如果模型不正确，则需要重新调整模型不正确的地方(即没有包含的 Σ_i)；通过完整性分析，如果模型不完整可以给出模型中不完整的地方，需求分析人员可以根据反馈的分析结果来修正用户的需求获取中没有考虑到的问题。

3.1.4 零信任环境下目标层模型的演化

零信任环境下车联网系统需求元模型最大的特点之一就是用户需求的动态变化。因为车联网系统本身的复杂性，以及车联网系统经常会出现更新、重组等现象，基于这一系列的特点，其需求目标模型不可避免地出现动态变化。而目标所有的变化都可以归结于两种情况：目标的增加和目标的删减。

在一个模型 $\Omega(\Omega \in GM)$ 中增加一个目标 g 的基本思想：首先需要将该目标 g 移入集合 G 中(即 $G = G \cup \{g\}$)，并将该目标 g 同时移入集合 O(即 $O = O \cup \{g\}$)中，然后，将新产生的与该目标 g 相连的所有相关性质的边分别加入到对应的边集 M、A、R、P、D 和 E 中，若有因该目标的加入而产生的新组合目标则移出集合 O。

此外，因为增加了一个目标，用户需求的公式集 Δ^U 也有相应的变化，加入了新目标的相关谓词的描述，从而导致用户需求基态集 $\Lambda = \{\Lambda_1, \Lambda_2, \cdots, \Lambda_n\}$ 中的每一个元

素 Λ_i ($\Lambda_i \in \Lambda$, 为 Δ^U 不同的极大协调子集 $\mathrm{MC}(\Delta^U)$)也产生了新的变化。假定加入的新目标的相关谓词描述的集合为 Δ^N , 首先要求出 Δ^N 和用户需求的公式集 Δ^U 的极大协调子集 $\mathrm{MC}(\Delta^N \cup \Delta^U)$ 所构成的 $\Lambda' = \{\Lambda'_1, \Lambda'_2, \cdots, \Lambda'_n\}$ ($\Lambda'_i \in \Lambda'$, 为 $\mathrm{MC}(\Delta^N \cup \Delta^U)$ 的所有极大协调子集), 然后根据算法 $\mathrm{Get}\, \Sigma(\Lambda, G)$ 得到对应的 Σ 。其对应的算法输入为所加的目标相关的边以及新的用户需求基态集 Λ' , 输出为新的模型。

(1) 如果新加入的目标 g 使得产生新的组合目标, 那么先将该新的组合目标移出可操作目标集合。

if $\exists x, x \in G \wedge (x, g) \in M' \cup R' \cup A' \cup P'$ then

　　for each x do

　　　　$O = O \setminus \{x\}$;

　　endfor;

endif;

(2) 将新的边和目标节点加入到相关的集合中, 即 $G = G \cup \{g\}$, $O = O \cup \{g\}$, $M = M \cup M'$, $A = A \cup A'$, $R = R \cup R'$, $P = P \cup P'$, $D = D \cup D'$, $E = E \cup E'$ 。

(3) 求出新的初始需求集集合 Σ' , $\Sigma = \mathrm{Get}\, \Sigma(\Lambda', G)$ 。

(4) 返回新产生的模型 GM' 。

例 3-6　　如图 3-7 所示, 假设增加一个目标 g_{17} , 其相应的谓词描述集为 Δ^N , 则只需要找到增加的目标以及相应的边, 该模型增加目标 g_{17} 后通过上述算法即可得到新的目标模型, 其中:

(1) $g = g_{17}$;

(2) $M' = R' = A' = D' = \varnothing$;

(3) $P' = \{(g_4, g_{17})\}$;

(4) $E' = \{(g_{17}, g_{16}), (g_{16}, g_{17})\}$;

(5) $\Lambda' = \mathrm{MC}(\Delta^N \cup \Delta^U)$ 。

推论 3-3　　目标模型 $\Omega(\Omega \in \mathrm{GM})$ 在增加一个目标时, 不能保持其正确性和完整性。

因此, 当用户有新的需求产生时, 增加新的用户目标后, 产生的新目标模型需要再次进行正确性和完整性验证。

在一个模型 $\Omega(\Omega \in \mathrm{GM})$ 中删除一个目标 g 相对于增加一个目标来说, 要简单一些。其基本思想是: 首先需要将该目标 g 移出集合 G (即 $G = G - \{g\}$), 然后再分情况处理。

(1) 如果该目标 g 为集合 O 中的目标, 则将其移出集合 O (即 $O = O - \{g\}$), 然后

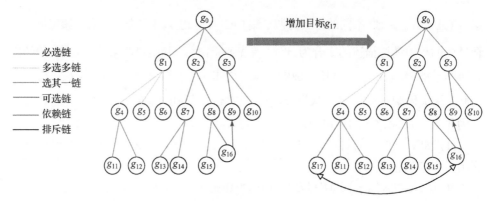

图 3-7 增加一个目标

将所有与该目标 g 相连的相关性质的边从对应的边集 M、A、R、P、D 和 E 中删掉。

(2) 如果该目标 g 为组合目标，则将所有与该目标 g 相连的相关性质的边从对应的边集 M、A、R、P、D 和 E 中删掉后，再看该目标 g 所连的下层子目标，重复第(1)条和第(2)条。

此外 Σ 的变化也相对于增加一个目标更简单，分为以下两种情况。

(1) 如果该减少的目标 g 为原子目标，只需要从 Σ 的每一个集合元素 Σ_i 中删掉包含目标 g 的元素即可。

(2) 如果其为组合目标，则需要从 Σ 的每一个集合元素 Σ_i 中删掉 g 以及所有以 g 为根节点的子目标。

首先给出删除一个原子目标的对应算法，用函数 $\mathrm{Deletes}(g)$ 表示，删除一个组合目标需要调用该子过程。

(1) 从原子目标集合和目标集合中分别删除目标 g：$O = O \setminus \{g\}$，$G = G \setminus \{g\}$。

(2) 对每一个 $\Sigma_i \in \Sigma$，如果 $\exists x (x \in \Sigma_i)$，那么 $\Sigma_i = \Sigma_i \setminus \{x\}$。

(3) 更新 $\Sigma = \bigcup \Sigma_i$。

(4) 判断与 g 相关联的上层组合目标，如果有，依次删去。

if $\exists x, x \in \mathrm{dom}\, M \triangleright \{g\}$ then $M = M \setminus \{(x, g)\}$;

  else if $\exists x, x \in \mathrm{dom}\, A \triangleright \{g\}$ then $A = A \setminus \{(x, g)\}$;

    else if $\exists x, x \in \mathrm{dom}\, R \triangleright \{g\}$ then $R = R \setminus \{(x, g)\}$;

      else

        $P = P \setminus \{(x, g)\}$;

      endif;

    endif;

  endif;

（5）判断是否存在与横向约束相关的节点目标，如果有，依次删去。

if $\exists x, x \in \operatorname{dom} D \rhd \{g\}$ then　$D = D \setminus \{(x, g)\}$;

endif;

if $\exists x, x \in \operatorname{dom} D \lhd \{g\}$ then　$D = D \setminus \{(g, x)\}$;

endif;

if $\exists x, x \in \operatorname{dom} E \lhd \{g\}$ then　$E = E \setminus \{(x, g), (g, x)\}$;

endif;

if $\exists x, x \in \operatorname{dom} M \rhd \{g\} \bigcup \operatorname{dom} A \rhd \{g\} \bigcup \operatorname{dom} R \rhd \{g\} \bigcup \operatorname{dom} P \rhd \{g\} = \{x\}$　then

　$O = O \bigcup \setminus \{x\}$;

endif;

（6）返回新产生的模型 GM′。

下面给出删除一个目标 g 的主算法，用函数 $\mathrm{Delete}(g)$ 表示，如果目标为一个组合目标，则采用逆向思维，首先找到以该目标 g 为根节点的所有目标以及与其相关的边，然后在表示的集合中删掉这些目标，并把这些目标对应的边从边集 M、A、R、P、D 和 E 中删掉，同时需要从 Σ 的每一个集合元素 Σ_i 中删掉 g 以及所有以 g 为根节点的子目标。

（1）判断被删除的目标 g 是否为原子目标，如果是，直接按上面的算法执行即可：return　$\Omega = \mathrm{Deletes}(g)$。

（2）如果不是原子目标，初始化：$C = \{g\}$。

（3）对每一个 g 的下层子目标进行循环执行删除处理，具体如下。

for each $x, x \in \operatorname{ran} M \lhd C \bigcup \operatorname{ran} A \lhd C \bigcup \operatorname{ran} R \lhd C \bigcup \operatorname{ran} P \lhd C$ do $C = C \bigcup \{x\}$;

　　for each $x \in C \wedge x \in O$ do $\Omega = \mathrm{Deletes}(x)$;

　　endfor;

　endfor;

（4）返回新产生的模型 GM′。

推论 3-4　目标模型 $\Omega (\Omega \in \mathrm{GM})$ 在减少一个或一组目标时，其仍能保持正确性和完整性。

证明　如果目标模型 $\Omega (\Omega \in \mathrm{GM})$ 具有正确性和完整性，那么 $\Sigma = \Sigma^{\Omega}$。当减少一个或一组目标时，$\forall \Sigma_i (\Sigma_i \in \Sigma)$ 中的所有相关目标及其命题也被删除。从求解 Σ^{Ω} 的算法 Get Σ^{Ω} 可以看出，相应的目标和边被删除后，$\forall \Sigma_i^{\Omega} (\Sigma_i^{\Omega} \in \Sigma^{\Omega})$ 也随之发生相应的改变。因此，上述结论正确。

例 3-7　如图 3-8 所示，减少一个目标 g_5 相对简单，只需调用函数 $\mathrm{Delete}(g_5)$

后即可得到新的目标模型，并且仍能保持模型的正确性和完整性。

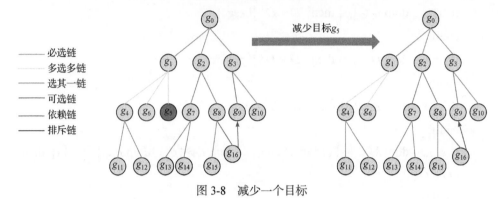

图 3-8　减少一个目标

删减一个目标时，不需要再次对模型进行验证，但是在需要获取的公式集 $\varDelta$ 和 $\varDelta^U$ 中也没必要将其删除，因为有可能用户过段时间出现变动，又想要重新实现以前的目标。

模型的重组在零信任环境下车联网系统中的应用是非常广泛的，因为在系统更新、融合、重用等过程中，都会用到模型的重组，而目标模型的重组也不例外。目标模型的重组会导致新的组合目标的产生，即目标模型的重组是为了实现一个共同的上层目标，也可以看成模块划分的逆过程，即参与重组的模型是重组后模型的子模型。重组之后，可能会因为实际的车联网系统需求增加新的关系链或更改原有的目标关系链，甚至还会有目标的增加或目标的减少等情况。

定义 3-30　假定有两个 GM 刻画的目标模型 $\varOmega_1$ 和 $\varOmega_2$，其中：

(1) $\varOmega_1 = (g_{01}, O_1, G_1, M_1, A_1, R_1, P_1, D_1, E_1)$，$\varSigma_1$ 为 $\varOmega_1$ 的用户群的初始需求集集合；

(2) $\varOmega_2 = (g_{02}, O_2, G_2, M_2, A_2, R_2, P_2, D_2, E_2)$，$\varSigma_2$ 为 $\varOmega_2$ 的用户群的初始需求集集合。

则 $\varOmega = (g_0, O, G, M, A, R, P, D, E)$ 为 $\varOmega_1$ 和 $\varOmega_2$ 的重组模型，$\varSigma$ 为模型 $\varOmega$ 的用户群初始需求集集合，当且仅当：

(1) $g_0 = g_1 \lozenge g_2$ (符号 $\lozenge$ 表示目标功能属性和非功能属性的融合)；

(2) $O = O_1 \bigcup O_2$；

(3) $G = G_1 \bigcup G_2$；

(4) $M = M_1 \bigcup M_2$；

(5) $A = A_1 \bigcup A_2$；

(6) $R = R_1 \bigcup R_2$；

(7) $P = P_1 \bigcup P_2$；

(8) $D = D_1 \bigcup D_2$；

(9) $E = E_1 \bigcup E_2$；

(10) $\Sigma = \bigcup \Sigma_k \bigcup \{g_0\}$，$\Sigma_k = \Sigma_i \bigcup \Sigma_j$，其中 $\Sigma_i \in \Sigma_1$，$\Sigma_j \in \Sigma_2$。

推论 3-5　两个目标模型 Ω_1 和 Ω_2 都具有正确性，那么两者的重组模型仍具有正确性。

证明　假设：$\Omega_1 = (g_{01}, O_1, G_1, M_1, A_1, R_1, P_1, D_1, E_1)$，$\Sigma_1$ 为 Ω_1 的用户群的初始需求集集合；$\Omega_2 = (g_{02}, O_2, G_2, M_2, A_2, R_2, P_2, D_2, E_2)$，$\Sigma_2$ 为 Ω_2 的用户群的初始需求集集合。

则由满足性定义 3-26 第(1)条可知：$\forall \Sigma_i (\Sigma_i \in \Sigma_1)$，$\forall \Sigma_j (\Sigma_j \in \Sigma_2)$ 满足 $g_{01} \in \Sigma_i$，$g_{02} \in \Sigma_j$，即模型 Ω_1 中的 $\forall \Sigma_i (\Sigma_i \in \Sigma_1)$ 能实现最高层次目标 g_{01}，模型 Ω_2 中的 $\forall \Sigma_j (\Sigma_j \in \Sigma_2)$ 能实现最高层次目标 g_{02}，因此 $(\forall \Sigma_k, \Sigma_k \in \Sigma, \Sigma = \bigcup \Sigma_k)$ 都能得到 $\Sigma_k \models g_{01} \wedge g_{02}$，即目标 g_{01} 和目标 g_{02} 都能满足，因此目标 g_{01} 和目标 g_{02} 重组后的最高层次目标也能满足；同时，由满足性定义 3-26 第(2)条可知：

$$\left(\forall x \forall y (x \in \Sigma_i \wedge (x, y) \in M_1 \rightarrow y \in \Sigma_i) \right) \wedge \left(\forall m \forall n (m \in \Sigma_j \wedge (m, n) \in M_2 \rightarrow n \in \Sigma_j) \right)$$
$$\Rightarrow \forall x \forall y (x \in \Sigma_i \bigcup \Sigma_j \wedge (x, y) \in M_1 \bigcup M_2 \rightarrow y \in \Sigma_i \bigcup \Sigma_j)$$

由满足性定义 3-28 第(3)条可知：

$$\left(\forall x \exists y (x \in \Sigma_i \wedge (x, y) \in R_1 \rightarrow y \in \Sigma_i) \right) \wedge \left(\forall m \exists \forall n (m \in \Sigma_j \wedge (m, n) \in R_2 \rightarrow n \in \Sigma_j) \right)$$
$$\Rightarrow \forall x \exists y (x \in \Sigma_i \bigcup \Sigma_j \wedge (x, y) \in R_1 \bigcup R_2 \rightarrow y \in \Sigma_i \bigcup \Sigma_j)$$

由满足性定义 3-28 第(4)条可知：

$$\left(\forall x_1 \exists y_1 \forall z_1 (x_1 \in \Sigma_i \wedge (x_1, y_1) \in A_1 \wedge (x_1, z_1) \in A_1 \rightarrow (y_1 \in \Sigma_i \wedge z_1 \notin \Sigma_i)) \right) \wedge$$
$$\left(\forall x_2 \exists y_2 \forall z_2 (x_2 \in \Sigma_i \wedge (x_2, y_2) \in A_2 \wedge (x_2, z_2) \in A_2 \rightarrow (y_2 \in \Sigma_i \wedge z_2 \notin \Sigma_i)) \right)$$
$$\Rightarrow \forall x \exists y \forall z (x \in \Sigma_i \bigcup \Sigma_j \wedge (x, y) \in A_1 \bigcup A_2 \wedge z \in A_1 \bigcup A_2 \rightarrow (y \in \Sigma_i \bigcup \Sigma_j \wedge z \notin \Sigma_i \bigcup \Sigma_j))$$

由满足性定义 3-28 第(5)条可知：

$$\left(\forall x \forall y (x \in \Sigma_i \wedge (x, y) \in D_1 \rightarrow y \in \Sigma_i) \right) \wedge \left(\forall m \forall n (m \in \Sigma_j \wedge (x, y) \in D_2 \rightarrow n \in \Sigma_j) \right)$$
$$\Rightarrow \forall x \forall y (x \in \Sigma_i \bigcup \Sigma_j \wedge (x, y) \in D_1 \bigcup D_2 \rightarrow y \in \Sigma_i \bigcup \Sigma_j)$$

由满足性定义 3-28 第(6)条可知：

$$\left(\forall x \forall y (x \in \Sigma_i \wedge (x, y) \in E_1 \rightarrow y \notin \Sigma_i) \right) \wedge \left(\forall m \forall n (m \in \Sigma_j \wedge (x, y) \in E_2 \rightarrow n \notin \Sigma_j) \right)$$
$$\Rightarrow \forall x \forall y (x \in \Sigma_i \bigcup \Sigma_j \wedge (x, y) \in E_1 \bigcup E_2 \rightarrow y \notin \Sigma_i \bigcup \Sigma_j)$$

因此，由定理 3-11 可知，该重组模型具有正确性。

推论 3-6　重组模型如果是组合成为同是上层目标必选性质的下层子目标，

则仍能保持完整性。

推论 3-7　重组模型如果是组合成为同是上层目标非必选性质的下层子目标，则只能保持正确性，不能保持完整性。

3.1.5　性能比较分析

与传统的基于目标的分析方法 KAOS 和 Tropos 相比，本节中的分析方法优势主要体现在关系的多样性、图像的直观性、不一致信息的可容性、动态演化的灵活性这些方面，如表 3-1 所示。

表 3-1　性能比较

方法	低层目标间关系	高层目标间关系	目标间的关系	容忍性	直观性
KAOS	能刻画	无法捕获	关系单一，一般是 and 与 or 的关系	不能	不能
Tropos	能刻画	能刻画	关系单一	不能	不能
GM	能刻画	能刻画	多种关系	能	能

(1) 关系的多样性。

本节中刻画的不再是单一的消极和积极两种关系，而是用六种关系来描述，并且又分为横向的两种约束关系：依赖和排斥，以及四种纵向的关系：可选、必选、多选和选其一，而传统的 KAOS 方法和 Tropos 方法只有很单一的关系刻画。

(2) 图像的直观性。

需求目标用 GM 抽象化简后的 GM 直观图能非常清晰地表达目标之间的约束关系以及上、下层之间的关系，直接反映了整个用户需求的整体情况。而 KAOS 方法和 Tropos 方法只是一堆代码符号，即使有注释也是一些零散的图表。

(3) 不一致信息的可容性。

在需求目标预处理阶段，不一致信息通过极大协调子集来进一步确定目标之间的相互关系，有利于车联网系统的扩充。对于尚没有确定或不明确的目标可以持保留状况，方便后续工作中的调整。很显然，这些是 KAOS 方法和 Tropos 方法都做不到的。

(4) 动态演化的灵活性。

建立相关的动态演化规则来适应网络环境下的用户需求变化，既是必需的，也是必要的。而这方面的工作 KAOS 方法和 Tropos 方法还未涉及。

在需求目标层模型验证通过的情况下，再进行下一步工作：需求过程层的验证(第 4 章将重点介绍)，这样可以有效减少车联网系统测试阶段因需求不正确而带来的错误，节省了人力、物力的资源浪费，避免在用户需求目标尚不明确的情况下就盲目进行系统的设计或代码的编写，保证了车联网系统开发工作的顺利进行。

3.1.6　项目应用的实例分析

本小节将用一个具体的实例来阐述如何使用形式化方法验证目标模型。图 3-9 是一个典型的零信任车联网环境，有行人、汽车驾驶员、导航系统、传感器、交通标志等。在这样一个大环境中，首先获取用户的问题集 PC(Δ) 以及自由集 FREE(Δ)，然后在 RGPS-G 的指导下，对目标进行分解得到一个初始模型，并通过函数选择对公式集 Δ 中的内容进行筛选得到 Δ^U 以及用户基态需求集 Λ，最后建立目标 GM 模型。

图 3-9　典型的零信任车联网环境

抽取其中的部分用户需求信息进行需求目标模型的建模，假定对其中的"提供驾驶员决策的交通服务需求"模块部分进行分析，得到如图 3-10 所示的驾驶决策需求目标模型，该模型中存在以下初始需求。

(1) 交通信号灯状态判断：检测交通信号灯的颜色，判断是红灯、绿灯还是黄灯。

(2) 行人状态检测：检测前方是否有行人或行人穿越道，以便采取相应的减速或停车行动。

(3) 道路拥堵程度判断：通过传感器或交通状况监测系统分析道路的拥堵程度，根据情况调整车速或选择其他路径。

(4) 天气影响评估：根据天气状况，如降雨、降雪或浓雾，评估对行车安全的影响，并相应地调整车速和驾驶策略。

(5) 交通标志识别：识别道路上的交通标志，根据标志的指示决定相应的驾驶行为，如限速、转弯或禁止通行等。

(6) 导航系统集成：整合地图数据、GPS 和雷达等导航系统信息，提供车辆当前位置、行驶路线、道路限速信息以及附近的交通情况等，用于辅助驾驶决策。

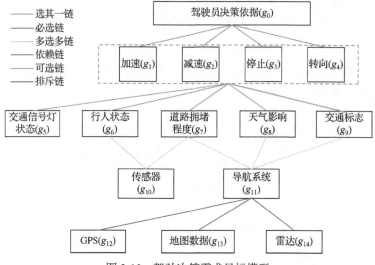

图 3-10　驾驶决策需求目标模型

通过函数 $\mathrm{Get}\,\Sigma(\Lambda,G)$ 对需求获取的信息进行分析，可以得到用户群的初始需求集集合，如表 3-2 所示。根据目标的初始需求可以给出用户的目标 GM 模型 $\Omega = (g_0, O, G, M, A, R, P, D, E)$，其中：

(1) $O = \{g_1, g_4, g_5, g_{10}, g_{12}, g_{13}, g_{14}\}$；

(2) $G = \{g_0, g_1, g_2, g_3, g_4, g_5, g_6, g_7, g_8, g_9, g_{10}, g_{11}, g_{12}, g_{13}, g_{14}\}$；

(3) $M = \{(g_2, g_5), (g_2, g_6), (g_2, g_7), (g_2, g_8)\}$；

(4) $A = \{(g_0, g_1), (g_0, g_2), (g_0, g_3), (g_0, g_4)\}$；

(5) $R = \{(g_6, g_{10}), (g_7, g_{10}), (g_7, g_{11}), (g_8, g_{11}), (g_9, g_{11})\}$；

(6) $P = \{(g_3, g_9)\}$；

(7) $D = \{(g_{11}, g_{12}), (g_{11}, g_{13}), (g_{11}, g_{14})\}$；

(8) $E = \varnothing$。

表 3-2　用户群的初始需求集集合

Σ_i	目标组合	Σ_i	目标组合
1	$g_0, g_1, g_5, g_6, g_7, g_8, g_9, g_{10}, g_{11}, g_{12}, g_{13}, g_{14}$	2	$g_0, g_1, g_5, g_6, g_7, g_8, g_9, g_{10}, g_{11}, g_{12}, g_{13}, g_{14}$

续表

Σ_i	目标组合	Σ_i	目标组合
3	$g_0, g_2, g_5, g_6, g_7, g_8, g_9, g_{10}, g_{11}, g_{12}, g_{13}, g_{14}$	6	$g_0, g_3, g_5, g_6, g_7, g_8, g_9, g_{10}, g_{11}, g_{12}, g_{13}, g_{14}$
4	$g_0, g_2, g_5, g_6, g_7, g_8, g_{10}, g_{11}, g_{12}, g_{13}, g_{14}$	7	$g_0, g_4, g_5, g_6, g_7, g_8, g_9, g_{10}, g_{11}, g_{12}, g_{13}, g_{14}$
5	$g_0, g_3, g_5, g_6, g_7, g_8, g_9, g_{10}, g_{11}, g_{12}, g_{13}, g_{14}$	8	$g_0, g_4, g_5, g_6, g_7, g_8, g_{10}, g_{11}, g_{12}, g_{13}, g_{14}$

3.2　零信任环境下车联网系统需求过程模型的形式化建模与分析

　　如果需求目标层讲的是"需要系统能做些什么"，那么需求过程层体现的则是"需要系统如何去实现"。零信任环境下车联网系统需求元模型的过程层主要是对车联网系统需求过程操作的具体内容、控制结构、动态行为以及操作前后状态的变化进行刻画。RGPS-P 中的输入和输出表示过程转换的数据流，前置条件表示过程被触发前应该满足的约束条件，后置条件表示过程执行后对整个系统状态产生的影响预期的效果。每个原子过程基于控制结构(顺序、循环、选择、拆分-合并和任意顺序等)对过程进行组合。

　　零信任环境中的 Petri 网在描述数据流方面有着独特的优势，Z 语言在描述功能需求、定义类型方面的优势十分明显。虽然以前有学者对 Petri 网和 Z 语言的融合进行过研究，但都是停留在理论层面的初步探讨，很少涉及具体的应用，以及如何应用[42-44]。本节根据 RGPS-P 层的特点，对现有的 PZN 模型进行扩展，采用 PZN 中的 Z 语言部分对 RGPS-P 中过程的功能属性和非功能性属性(包括质量期望、情景期望和可信性期望等)进行具体的描述，对过程之间的执行流采用 PZN 中的 Petri 网部分来刻画，基于 PZN 对 RGPS-P 进行形式化建模，将用户初始需求测试用例通过 PZN 的初始标识集合 M_0 中的元素体现，并通过分析 M_0 判断模型的有效性。

　　本节给出需求过程形式化验证在 3.1.6 节项目案例中的典型应用，通过该方法在这一类实际项目中的初步应用，进一步证实本书所提方法的可行性和有效性，显现该方法今后发展的潜力。

3.2.1　过程层的形式化建模

　　零信任环境中的过程层模型需要形式化验证的重点内容如图 3-11 所示。建模的基本思想：采用 PZN 中的 Petri 网部分对过程层的总体结构、控制流和行为进行定义；采用 PZN 中的 Z 框架对每个过程的抽象数据结构、过程发生中的限制条件和功能处理进行定义。也就是说，零信任环境中的 Z 语言可以定义过程发生的前置状态、后置状态和过程本身的输入/输出等,但是 Z 语言不用管这些状态是如何发生、这些操作是按什么次序进行、这些状态和过程本身是按什么顺序连接起来的;Petri 网定义这些状态发生的顺序,以及操作执行的次序,Petri 网不用管这些状态具体表示什么、这些操作具体在什么情况下做了些什么。这样就把过程分为两大块:Petri 网和 Z 语言。

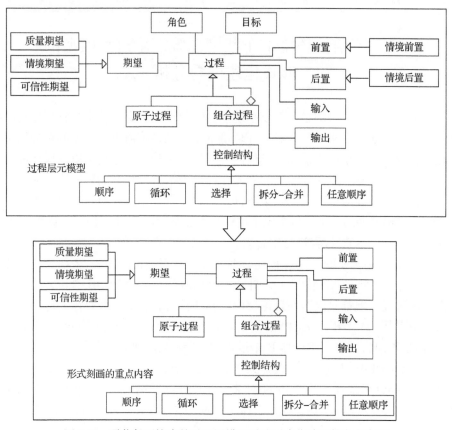

图 3-11　零信任环境中的过程层模型需要形式化验证的重点内容

在用 PZN 对 RGPS-P 进行刻画时,没有特别说明的情况下,默认每一个 PZN 结构表示的图中,所有的变迁即过程都是原子过程。四个基本组成部分的显式表示体现在 Petri 网的弧和库所上,隐式表示体现在用 Z 语言刻画的操作模式上。Petri 网中的弧可以体现出相应的输入或输出。

(1) $p \in P, t \in T$,则弧 $p \times t$ 体现了输入。

(2) $p \in P, t \in T$,则弧 $t \times p$ 体现了输出。

Petri 网中的状态(即库所)体现了过程发生的前置条件和后置条件。

(1) $p \in P, t \in T$,如果 $\exists p \times t \in F$,则 p 属于 t 的前置条件。

(2) $p \in P, t \in T$，如果 $\exists t \times p \in F$，则 p 属于 t 的后置条件。

在 Z 语言对操作的刻画中，模式中的相关签名体现了前置条件和后置条件，相应变量的输入"？"和输出"！"体现了过程层中的输入和输出。

也就是说，零信任环境中的 RGPS-P 中的输入、输出、前置条件和后置条件在 PZN 模型中分别都有两种相对应的表示。一种是比较抽象的(Petri 网表示)，另一种是比较具体的(Z 语言刻画)。前者有利于对系统需求过程的控制结构、动态行为以及操作前后状态的变化进行刻画，后者可以描述具体的输入、输出、前置条件和后置条件，并且可以充实过程层的非功能期望(情景期望、质量期望和可信性期望)的描述。前者有利于分析过程层是否具有可达性，以及是否会发生死锁；后者有利于分析过程层是否具有潜在并发性、是否具有完整性，以及是否满足用户的期望。

定义 3-31　在 PZN 表示的过程层模型中，设 $t \in T, p \in P$，则 t 的前置状态可以表示为

$$*t = \{p \mid \exists p : (p,t) \in F\}$$

前置状态即为 t 触发的必要条件，有时候 t 的前置状态有多个状态，即多个条件同时满足时，t 才能被触发。

定义 3-32　在 PZN 表示的过程层模型中，设 $t \in T, p \in P$，则 t 的后置状态可以表示为

$$t* = \{p \mid \exists p : (t,p) \in F\}$$

后置状态即为 t 触发后产生的结果，有时候 t 的后置状态有多个状态，即 t 的触发同时产生了多重影响。

在 PZN 表示的 RGPS-P 模型中，一个状态 $p \in P$ 通常是一个变迁的前置状态，同时又是另一个变迁的后置状态。在用 Z 语言刻画的操作模式中，一个操作的前置状态和后置状态在它的 $\mathrm{sig}(Z)$ 中给出。通常通过 $\mathrm{sig}(Z)$ 可以知道该操作具体与哪些状态有关，例如，过程"T_1"就与状态"state1"、"state2"等有关。

```
┌──────── Z_T1 ────────
│ Δstate1
│ Δstate2
│ ...
├──────────────────────
│ Condition
│ ...
└──────────────────────
```

定义 3-33　在 PZN 表示的过程层模型中，设 $t \in T, p \in P$，则 t 的输入可以表示为

$$F(*t) = \{f \mid f = p \times t \wedge f \in F\}$$

即网中与 t 相关联的输入弧就是一个操作 t 的输入或前置条件。一个过程 t 的触发，有时候需要多个输入或前置条件。

如表示过程操作模式的 Z_{T2} 中的 "$u?$" 表示过程的一个输入，表示过程操作模式的 Z_{T3} 中的 "$\exists u$" 是一种前置条件的体现。

──────── Z_{T2} ────────
$\varDelta$state1
$\cdots$
$u?:\cdots$
────────────────────
Condition1
$\cdots$

──────── Z_{T3} ────────
$\varDelta$state1
$\cdots$
────────────────────
$\exists u:\cdots$
Condition1
$\cdots$

定义 3-34　在 PZN 表示的过程层模型中，设 $t \in T, p \in P$，则 t 的输出可以表示为

$$F(t*) = \{f \mid f = t \times p \wedge f \in F\}$$

即网中与 t 相关联的输出弧就是一个操作 t 的输出或者产生了变化的后置状态。一个过程 t 的触发，有时候会产生多个输出或带来多个后置状态。

如表示过程操作模式的 Z_{T4} 中的 "report!" 表示过程的一个输出，表示过程操作模式的 Z_{T5} 中的 "state′" 是一种后置状态的体现。

──────── Z_{T4} ────────
$\varDelta$state1
$\cdots$
report!$:\cdots$
────────────────────
Condition1
report!$:\cdots$
$\cdots$

──────── Z_{T5} ────────
$\varDelta$state1
$\cdots$
────────────────────
State′$=\cdots$
Condition1
$\cdots$

Z 语言中的刻画与 Petri 网中的对应关系除了上面介绍的前置条件、后置条件、输入和输出外，还体现在控制结构方面。

虽然 Z 语言本身没有描述执行过程的能力，但是通过每个过程中刻画的与状态之间的联系还是可以推理出该原子过程可能含有的控制结构(或者说该 Z 操作模式是描述的一个单纯的原子过程，还是一个可以组合成组合过程的原子过程)。

PZN 描述的 RGPS-P 的控制结构主要是通过 Petri 网来显示体现的，但是部分控制结构在 Z 语言刻画的操作模式中又可以隐式地分析出来。组合过程都是由原子过程通过一定的控制结构组合而成的。在大型的复杂系统中，一个组合过程可以看成一个 PZN 网的子网。

过程模型中的几种控制结构表达如下。

(1) Z 操作模式中，如果存在当 $(Z_{p1}, Z_{p2}, Z_{p3} \in Z_P)$; $(Z_{t1}, Z_{t2} \in Z_T)$ 时，有

$$\text{sig}(Z_{t1}) = \text{sig}(Z_{p1}) \bigcup \text{sig}(Z_{p2})$$

$$\text{sig}(Z_{t2}) = \text{sig}(Z_{p2}) \bigcup \text{sig}(Z_{p3})$$

则 Z_{t1} 和 Z_{t2} 是两个顺序执行的原子过程，且 p_2 为两者的公共状态(即 p_2 为其中一个的前置状态，为另外一个的后置状态)。PZN 中的顺序结构如图 3-12 所示。

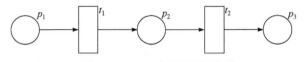

图 3-12　PZN 中的顺序结构

(2) Z 操作模式中，如果有

$$Z_{t1}, Z_{t2} \in Z_T; Z_{p1}, Z_{p2} \in Z_P, \quad \text{sig}(Z_{t1}) \bigcap \text{sig}(Z_{t2}) = \text{sig}(Z_{p1}) \bigcup \text{sig}(Z_{p2})$$

则 t_1 和 t_2 为两个被选择触发的原子过程，PZN 中的选择结构如图 3-13 所示。

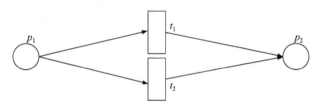

图 3-13　PZN 中的选择结构

(3) Z 操作模式中，循环结构(图 3-14)是很难分辨的，但是可以从 Petri 网的直观图中看出来。

图 3-14　PZN 中的循环结构

(4) Z 操作模式中，拆分-合并结构(图 3-15)也很难分辨，但可以从 Petri 网的直观图中看出来。

(5) PZN 中的任意顺序结构(图 3-16)单纯从 Z 语言来判断几乎是不可能的，这就是 PZN 图形直观性带来的方便。

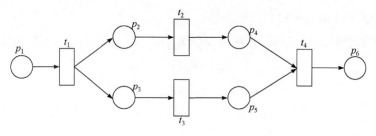

图 3-15　PZN 中的拆分-合并结构

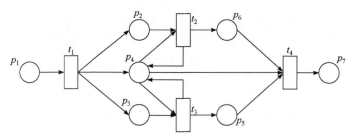

图 3-16　PZN 中的任意顺序结构

(6) 另外要介绍的一种控制结构是 PZN 中的任意选择结构，如图 3-17 所示。任意选择结构与任意顺序结构不同的是，任意选择结构是针对目标层中出现的多选多目标关系而出现的，即任意执行，但是不需要全部执行完成的一组原子过程。

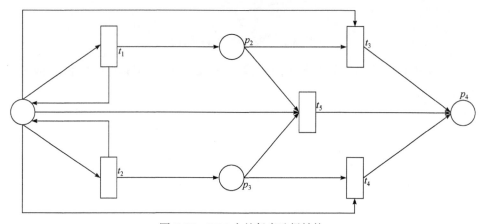

图 3-17　PZN 中的任意选择结构

在过程层的建模过程中，通常会出现某一个状态或者库所需要标识存在某一种情况，但是并没有实际的意义，这样的状态或者库所的定义如下。

定义 3-35　在 PZN 的图形表示中，出现的没有实际意义，只是为了图形的直观性表达而存在的库所，这样的库所称为虚库所。

定义 3-36　在 PZN 的图形表示中，出现的没有实际意义，只是为了图形的直观性表达而存在的变迁，这样的变迁称为虚变迁。

如果一个复杂系统是由多个组合过程 $(T_1, T_2, \cdots, T_n)$ 组成，则它的每个子组合过程 T_i 可以分别用一个 PZN_i 模型表示，每个 PZN_i 可以看成整个过程层模型的 PZN 模型的一个子模型。将每个 PZN_i 子模型留一个入口点和一个出口点，可以对 PZN 进行简化。

3.2.2　形式化分析与验证

在零信任环境中的 RGPS-P 模型对应的 PZN 模型中，对于每一个原子过程 t，必定有一个 Petri 网中的变迁标识 t 与之对应，并且有一个 Z 语言中的操作模式 Z_t 与之对应；对于 RGPS-P 模型中的每一个输入或输出，在 Petri 网中必定有一条弧与之对应，在 Z 语言中的操作模式中必定有一个输入变量或输出变量或者谓词约束与之对应；对于 RGPS-P 模型中的每一个前置条件或后置条件，在 Petri 网中必定有相应的库所与之对应，在 Z 语言的描述框架中必定有相应的状态模式与之对应。因此，可以通过 Petri 网分析该 RGPS-P 模型的可达性、活性和潜在并发性；通过 Z 模式中的约束条件来反映用户的非功能需求能否实现，并且检查模型的完整性。

零信任环境中的形式分析包括对模型的完整性、可达性、活性的分析，下面分别从这三个方面进行分析说明。

1. 完整性分析

根据 3.1.4 节中给出的零信任环境中的完整性描述，可以对 RGPS-P 进行如下的完整性验证。

(1) 根据需求说明描述，每一个过程 t' 是否都能在 PZN 对应的集合 T 的元素中找到其符号表示 t，如果不能则不完整，如果能则转入第(2)步。

(2) 该符号 t 根据 PZN 中的映射关系 $C: T \rightarrow Z_T$，t 对应的功能属性或者非功能属性是否都包含在了 Z_T 中 Z 框架的描述中，其谓词表达是否与过程的属性相一致，如果不是则不完整，否则该 PZN 是完整的。

过程模型的完整性验证，在验证第(1)步时，可以根据第 3 章中对原子目标的功能目标的刻画 FunctionalGoal(g, x, y, z) 中 x 的定义域，来检查 PZN 模型中是否有相应的过程与之相匹配；在验证第(2)步时，该过程应该满足的转移条件需要检测自然语言与规约语言之间的一致性，因此过程模型的完整性检查仍然需要借助人工审查的方式。

2. 可达性分析

标记过程层的初始状态为 M_{k0}，如果过程层中初始状态标记的初始库所 P_0 中所有令牌，能够从初始状态 M_{k0} 通过一系列过程的触发 $\sigma = T_i T_j T_k \cdots T_m$ 到达终止状态库所 P_e 中，则该过程层是可达的。

定理3-12 把一个模型的零信任环境中的初始状态标记为 M_{k0}，终止状态(如果没有终止状态则为循环模型，可用进入循环的最后一个状态代替)标记为 M_{ke}，如果 M_{k0} 到 M_{ke} 具有可达性，即矩阵方程 $M_{ke} = M_{k0} + X \cdot \left(D^+ - D^- \right)$ 存在一组以 $X(X$ 表示 $[T_1, T_2, \cdots, T_n])$ 为向量的非负整数解。

证明 因为方程 $M_{ke} = M_{k0} + X \cdot \left(D^+ - D^- \right)$ 存在一组以 $X(X$ 表示 $[T_1, T_2, \cdots, T_n])$ 为向量的非负整数解，也就是说从 PZN 模型的状态 M_{k0} 变化到 M_{ke}，所有的变迁 $T_1, T_2, \cdots, T_n$ 可能发生了 0 到多次，而变迁发生的次数不可能为负数，所以它是符合模型语义的，也就是说总是存在一种变迁序列 $\sigma = T_i T_j T_k \cdots T_m$ 使得 PZN 模型的状态 M_{k0} 能够变化到 M_{ke}，即 M_{k0} 到 M_{ke} 是可达的。另外，文献[17]也介绍了 Petri 网的矩阵方程分析方法，而 PZN 继承了 Petri 网的性质，所以上述命题成立。

3. 活性分析

活性即该过程层中的过程在执行时有没有死锁发生。死锁即某一过程永远不能被触发。同样地，可以通过 L_{DP} 判断变迁是否能引发并计算变迁的序列和数量。利用 $M_{ki} = M_{k(i-1)} \cdot L_{DP}$，可以逐步检验当前网标识是否会出现死锁。

另外，从 Z 语言刻画的角度来说，在 PZN 模型中，若存在一种变量替换：$\beta = \{c1 \rightarrow x1, \cdots, cn \rightarrow xn\}$，使得 $M_{ki} : P_i \rightarrow \text{Name}(Z_{pi})$ 在该标识 M_{ki} 下变迁 t 使能，则称 t 是活的，如果对于所有 M_{ki}，变迁 t 都是潜在可引发的，则称 t 在标识 M_k 下是活的。如果 PZN 相对于 M_{k0} 所有变迁 t 都是活的，则称 Petri Z 网在标识 M_k 是活的。

如果整个网模型中没有死锁产生，则可以说这个 RGPS-P 模型具有活性。

此外，可达树或者可达图一直以来都是分析图形活性的很好的工具，对于 PZN 网也不例外。所以还可以使用可达树或者可达图对模型进行活性分析。通过构造可达树或者可达图，同样可以判断模型的活性，其基本构造思想如下。

(1) 设置 M_{k0} 为 PZN 模式的一个初始状态标识，也就是可达树的根节点。

(2) 在 M_{k0} 标识下，由某个变迁 T 触发，产生一个新的标识 M_{k1}，判断 M_{k1} 节点的类型。如果 M_{k1} 不能再触发任何节点，那么 M_{k1} 是个死节点；如果 M_{k1} 是一个死节点，则记录节点 M_{k1} 以及被引发的变迁(即执行的路径 $\sigma = t_1, t_2, \cdots, t_n$，并将其保存在 $\text{Path}(M_{k0})$ 中；如果 M_{k1} 等价于已存在的节点，则跳过该触发；如果 M_{k1} 不等价于已存在的节点，也不覆盖其先辈节点，那么 M_{k1} 是一个常规节点，T 为 M_{k0} 到 M_{k1} 的弧，选择弧上列有信息列表，表中动作 (t, v) 表示该标识的变化是由

触发变迁 t 和变量 v 的替换产生的, M_{k1} 节点再转到(2)继续执行。

(3) 如果 PZN 的可达树模型中, 死节点的个数 ≤1(为 0 则该模型会循环执行), 并且 Path (M_{k0}) 不为空, 则 PZN 模型没有死锁, 具有活性, 否则该模型存在死锁。解决死锁的办法即修改初始标识, 或者修改网结构。

可达树的构造用函数 Creat Reachability Tree() 表示, 其中集合 record 记录了从初始状态标识到执行过程中产生的任一状态标识的路径。

(1) 初始化: existednode = $\{M_{k0}\}$, recordednode = $\{M_{k0}\}$, deadnode = $\varnothing$, Path $(M_{k0}) = \varnothing$, PathN $(M_{k0}) = \varnothing$, record = $\varnothing$。

(2) 如果不存在一个能使 M_{k0} 触发到 M_{k1} 的节点 t, 那么标记 M_{k0} 为死节点。

if not exist t, trigger. $M_{k0} \rightarrow M_{k1}$ then deadnode = deadnode $\cup \{M_{k0}\}$;

return record;

(3) 否则, 对每一个测试用例 $M_i \in$ recordednode 进行判断分析, 具体执行如下。

for each $M_{ki} \in$ recordednode do

Path (M_{k0}) = ran record $\lhd \{M_{ki}\}$;

   if not exist t, trigger. $M_{ki} \rightarrow M_{ka} (M_{ka} \notin$ existednode) then

      deadnode = deadnode $\cup \{M_{ki}\}$;

  else

    while $\exists t$, trigger. $M_{ki} \rightarrow M_{ka}$ (produce new mark in M) do

      if $M_{ka} = M_{kex} (M_{kex}$ is anynode of existednode) then break;

        else

           existednode = existednode $\cup \{M_{ka}\}$;

           recordednode = recordednode $\cup \{M_{ka}\}$;

           PathN (M_{k0}) = add t to the end element of the Path (M_{k0});

           record = record $\cup \{M_{ka} \rightarrow$ PathN $(M_{k0})\}$;

        endif;

      endwhile;

     recordednode = recordednode $\setminus \{M_{ki}\}$;

   endif;

  endfor;

   return record;

endif;

(4) 结束。

该算法与已有的一些求可达树的算法相比[45-47], 优势在于记录了初始标识与对应路径的相关信息。而这一点对于车联网系统需求是至关重要的，因为它能反馈给需求分析人员，某个初始标识下(即用户的某种需求情况)需要哪些过程来执行，从而支持过程的完成，实现用户的需求目标。

零信任环境中的 PZN 可达图就是可达树的一个相关转换，其满足如下条件。

(1) 两个可达树的节点是等价的，当且仅当它们有相同的标注 M_k。

(2) 可达图的节点是其可达树节点的等价类。从节点 Y 到节点 Z 的弧线标注为 t，当且仅当 $\exists y \in Y \wedge \exists z \in Z$，使得在可达树中从 Y 到 Z 有弧线 t。

定理 3-13　令该模型的终止状态标记为 M_{ke}，若可达树中的叶子节点个数 ≤1，则该模型具有活性；若可达树中的叶子节点个数 ≥2，则该模型不具有活性。

证明　因为当可达树中的叶子节点个数 ≤1 时，该模型只有一个死节点 M_e，或者没有死节点(此情况说明模型为一个没有终止状态的循环模型)，所以模型具有活性；当可达树中的叶子节点个数 ≥2 时，$\exists M_{ke}, M_{kx} : M_k \cdot M_{ke} \neq M_{kx}$ 即存在 M_{ke} 和 M_{kx} 两个叶子节点，而 M_{kx} 不是该模型的终止状态，该模型却在 M_{kx} 状态下终止了，说明 M_{kx} 不能被激活引发变迁，所以若可达树中的叶子节点个数 ≥2，则模型不具有活性。

检查一个具体的模型是否具有活性，需要给出模型的初始化状态，因此需要给出测试用例，该算法用零信任环境中的函数 VerifyProcessActivity(PZN, M) 表示，输入为一个具体的 PZN 表示的过程层模型以及用于测试的初始化状态集 M，输出该初始化状态下的 Yes(模型具有活性)或者输出死节点以及相关的路径(模型不具有活性)。

(1) 对每一个测试用例都要进行验证，分别建立其可达树信息。

```
for each M_i ∈ M do
    Creat ReachabilityTree(M_i);
```

(2) 接着分别对每一个测试用例的可达树信息进行判断，如果死节点树大于 1 个或者小于 0 个，输出该标识 M_i 以及与其相关的路径信息，否则输出该标识 M_i 验证结果为 Yes。

```
if sizeof(deadnode) ≥ 2 then return record ◁ deadnode;
    else
    if sizeof(deadnode) < 0 then return record ◁ deadnode;
        else
            return M_i → Yes ;
    endif;
endif;
```

(3) 如果 M 中的所有 M_i 的验证结果为 Yes，那么该需求过程模型满足条件具有活性。

　　该算法能对用户在各种情况下的初始状态进行验证，并且反馈出哪些情况下该过程模型不能完成用户的期望。如果存在不能顺利执行完成的状态，该算法能给出该标识状态下，系统会在什么状态下终止。

　　控制结构除了可以从 PZN 中的 Petri 网图中直观地看出，还可以从转移矩阵中分析出来。

　　推论 3-8　当转移矩阵 L_{DP} 的第 i 行中只有一个非零元素 T 时，该行状态 p_i 下只有一个变迁 T 被触发。

　　推论 3-9　当转移矩阵 L_{DP} 的第 i 行中存在多个非零元素时，该行状态 p_i 为一个分支点，其一行中有几个元素就有几个变迁在 p_i 状态下可能被触发。

　　推论 3-10　当转移矩阵 L_{DP} 的第 j 列中存在多个非零元素时，该状态 p_j 为多个变迁的后置状态，其一列中有几个元素 p_j 就有几个变迁的后置状态。

　　推论 3-11　当转移矩阵 L_{DP} 中的对角线上有非零元素 t_i 存在时，该变迁 t_i 为可循环的触发变迁。

　　控制结构除了可以从 PZN 中的 Petri 网图中直观地看出，以及从转移矩阵中分析出来，也可以从 Z 语言刻画的操作模式中推理出来。

　　推论 3-12　如果控制结构在 PZN 模型中的 Petri 网中的描述和转移矩阵中的描述以及 Z 语言刻画的操作模式中推理出来的结果是一致的，那么该模型的控制结构是正确的。

　　在 PZN 描述的 RGPS-P 模型中，若在某一状态 M_{ki} 下，同时存在多个可行替换，如：

$$\beta_1 = \{p_1 \mapsto p, m_1 \mapsto m, n_1 \mapsto n, \cdots\}$$
$$\beta_2 = \{p_2 \mapsto p, m_2 \mapsto m, n_2 \mapsto n, \cdots\}$$

其中，$p, m, n, \cdots$ 都为 PZN 描述的过程模型中的输入变量(或是表示存在的变量)，使同一个变迁 t 可以被连续触发多次，且 β_1 和 β_2 这几个触发相互之间没有冲突，则 β_1 和 β_2 是潜在可并发的，称 t 按照 β_1 和 β_2 具有潜在可并发性。

3.2.3　动态环境下过程层模型的演化

　　零信任环境中的车联网系统用户需求的动态变化，必然导致需求模型会发生相应的变化。3.1.4 节讲述了动态环境下目标模型的演化，本节将给出动态环境下过程模型的 PZN 模型相关变化规则。部分变迁规则能保持变迁发生前后的行为关系，提供充足的信息供 PZ 网的行为分析。

　　1. 需求的增减

　　在用户需求的动态变化中，用户需求的增减是十分常见的。由于用户需求的增减必然会带来模型的变化，本小节针对这一现象给出相应的增减规则。下面先介绍用户增加新的需求情况下，模型的对应变化。

1) 增加一个新的需求

(1) 需要增加一个新的库所 p，假定用 zp1 描述整个库所 p 所对应的状态模式，用 zp2 初始化这个状态模式，增加规则定义：将 zp1 添加到表示状态模型的集合 Z_P，把 zp2 添加到表示状态初始化模式的集合 Z_0，并将相应的关系 $(p,\text{zp1})$ 添加到 S，$(p,\text{zp2})$ 中新描述的令牌添加到 M_{k0}，更新 M_k。

(2) 新增加的变迁 t，假定用 zt1 描述整个变迁 t 所对应的操作模式，增加规则定义：将 zt1 添加到 Z_T，并把相应的关系 $(t,\text{zt1})$ 添加到 C。

(3) 假定 p 为一个库所，t 为一个变迁，则增加规则定义：将 (p,t) 或者 (t,p) 添加到 F，修改与新增加的 t 相关的库所和变迁对应的 Z 框架描述中的内容，并在 L 中修改变量标识 $L(p,t)$ 或者 $L(t,p)$。

设 $\text{PZN1} = (P,T,F,Z_P,Z_T,S,C,L)$ 为一个过程模型的形式化表示，$\text{modify}()$ 为修改 Z 语言描述框架的函数。增加一个需求对应的过程模型变化，用函数 $\text{Addp}(\text{PZN1})$ 表示，其输入为新增加的库所 p、变迁 t、对应的 Z 状态模式、对应的 Z 操作模式、相关的弧、因加入新的需求而产生变化的 Z 框架中规则的修改，输出为增加这些库所、变迁和 Z 模式后的新过程模型。

(1) 更新库所集合 $P = P \cup \{p\}$。

(2) 更新变迁集合 $T = T \cup \{t\}$。

(3) 用 zp1 表示因新加入的需求而产生的新 Z 语言状态框架描述，更新状态集 $Z_P = Z_P \cup \{\text{zp1}\}$。

(4) 用 zt 表示因新加入的需求产生的新 Z 语言操作框架描述，更新操作集 $Z_T = Z_T \cup \{\text{zt}\}$。

(5) 更新弧集 $F = F \cup \text{arc}$。

(6) 更新库所到状态框架的映射集 $S = S \cup \{p \to \text{zp1}\}$。

(7) 更新变迁到操作框架的映射集 $C = C \cup \{t \to \text{zt}\}$。

(8) 更新规则映射集合 $L = \text{modify}(L,\text{rules})$。

(9) 结束。

这里需要注意的是，因为新加入了需求，所以用于验证的测试用例中的初始标记 M 也会发生变化，在进行测试时，需要将新的需求的初始状态考虑进去。

2) 减少一个需求则与增加一个新的需求相反

(1) 找到需要减少的库所 p，假定对应的 Z 状态框架为 zp1，对应的初始化状态描述框架为 zp2，规则定义：将 zp1 从表示状态模式的集合 Z_P 中删除，把 zp2 从表示状态初始化模式的集合 Z_0 中删除，并把相应的关系 $(p,\text{zp1})$ 从 S 中删除，$(p,$

zp2)中所描述的令牌从 M_{k0} 中删除，更新 M_k。

(2) 找到对应的变迁 t，假定 zt1 为对应的操作模式，增加规则定义：将 zt1 从 Z_T 中删除，并把相应的关系$(t, \mathrm{zt1})$从 C 中删除。

(3) 假定 p 为一个库所，t 为一个变迁，则规则定义：将(p, t)或者(t, p)从 F 中删除，修改与 t 相关的库所和变迁对应的 Z 框架描述中的内容，并在 L 中修改变量标识 $L(p, t)$或者 $L(t, p)$。

减少一个需求对应的过程模型变化，用函数 Deletep(PZN1) 表示，其输入为需要删除的库所 p、变迁 t、对应的 Z 状态模式、对应的 Z 操作模式、相关的弧、因减少该需求而产生变化的 Z 框架中规则的修改，输出为增加这些库所、变迁和 Z 模式后的新过程模型。

(1) 删除库所集中的对应信息 $P = P \setminus \{p\}$。

(2) 删除变迁集中的对应信息 $T = T \setminus \{t\}$。

(3) 删除 Z 语言描述的状态框架集中的对应信息 $Z_P = Z_P \setminus \{\mathrm{zp1}\}$。

(4) 删除 Z 语言描述的操作框架集中的对应信息 $Z_T = Z_T \setminus \{\mathrm{zt}\}$。

(5) 删除对应的相连弧的信息 $F = F \setminus \mathrm{arc}$。

(6) 删除相关的库所到状态框架的映射信息 $S = S \setminus \{p \to \mathrm{zp1}\}$。

(7) 删除相关的变迁到操作框架的映射信息 $C = C \setminus \{t \to \mathrm{zt}\}$。

(8) 更新规则信息 $L = \mathrm{modify}(L, \mathrm{rules})$。

(9) 结束。

同样地，这里需要注意的是，因为减少了需求，所以用于验证的测试用例中的初始标识 M 也会发生变化，在进行测试时，需要将相应的需求初始状态删除。

本小节中所讨论的需求的增加导致过程模型的变化，都是在最简单的前提下发生的，而通常需求的增减可能会带来原模型中库所 p 或变迁 t 的融合(或分裂)。因此，3.2.4 节将分别讨论可能出现的几种情况。

2. 库所的融合与分裂

由用户需求的增减导致的变化，通常都不仅仅是 3.2.2 节中叙述的简单情况。因为新加入的需求或减少的需求而带来的原模型中库所融合、分裂情况时有发生。

第一种情况：增减用户需求后，模型中存在着具有相同前置集合和后置集合的两个库所，这时需要将这两个库所相融合。

假定 p_1 和 p_2 是第一种情况下的两个库所：

(1) 增加一个新库所 p 到集合 P；

(2) 如果$\exists(p_1, t) \in F$，增加一条新的弧(p, t)到 F，如果$\exists(t, p_1) \in F$，增加一条新的弧(t, p)到 F，在集合 L 中加入相关的变量标识 $L(t, p) = L(t, p_1) \bigcup L(t, p_2)$，

或者是 $L(p,t) = L(p_1,t) \cup L(p_2,t)$；

(3) 增加一个新的与 p 对应的 Z 框架描述 z_1(融合 $S(p_1)$ 和 $S(p_2)$ 中的规则描述)，将 z_1 添加到集合 Z_P 中，并将 $p \to z_1$ 添加到 S；

(4) 将 p_1 和 p_2 从 P 中删除，将相关的弧从 F 中删除，对应的 Z 语言描述从 Z_P 中删除，弧上标记的变量信息从 L 中删除；

(5) 结束。

注意：在进行验证时，需要将初始状态中的对应 Z 框架描述 z_0 添加到初始状态集合 Z_0 中，并更新初始状态标识 M 中的初始令牌分布。

第二种情况：增减用户需求后，模型中存在着需要分裂成两个不同新库所的库所，这时的分裂过程与第一种情况中的融合过程相反。

假定 p_1 和 p_2 是第二种情况下的两个库所：

(1) 增加两个新库所 p_1 和 p_2 到集合 P；

(2) 增加两个新的与 p_1 和 p_2 对应的 Z 框架描述 z_1 和 z_2(将 $S(p)$ 中的规则分开到 $S(p_1)$ 和 $S(p_2)$ 中)，将 z_1 和 z_2 添加到集合 Z_P 中，并将 $p_1 \to z_1, p_2 \to z_2$ 添加到 S；

(3) 如果 $\exists (p,t) \in F$，增加两条新的弧 (p_1,t) 和 (p_2,t) 到 F，如果 $\exists (t,p) \in F$，增加两条新的弧 (t,p_1) 和 (t,p_2) 到 F，并且在集合 L 中加入相关的变量标识 $L(t,p_1)$ 和 $L(t,p_2)$，或者是 $L(p_1,t)$ 和 $L(p_2,t)$；

(4) 将 p 从集合 P 中删除，将相关的弧从 F 中删除，对应的 Z 语言描述从 Z_P 中删除，弧上标记的变量信息从 L 中删除；

(5) 结束。

注意：在进行验证时，需要将状态模式中 z_1 和 z_2 的对应初始状态 Z 框架描述 z_{01} 和 z_{02} 添加到初始状态集合 Z_0 中，并更新初始状态标识 M_{k0} 中的初始令牌分布。

3. 变迁的融合与分裂

在讨论变迁的融合与分裂的过程中，通常将融合情况分为两种：一种是将处于分支的两个选择执行的变迁融合，一种是将两个顺序执行的变迁融合。分裂的情况与融合类似，可以看成融合的逆向过程。

变迁融合的第一种情况：将处于分支的两个选择执行的变迁融合。

假定 t_1 和 t_2 为两个第一种情况下的变迁，二者有相同的前置条件和后置条件：

(1) 增加一个新的变迁 t 到集合 T；

(2) 增加一个与 t 相应的 Z 框架操作模式(包含了 $C(t_1)$ 和 $C(t_2)$ 中的所有内容)到集合 Z_T；

(3) 如果 $\exists(p,t_1)\in F \vee \exists(p,t_2)\in F$ ，添加 (p,t) 到集合 F ；

(4) 如果 $\exists(t_1,p)\in F \vee \exists(t_2,p)\in F$ ，添加 (t,p) 到集合 F ；

(5) 将与 t_1 和 t_2 相应的弧上的变量标记信息转移到对应的 $L(p,t)$ 或 $L(t,p)$ ；

(6) 从集合 T、F、Z_T 和 L 中删除与 t_1、t_2 相关的信息。

将一个变迁分裂为具有相同的前置条件和后置条件的两个变迁的过程与上述过程相反。

假定需要将变迁 t 分裂为两个选择执行的变迁 t_1 和 t_2 ：

(1) 将 t_1 和 t_2 添加到集合 T ；

(2) 将 t_1 和 t_2 对应的 Z 框架操作描述 zt_1 和 zt_2 添加到 Z_T ；

(3) 如果 $\exists(p,t)\in F$ ，添加 (p, t_1) 和 (p, t_2) 到集合 F ；

(4) 如果 $\exists(t,p)\in F$ ，添加 (t_1,p) 和 (t_2,p) 到集合 F ；

(5) 将与 t 相应的弧上的变量标记信息 $L(p,t)$ 分开转移到对应的 $L(p,t_1)$ 和 $L(p,t_2)$ 上(或 $L(t_1,p)$ 和 $L(t_2,p)$)；

(6) 从集合 T、F、Z_T 和 L 中删除与 t 相关的信息。

变迁融合的第二种情况：将处于顺序执行的两个变迁融合。

假定 t_1 和 t_2 为两个第二种情况下的变迁，库所 p 为连接 t_1 和 t_2 的库所，即有弧 (t_1,p)、(t_2,p) ，在此假定 t_1 和 t_2 是唯一与 p 相关的库所：

(1) 增加一个新的变迁 t 到集合 T ；

(2) 将与 t 相应的 Z 框架操作模式 zt 添加到 Z_T (其中 zt 包含 $C(t_1)$ 和 $C(t_2)$ 的所有内容)；

(3) 如果 $\exists(p,t_1)\in F$ ，添加 (p, t) 到 F ，并把相应弧上的信息标识 $L(p,t_1)$ 转移到 $L(p,t)$ ；

(4) 如果 $\exists(t_2,p)\in F$ ，添加 (t,p) 到 F ，并把相应弧上的信息标识 $L(t_2,p)$ 转移到 $L(t,p)$ ；

(5) 从库所集合 P 中删除库所 p ，从 F 中删除与 p 相关的弧，并从 Z_P 中删除其对应的 Z 框架，从 S 中删除 $S(p)$ ；

(6) 从 T、Z_T、C、F 和 L 中删除与 t_1、t_2 相关的信息。

注意：在这种情况下进行验证时，需要从初始状态 Z_0 中删除其对应初始化 Z 框架，在 M 中更新初始令牌分布。

将一个变迁分裂为两个变迁顺序执行的过程，与上述过程相反。

假定需要将变迁 t 分裂为两个顺序执行的变迁 t_1 和 t_2 ：

(1) 增加两个新的变迁 t_1 和 t_2 到集合 T ，并添加一个新的库所 p_{12} 到 P ；

(2) 将与 t_1 和 t_2 相应的 Z 框架操作模式 zt_1 和 zt_2 添加到 Z_T (其中 zt_1 和 zt_2 将

$C(t)$ 中的内容分两阶段按前后顺序执行), 将与 p_{12} 对应的 Z 框架状态模式 zp_{12} 添加到 Z_T(其中 zp_{12} 是描述从变迁 t_1 到 t_2 的中间状态);

(3) 如果 $\exists(p,t)\in F$, 添加 (p,t_1) 到集合 F;

(4) 如果 $\exists(t,p)\in F$, 添加 (t_2,p) 到集合 F;

(5) 在(3)和(4)中相应情况下, 添加 (t_1,p_{12}) 和 (p_{12},t_2) 到 F, 并把相应弧上的标识 $L(p,t)$ 转移到 $L(p,t_1)$, $L(t,p)$ 转移到 $L(t_2,p)$;

(6) 在 L 中新添加两条弧 (t_1,p_{12}) 和 (p_{12},t_2) 上的标识 $L(t_1,p_{12})$ 和 $L(p_{12},t_2)$;

(7) 从 T、Z_T、C、F 和 L 中删除与 t 相关的信息。

注意: 在这种情况下进行验证时, 需要将 zp_{12} 对应的初始化状态 zp_{120} 添加到 Z_0, 并更新 M, 同时从初始状态 Z_0 中删除其对应的初始化 Z 框架, 在 M 中更新初始令牌分布。

在零信任环境中的车联网系统的动态环境中, 这些库所和变迁的增减、融合和分裂规则有效保证了用户需求改变情况下, 模型的相应动态变化, 这些规则为过程模型的重组确定了基础。

3.2.4　性能比较分析

在本节介绍的方法中, 性能优势主要体现在: 分析可达性时算法反馈问题的能力、描述语言能力的提升、动态环境下灵活性的提升等。

(1) 算法分析。

分析活性时的算法与传统的算法相比, 不仅记录了执行路径中的触发顺序 $t_1,t_2,\cdots,t_n$, 而且记录了一个状态标识 M_{ki} 可以被触发到的下一个状态的变迁 M_{kj}。当用户在某种情况下的需求过程不能顺利执行实现期望时, 可以给出该情况下执行会在哪个状态终止。同时, 该算法中记录的内容也是为第 4 章中验证目标层与过程层的一致性时提供支持。

(2) 描述语言能力。

与单一的零信任环境中的 Petri 网相比, PZN 模式能更详细地记录每一个库所和变迁所表示的内容, 更准确地记录变迁触发的约束条件。通过进一步的子网划分, 抽象化简原模型可以使整个需求过程耦合度更低、内聚度更高, 缓解了 Petri 网容易产生状态爆炸的问题, 在数据和函数的定义方面的功能也更强。

与单一的 Z 语言相比, PZN 模式有更好的执行能力和描述并发过程的能力, 能明确表达操作语义, 在分析活性、可达性时更有效。

(3) 灵活性。

在动态零信任环境下, PZN 模式能相应地做出调整或细微的改变以适应用户需求的变化, 使得需求过程在复杂的网络环境下能有一定的应变能力。

还有一些基于过程的建模分析方法，但是与本节中的 PZN 相比，在描述需求过程的能力方面稍稍逊色。本节中的相关工作与其他现有研究的性能对比如表 3-3 所示。

表 3-3　性能对比

建模 方法	数据流 的控制结构	非功能期望 的刻画	图形的直观性	状态爆炸性
Petri 网	能刻画	不能刻画	比较直观	易发生
Z 语言	不能刻画	能刻画	直观性差	可缓解
CSP	能刻画	不能刻画	直观性较差	可缓解
LTL	不能刻画	不能刻画	直观性较差	可缓解
PZN	能刻画	能刻画	比较直观	可有效缓解

3.2.5　项目应用的实例分析

3.1.6 节给出了用户需求取样中目标需求的形式化验证，本小节将 3.2 节中所介绍的方法在用户需求取样的过程需求验证中进行应用。

下面给出用户需求的"提供驾驶员决策的交通服务需求"模块的过程层模型，如图 3-18 所示。图 3-18 上面的虚线框内为整个模块的总过程流，图 3-18 下面的虚线框内为三个组合过程，对应的虚线连接为其组合过程相关的原子过程。

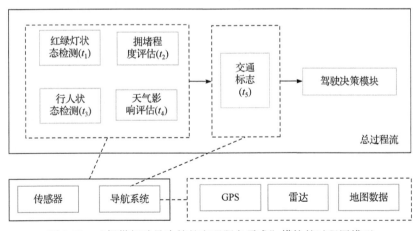

图 3-18　"提供驾驶员决策的交通服务需求"模块的过程层模型

目标层主要刻画的是用户目标之间的关系，过程模型则融合了用户的功能性需求、非功能性需求和用户期望。将其中的"红绿灯状态检测""行人状态检测""拥堵程度评估""天气影响评估"分别定义为四个小的 PZN 模型：PZN_1、PZN_2、PZN_3 和 PZN_4。

以 $PZN_1 = (P_1, T_1, F_1, Z_{P_1}, Z_{T_1}, S_1, C_1, L_1)$ 为例，其中：

(1) $P_1 = \{p_1, p_2, p_3, p_4\}$；$T_1 = \{t_1, t_2, t_3, t_4\}$；

(2) $F_1 = \{(p_1, t_1), (p_4, t_1), (t_1, p_2), (t_1, p_4), (t_3, p_1), (p_2, t_3), (p_2, t_2), (p_4, t_2), (t_4, p_2), (t_2, p_4), (t_2, p_3), (p_3, t_4)\}$；

(3) $Z_{P_1} = \{\text{User}, \text{Query\_Status}, \text{Book}, \text{TrainTickets}\}$；

(4) $Z_{T_1} = \{\text{QueryT}, \text{BackQ}, \text{BookT}, \text{BackB}\}$；

(5) $S_1 = \{p_1 \rightarrow \text{User}, p_2 \rightarrow \text{Query\_Status}, p_3 \rightarrow \text{Book}, p_4 \rightarrow \text{TrainTickets}\}$；

(6) $C_1 = \{t_1 \rightarrow \text{QueryT}, t_2 \rightarrow \text{BookT}, t_3 \rightarrow \text{BackQ}, t_4 \rightarrow \text{BackB}\}$；

(7) $L_1 = \{(p_1, t_1) \rightarrow \{(d\,?\,:\text{DATE} \wedge r\,?\,:\text{ORIGIN} \wedge q\,?\,:\text{DESTINATION}) \vee (d\,?\,: \text{DATE} \wedge t\,?\,:\text{TRAINNO})\}, (p_4, t_1) \rightarrow \{\exists s : \text{DATE} \times \text{ORIGIN? DESTINATION? TRAINNO} \times \text{MONEY? TIME}\}, (t_1, p_2) \rightarrow \{\text{query\_status}' = \text{query\_status} \oplus \{b\} \wedge \text{record}' = \text{record} \bigcup \{s, u\}\}, (t_1, p_4) \rightarrow \{\text{tmessage}' = \text{tmessage} \wedge \text{sticket}' = \text{sticket}\}, \rightarrow \{\text{report}!:\text{Report}\}, (p_2, t_3) \rightarrow (p_2, t_2) \rightarrow \{x\,?\,:\text{IDEN}\}, (t_4, p_2) \rightarrow \{\exists r : \text{DATE} \times \text{ORIGIN} \times \text{DESTINATION} \times \text{TRAINNO? MONEY? TIME} \mapsto \text{ID}\}, (t_2, p_4) \rightarrow \{\text{sticket}' = \text{sticket} \bigcup \{s \rightarrow q\} \vee \text{sticket}' = \text{sticket}\}, (p_4, t_2) \rightarrow \{\exists s : \text{DATE} \times \text{ORIGIN ?DESTINATION? TRAINNO? MONEY? TIME}\}, (t_4, p_2) \rightarrow \{\text{report}!:\text{Report}\}, (t_2, p_4) \rightarrow \{\text{sticket}' = \text{sticket} \bigcup \{s \rightarrow q\}\}\}$。

对应的 Z 框架状态模式如下，它记录了存在的用户、视角状态、车辆信息以及交通信息。

_____User_
user : P ID

_____Book_
book : P ID× PMESSAGE× MONEY
unbook : P ID $\mapsto$ IDEN

_____Query_Status_
book : P ID× PMESSAGE× MONEY
unbook : P ID $\mapsto$ IDEN

$$\underline{\hspace{7cm}\text{Book}}$$
query_tatus : P NUMER$\times$ ID

record : PDATE$\times$ ORIGIN$\times$ DESTINATION$\times$ TRAINNO$\times$

MONEY$\times$ TIME $\mapsto$ ID

$$\underline{\hspace{5cm}\text{TrainTickets}}$$
tmessage : PDATE$\times$ ORIGIN$\times$ DESTINATION$\times$ TRAINNO$\times$ MONEY$\times$ TIME

sticket : PDATE$\times$ ORIGIN$\times$ DESTINATION$\times$ TRAINNO$\times$ MONEY$\times$ TIME $\mapsto$ IDEN

对应的 Z 框架操作模式如下，它记录了用户的期望。

$$\underline{\hspace{7cm}\text{QueryT}}$$
$\varDelta$ User

$\varDelta$ Query_tatus

$\varXi$ TrainTickets

$d?$: DATE

$t?$: TRAINNO

$r?$: ORIGIN

$q?$: DESTINATION

$(\exists u : \text{ID}; x : \text{DATE}; y : \text{TRAINNO}; z : \text{ORIGIN}; m : \text{DESTINATION};$
$n : \text{MONEY}; o : \text{TIME}; s : \text{DATE}\times \text{ORIGIN}\times \text{DESTINATION}\times \text{TRAINNO}\times$
$\text{MONEY}\times \text{TIME}; p : \text{NUMBER}; b : \text{NUMBER}\times \text{ID}? s = (x, z, m, y, n, o) \wedge$
$x = d? \wedge y = t? \wedge s \notin \text{sticket} \to b = (\#\{k : \text{tmessage} \backslash \text{sticket} \mid k = s\}, u)) \vee$
$(\exists u : \text{ID}; x : \text{DATE}; y : \text{TRAINNO}; z, : \text{ORIGIN}; m, : \text{DESTINATION};$
$n : \text{MONEY}; o : \text{TIME}; s : \text{DATE}\times \text{ORIGIN}\times \text{DESTINATION}\times \text{TRAINNO}\times$
$\text{MONEY}\times \text{TIME}; p : \text{NUMBER}; b : \text{NUMBER}\times \text{ID}? s = (x, z, m, y, n, o) \wedge$
$x = d? \wedge z = r? \wedge m = q? \wedge s \notin \text{sticket} \to b = (\#\{k : \text{tmessage} \backslash \text{sticket} \mid k = s\}, u))$
$\vee(\exists u : \text{ID}; x, d? : \text{DATE}; y : \text{TRAINNO}; z, r? : \text{ORIGIN}; m, q? : \text{DESTINATION};$
$n : \text{MONEY}; o : \text{TIME}; p : \text{NUMBER}; b : \text{NUMBER}\times \text{ID}; \forall s : \text{DATE}\times \text{ORIGIN}$
$\times \text{DESTINATION}\times \text{TRAINNO}\times \text{MONEY}\times \text{TIME}; ? s = (x, z, m, y, n, o) \wedge$
$x = d? \wedge z = r? \wedge m = q? \wedge s \in \text{sticket} \to b = (0, u))$
query_status$'$ = query_status $\oplus \{b\}$
user$'$ = user$\backslash \{u\}$
record$'$ = record$\bigcup \{s, u\}$

　　PZN$_1$ 是对用户需求的完整性描述，能包含所有的用户期望及功能需求。PZN$_2$ "行人状态检测"、PZN$_3$ "拥堵程度评估" 和 PZN$_4$ "天气影响评估" 的过程模块描述限于篇幅，所以不在此复述。

3.3　零信任环境下车联网系统需求目标与过程模型的一致性验证

在需求分析过程中，目标能否真正实现、过程的设计是否能够正确地保证目标的完成、目标与过程之间是否一致，这些都是零信任环境下车联网系统需求分析阶段必须要考虑的问题。第 2 章中介绍了过在零信任环境下车联网系统需求元模型中目标的实现或满足，需要依赖对应的业务过程，每个过程又有与其相关的目标。过程不仅可以直接完成用户对功能方面的要求，实现其相应的功能目标，而且过程还可以提高非功能性目标的满意程度，促进非功能性目标的实现。因此，零信任环境下车联网系统需求元模型的目标层(RGPS-G)和过程层(RGPS-P)必须要保持一致，为了保证目标层与过程层之间的一致性，对二者进行一致性验证是非常有必要的。现在，研究工作者大部分是针对同层的验证研究，例如，针对需求目标[48-52]模型的验证和针对需求过程[53-57]模型的验证都有一些相关研究(第 1、2 章中有介绍)，然而对需求目标模型和需求过程模型之间的一致性验证工作涉及较少。

本节提出 GM 描述下的需求目标模型与 PZN 描述下的需求过程模型的一致性分析方法。基于目标层中可操作目标和过程层中原子过程之间的关联关系，提出一种一致性验证方法。同时，本节继续对 3.1.6 节和 3.2.5 节中所取样的应用案例进行分析，说明本节所讨论的方法在该类项目中的应用前景。

3.3.1　目标与过程的映射关系

在 3.1 节和 3.2 节中分别介绍了 PZN 模型和 GM 模型的相关性质和分析方法，要证明过程层和目标层的一致性，也就是要保证在 GM 模型描述目标层和 PZN 模型描述过程层之间是一致的。

注意：以下本节中说的 GM 模型和 PZN 模型分别是指用 GM 模型描述的需求目标层和用 PZN 模型描述的需求过程层。本节中的 PZN 模型如无特殊说明，其中的变迁代表的都是一系列的原子过程。

由于所有的组合目标都是由低层可操作目标组合实现的，因此给出定理 3-14。

定理 3-14　对于 $\forall g \in O^{\mathrm{GM}}$ (O^{GM} 为目标层中的可操作目标，即目标图中的叶子节点)，总可以找到一个原子过程 $t \in T^{\mathrm{PZN}}$ (T^{PZN} 为过程层中的某一个过程)与之对应。

证明　在需求获取的过程中，对可操作目标的功能描述用四元谓词 FunctionalGoal(g, x, y, z) 表示，其中变量 g、x、y、z 分别是指目标层中的目标、过程层中相对应的过程、角色层中的参与者(包括人、设备、系统等所有一切参与的事物)、操作方式的集合(一个功能目标的操作方式可以为空)。功能目标与操作和业务对象之间的对应关系都是一对一的。因此，可知在车联网系统需求元模型中每一个可操作目标对应一个可以直接完成的原子过程，由此可知可操作目标与原子过程具有一对一的关系。

注意：本书中对原子目标和可操作目标的理解相同，可认为二者是同性质的目标。

定义 3-37　将可操作目标与原子过程之间的映射关系定义为

$$\mathbb{R}: g \to t\left(g \in O^{\mathrm{GM}}, t \in T^{\mathrm{PZN}}\right)$$

其中，$\mathbb{R}$ 可以看成关于元素 (g,t) 的集合，并且将可操作目标 g 相对应的原子过程 t 标记为 $\mathbb{R}(g)=t$，且 $\mathbb{R}(t)=g$。

定义 3-38　包含在用例描述中，并且满足相关业务规则的活动，这样的执行路径叫作有效活动路径，一个子任务的执行可以用执行路径 $\sigma_i = t_1, t_2, \cdots, t_n$ 进行完整的描述。

对于一个目标层的组合目标而言，它是由不同的下层子目标组合而成，而下层目标又由其下层子目标组合，归根结底，目标层的组合目标是由最低层的原子目标的组合实现的。而原子目标的实现来自过程层中对应的原子过程的执行，因此对于组合目标与原子过程之间的映射关系，给出如下定义。

定义 3-39　将组合目标与过程之间的映射关系定义为

$$\mathbb{R}^{\circ}: g \to \left\{\{t_m, \cdots, t_k\}, \cdots, \{t_i, \cdots, t_j\}\right\}\left(g \in \left(G^{\mathrm{GM}} - O^{\mathrm{GM}}\right), t_m, \cdots, t_k, t_i, \cdots, t_j \in T^{\mathrm{PZN}}\right)$$

在对目标层和过程层分别建模的过程中，组合目标和组合过程并不是完全对等的，因为车联网系统的复杂性，在目标层建模时时序性并不明显，而在过程层的建模过程中，时序性是非常重要的。因此，在验证目标与过程层之间的一致性关系时，不考虑组合目标和组合过程之间的关系，只考虑原子目标和原子过程之间的映射关系，以及组合目标与原子过程之间的映射关系。通过对原子目标的实现情况和对应原子过程有效活动路径的情况来推理组合目标的实现情况。

定义 3-40　有效原子活动路径是指包含在每条有效活动执行路径 $\sigma_i = t_1, t_2, \cdots, t_n$ 中的所有 t_i 都代表一个原子过程的变迁，表示为

$$\sigma_i^{\ a} = t_1, t_2, \cdots, t_n$$

3.3.2　一致性分析

要判断一个目标层模型与一个过程层模型是否一致，需要找到二者的所有原子目标和原子过程，如果给出的过程模型是由几个不同的 PZN 模型融合而成的一个总体模型，那么需要标记出每一个子过程模型中的有效原子活动路径。

如图 3-19 所示的两个过程层子网 PZN_1 和 PZN_2 模型的融合，二者中的变迁全部为原子过程，融合后的网结构如图 3-19 右边的图形所示，那么在判断目标与过程的一致性问题时，计算有效活动路径 $\sigma_i = \cdots t \cdots$ 时，要先得到 t 的可替代有效原子活动路径，PNZ_1 和 PZN_2 中的有效原子活动路径集分别为

$$\sigma_1 = \{t_1 t_2 t_4, t_1 t_3 t_4\}$$

$$\sigma_2 = \{t_1 t_2 t_3 t_4, t_1 t_3 t_2 t_4\}$$

因此，在计算有效活动路径 $\sigma_i = \cdots t \cdots$ 时，它可被替换为

$$\sigma_i = \cdots t \cdots \left(t = T_1 \bigcup T_2, T_1 \in \sigma_1, T_2 \in \sigma_2 \right)$$

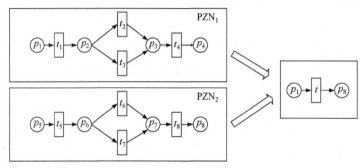

图 3-19 两个过程层子网 PZN_1 和 PZN_2 模型的融合

推论 3-13 若一个过程模型 PZN 是由 n 个子模型融合而成，每个子模型对应的有效原子活动路径集合中元素的个数表示为 $\text{sizeof}(PZN_i)$，则过程模型 PZN 的有效原子活动路径集合中元素的个数为

$$\text{sizeof}(PZN) = \text{sizeof}(PZN_1) \times \text{sizeof}(PZN_2) \times \cdots \times \text{sizeof}(PZN_n)$$

定义 3-41 将实现最高层次目标 $g^{\Omega}{}_0$ 所需要执行的有效原子活动路径的集合标记为 $\sigma^a \left(g^{\Omega}{}_0 \right)$。

对于每一个 $\sigma_i^a \left(g^{\Omega}{}_0 \right) \in \sigma^a \left(g^{\Omega}{}_0 \right)$，其代表的是从初始状态标识 M_{k0} 下，初始状态模式 Z_0^{Ω} 中的一组变量变迁。即从 M_{k0} 开始引发的一组变迁序列 $\sigma_i = t_1, t_2, \cdots, t_n$，使得在初始状态标识 M_{k0} 下初始库所中的某一个对应的令牌能够被触发到达终止库所中。

定义 3-42 一个目标层的 GM 模型与对应的过程层的 PZN 模型一致，当且仅当

(1) $\forall g \in G^{GM}$，都满足映射关系：

$$\mathbb{R} : g \to t \left(g \in O^{GM}, t \in T^{PZN} \right)$$

$$\mathbb{R}^{\circ}: g \to \left\{\{t_m, \cdots, t_k\}, \cdots, \{t_i, \cdots, t_j\}\right\} \left(g \in \left(G^{\mathrm{GM}} - O^{\mathrm{GM}}\right), t_m, \cdots, t_k, t_i, \cdots, t_j \in T^{\mathrm{PZN}}\right)$$

(2) $\forall \Sigma_i \left(\Sigma_i \in \Sigma^{\mathrm{GM}}\right)$ (Σ^{GM} 为目标模型中的 Σ)都至少有一条对应的 $\sigma_i^a \left(g^{\Omega}_0\right)$ 有效原子活动路径与其相对应；

(3) 对于任意的 $\sigma_i^a \left(g^{\Omega}_0\right)$，都有唯一的 $\Sigma_i \in \Sigma^{\mathrm{GM}}$ 与其对应。

定义 3-43　一个目标层模型 $\Omega(\Omega \in \mathrm{GM})$ 与一个过程层模型 $\mho(\mho \in \mathrm{PZN})$ 一致，标记为

$$\mathbb{C}: \Omega \leftrightarrow \mho$$

推论 3-14　若有 $\mathbb{C}: \Omega \leftrightarrow \mho$，则 Σ^{Ω} 中的元素与有效原子活动路径 $\mathrm{atom}(\sigma_i)$ 是一到多的函数映射关系。

证明　由一致性定义可以看出，目标到有效原子活动路径是一对多的关系，而有效原子活动路径到目标是一对一的关系。

1. 目标与原子过程之间的关系

如果目标模型 $\Omega(\Omega \in \mathrm{GM})$ 与过程模型 $\mho(\mho \in \mathrm{PZN})$ 具有一致性，那么二者对应的原子目标和原子过程在原子有效活动路径上出现的先后次序是关注的内容。下面首先给出两个具有一致性的模型，其对应的目标与过程之间的关系。

推论 3-15　若有 $\mathbb{C}: \Omega \leftrightarrow \mho$，则每一个目标 $g \in G^{\Omega}$ 都对应着一个或某若干个过程。

证明　因为根据一致性定义第(1)条可知，对于每一个 $g \in G^{\Omega}$，总有一个 $t \in T^{\mho}$ 或者 $t = \{t_i, \cdots, t_j\} \left(t_i \in T^{\mho}, \cdots, t_j \in T^{\mho}\right)$ 与之相对应。

推论 3-16　若有 $\mathbb{C}: \Omega \leftrightarrow \mho$，$\exists g_h \in O^{\Omega}, g_k \in O^{\Omega}, (g_i, g_h) \in A^{\Omega} \wedge (g_i, g_k) \in A^{\Omega}$，则

$$\left\{\mathbb{R}(g_h), \mathbb{R}(g_k)\right\} \not\subseteq \mathbb{R}_i^{\circ}(g_i), \left(\mathbb{R}_i^{\circ}(g_i) \in \mathbb{R}^{\circ}(g_i)\right)$$

证明　因为 $\exists (g_i, g_h) \in A^{\Omega} \wedge (g_i, g_k) \in A^{\Omega}$，所以目标 g_j 和目标 g_k 同属于组合目标 g_i 的选其一目标，即在某一状态 $p \in P$ 下，目标 g_j 和目标 g_k 只有一个需要实现，因此相对应的二者的过程也只有一个被执行，所以在模型 Ω 中，g_h 对应的变迁与 g_k 对应的变迁在同一状态 $p \in P$ 下处于选择结构，即不会同时出现。

推论 3-17　若有 $\mathbb{C}: \Omega \leftrightarrow \mho$，$\exists g_i \in O^{\Omega}, g_j \in O^{\Omega}, (g_i, g_j) \in E^{\Omega}$，则

$$\left\{\mathbb{R}(g_i), \mathbb{R}(g_j)\right\} \not\subseteq \mathbb{R}_k^{\circ}(g_0), \left(\mathbb{R}_k^{\circ}(g_0) \in \mathbb{R}^{\circ}(g_0)\right)$$

证明　因为 $\exists (g_i, g_j) \in E^{\Omega}$，所以目标 g_i 和目标 g_j 属于排斥关系，即在实现

最高层次目标 g_0 时，这两个目标对应的原子过程不会同时被执行实现。

推论 3-18 若有 $\mathbb{C}:\Omega \leftrightarrow \mho$ ，$\exists g_j \in O^\Omega, g_k \in O^\Omega, (g_i,g_j) \in M^\Omega \wedge (g_i,g_k) \in M^\Omega$ ，则

$$\{\mathbb{R}(g_j),\mathbb{R}(g_k)\} \subseteq \mathbb{R}^\circ(g_i)$$

证明 理由同上，可以从关系的性质分析出来。

推论 3-19 若有 $\mathbb{C}:\Omega \leftrightarrow \mho$ ，$\exists g_h \in (G^\Omega - O^\Omega), g_k \in (G^\Omega - O^\Omega)$ ，$(g_i,g_h) \in A^\Omega$ ，$(g_i,g_k) \in A^\Omega$ ，则

$$\{\underset{n}{\mathbb{R}^\circ}(g_h) \cup \underset{l}{\mathbb{R}^\circ}(g_k)\} \not\subseteq \underset{m}{\mathbb{R}^\circ}(g_i), \left(\underset{m}{\mathbb{R}^\circ}(g_i) \in \mathbb{R}^\circ(g_i), \underset{n}{\mathbb{R}^\circ}(g_h) \in \mathbb{R}^\circ(g_n), \underset{l}{\mathbb{R}^\circ}(g_k) \in \mathbb{R}^\circ(g_k)\right)$$

证明 因为 $\exists(g_i,g_h) \in A^\Omega \wedge (g_i,g_k) \in A^\Omega$ ，所以组合目标 g_j 和组合目标 g_k 同属于组合目标 g_i 的选其一目标，即在某一状态 $p \in P$ 下，目标 g_j 和目标 g_k 只有一个需要实现。即

$$\underset{n}{\mathbb{R}^\circ}(g_h) \in \mathbb{R}^\circ(g_h) \wedge \underset{l}{\mathbb{R}^\circ}(g_k) \in \mathbb{R}^\circ(g_k) \Rightarrow \underset{n}{\mathbb{R}^\circ}(g_h) \cup \underset{l}{\mathbb{R}^\circ}(g_k)|=\neg \text{Goal}(g_i)$$

组合目标 g_i 在同时执行了目标 g_j 和目标 g_k 后无法实现，因此得证。

推论 3-20 若有 $\mathbb{C}:\Omega \leftrightarrow \mho$ ，$\exists g_i \in (G^\Omega - O^\Omega), g_j \in (G^\Omega - O^\Omega), (g_i,g_j) \in E^\Omega$ ，则

$$\{\underset{n}{\mathbb{R}^\circ}(g_i) \cup \underset{l}{\mathbb{R}^\circ}(g_j)\} \not\subseteq \underset{m}{\mathbb{R}^\circ}(g_0), \left(\underset{m}{\mathbb{R}^\circ}(g_0) \in \mathbb{R}^\circ(g_0), \underset{n}{\mathbb{R}^\circ}(g_i) \in \mathbb{R}^\circ(g_i), \underset{l}{\mathbb{R}^\circ}(g_j) \in \mathbb{R}^\circ(g_j)\right)$$

证明 因为 $\exists(g_i,g_j) \in E^\Omega$ ，所以目标 g_i 和目标 g_j 属于排斥关系，即在实现最高层次目标 g_0 时，这两个目标对应的原子过程不会同时被执行实现，同上。

推论 3-21 若有 $\mathbb{C}:\Omega \leftrightarrow \mho$ ，$\exists g_j \in (G^\Omega - O^\Omega)$ ，$g_k \in (G^\Omega - O^\Omega), (g_i,g_j) \in M^\Omega$ ，$(g_i,g_k) \in M^\Omega$ ，则

$$\{\mathbb{R}(g_j),\mathbb{R}(g_k)\} \subseteq \mathbb{R}^\circ(g_i)$$

证明 理由同上，可以从关系的性质分析出来。

2. 目标与活动路径中变迁发生的次序关系

介绍了目标与原子过程之间的对应关系之后，下面在实现某一具体目标时，目标与活动路径之间关系是将要讨论的问题。

推论 3-22 若有 $\mathbb{C}:\Omega \leftrightarrow \mho$ ，$\exists g_i \in O^\Omega, g_j \in O^\Omega, (g_i,g_j) \in D^\Omega$ ，则对于所有的 $\sigma_i^a(g^\Omega_0) \in \sigma^a(g^\Omega_0)$ ，$\mathbb{R}(g_i)$ 和 $\mathbb{R}(g_j)$ 若同时存在，首次出现的一定是 $\mathbb{R}(g_j)$ 。

证明　因为过程模型中可能存在循环结构，这时会形成回路，所以存在两种情况。

第一种情况：$\mathbb{R}(g_i)$ 和 $\mathbb{R}(g_j)$ 不形成回路。

因为 $(g_i, g_j) \in D^\Omega$，所以目标 g_i 和目标 g_j 属于依赖关系，即如果目标 g_i 在实现最高层次目标时选择要实现，那么 g_i 所依赖的目标 g_j 也一定要实现。也就是说，在使得 PZN 模型在初始状态标识 M_0 下初始库所中的对应的一个令牌能够被触发到达终止库所中的变迁序列 $\sigma = t_1, t_2, \cdots, t_k$ 中，g_i 对应的变迁 t_n 如果存在执行序列 $\sigma_1 = t_1, t_2, \cdots, t_k$ 中，那么 g_j 对应的变迁 t_m 也一定会出现在变迁序列 $\sigma = t_1, t_2, \cdots, t_k$ 中。又因为目标 g_i 的实现是以目标 g_j 的实现为前提的，所以 g_j 对应的变迁 t_m 一定先于 g_i 对应的变迁 t_n 发生。

第二种情况：$\mathbb{R}(g_i)$ 和 $\mathbb{R}(g_j)$ 形成回路，在形成回路时，可能会出现如图 3-20 所示的情况，即某一状态 $\mathbb{R}(g_j)$ 接在了 $\mathbb{R}(g_i)$ 的后面，但是在进行循环状态之前，$\mathbb{R}(g_j)$ 一定是在 $\mathbb{R}(g_i)$ 之前发生的。

因此，综合两种情况，得证。

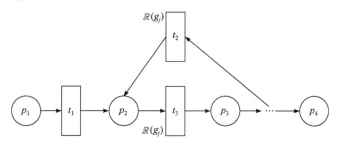

图 3-20　形成回路的过程层简图

推论 3-23　若有 $\mathbb{C}: \Omega \leftrightarrow \mho$，$\exists g_i \in O^\Omega, g_j \in O^\Omega, (g_i, g_j) \in E^\Omega$，则对于所有的 $\sigma_i^a(g^\Omega{}_0) \in \sigma^a(g^\Omega{}_0)$，$\mathbb{R}(g_i)$ 和 $\mathbb{R}(g_j)$ 一定不会同时存在任何一条原子活动路径中。

证明　由相互排斥关系可知。

推论 3-24　若有 $\mathbb{C}: \Omega \leftrightarrow \mho$，$\exists g_i \in (G^\Omega - O^\Omega), g_j \in (G^\Omega - O^\Omega), (g_i, g_j) \in D^\Omega$，则对于所有的 $\sigma_i^a(g^\Omega{}_0) \in \sigma^a(g^\Omega{}_0)$，$\mathbb{R}^\circ(g_i)$ 和 $\mathbb{R}^\circ(g_j)$ 若同时存在，首次出现的一定是 $\mathbb{R}^\circ(g_j)$ 中所有的过程对应的变迁。

推论 3-25　若有 $\mathbb{C}: \Omega \leftrightarrow \mho$，$\exists g_i \in (G^\Omega - O^\Omega), g_j \in (G^\Omega - O^\Omega), (g_i, g_j) \in E^\Omega$，则对于所有的 $\sigma_i^a(g^\Omega{}_0) \in \sigma^a(g^\Omega{}_0)$，$\mathbb{R}^\circ(g_i)$ 和 $\mathbb{R}^\circ(g_j)$ 一定不会同时存在任何一

条原子活动路径中。

组合目标的分析方法类似，主要是把每一个组合目标包含的原子目标提取出来，再用每个原子目标对应的 $\mathbb{R}(g)$ 来替代就可以，在此不再复述。

车联网系统的需求模型通常是非常庞大的，目标模型和过程模型通常是由其他一些小模块模型组合而成的，在验证一致性的过程中，可以分别对对应的小模块模型之间的一致性进行验证。如果各个小模块之间是一致的，那么可以再将小模块分别看成原子目标或原子过程，再对整个大的模型进行验证，这样就可以更方便地对复杂的两个模型进行一致性分析。

3.3.3　一致性验证

要验证用户需求目标与业务规则过程是否一致，首先要抓住需要验证的重点内容，并进行抽象化简。过程层模型中有许多状态是刻画用户期望的，在计算令牌消耗的过程中，这些状态的令牌数一直处于一个恒定状态，因此在一致性分析时，可以将这些处于恒定状态的库所在抽象化简的过程中忽略掉。此外，在分析可执行路径时，模型中的循环状态也可以暂时忽略。

根据 3.3.1 节和 3.3.2 节中目标层与过程层的一致性定义和分析，对用户需求的目标层模型 $\Omega(\Omega \in \mathrm{GM})$ 和过程层模型 $\mho(\mho \in \mathrm{PZN})$ 的一致性验证分步进行。

(1) 根据需求获取中的可操作目标的功能性性质刻画 "FunctionalGoal" 中的规则描述，找到对应的 "operation" 所描述的操作(该操作存在于 PZN 模型的 Z_T 中)，从 PZN 模型中，找出 $\mho$ 中与可操作目标 g 中对应的变迁 $\mathbb{R}(g)$。如果不能找到，则两个模型不一致；否则进入第(2)步。

(2) 判断模型 Ω 中的每一个 $\Sigma_i^{\Omega} \in \Sigma^{\Omega}$，是否能在模型 $\mho$ 中找到对应的原子有效活动路径 $\sigma_j^a\left(g_0^{\Omega}\right) \in \sigma^a\left(g_0^{\Omega}\right)$ 与其对应，判断是否对应的方法：对于任意一个 $g\left(g \in O^{\Omega} \wedge g \in \Sigma_i^{\Omega}\right)$，对于 $\forall g, \mathbb{R}(g)$ 出现在 $\sigma_i^a\left(g_0^{\Omega}\right)$ 中。如果不满足条件，则两个模型不一致；否则进入第(3)步。

(3) 对于每一个 $\sigma_i^a\left(g_0^{\Omega}\right) \in \sigma^a\left(g_0^{\Omega}\right)$，能否在模型 Ω 中找到唯一的 $\Sigma_j^{\Omega} \in \Sigma^{\Omega}$ 与其对应，判断是否对应的方法：对于所有在 $\sigma_i^a\left(g_0^{\Omega}\right) \in \sigma^a\left(g_0^{\Omega}\right)$ 出现的原子过程 t，其对应的原子目标 $\mathbb{R}(t)$，是否都能找到 $\mathbb{R}(t) \in \Sigma_j^{\Omega}$。若满足条件，则 $\mathbb{C}: \Omega \leftrightarrow \mho$；否则两个模型不一致。

接下来，给出判断零信任环境中的目标层模型 $\Omega \in \mathrm{GM}$ 和过程层模型 $\mho \in \mathrm{PZN}$ 的一致性验证算法，在第 4 章中，我们给出了求 Ω 可达树的算法 CreatReachabilityTree(M_0)，其中集合 record 记录了从初始标识触发变迁到死节点的所有中间状态，在判断一致性时，需要将这中间所引发的所有变迁记录下来。

为此，先给出求 $\mho$ 的 $\sigma^a\left(g_0^{\Omega}\right)$ 的算法。其输入为 $\mho$ 的初始状态标识 M_{k0}，输出为 $\sigma^a\left(g_0^{\Omega}\right)$。

(1) 初始化：$existednode = \{M_{k0}\}$，$recordednode = \{M_{k0}\}$，$deadnode = \varnothing$，$\text{Path}(M_{k0}) = \varnothing$，$\text{PathN}(M_{k0}) = \varnothing$，$\text{PathT} = \varnothing$，$record = \varnothing$。

(2) 与求可达树的算法类似，不同的是，采用 PathT 记录中间所引发的所有变迁：$\text{PathT} = \text{PathT} \cup \text{Path}(M_{k0})$，具体如下。

if not exist t, trigger.$M_{k0} \rightarrow M_{k1}$ then $deadnode = deadnode \bigcup \{M_{k0}\}$;

 return record;

 else

 for each $M_{ki} \in recordednode$ do

 $\text{Path}(M_{k0}) = \text{ran } record \lhd \{M_{ki}\}$;

 if not exist t, trigger.$M_{ki} \rightarrow M_{ka}\,(M_{ka} \notin existednode)$ then

  $deadnode = deadnode \bigcup \{M_{ki}\}$;

  $\text{PathT} = \text{PathT} \bigcup \text{Path}(M_{k0})$;

 else

  while $\exists t$, trigger.$M_{ki} \rightarrow M_{ka}$ (produce new mark in M_k) do

   if $M_{ka} = M_{kex}\,(M_{kex}$ is anynode of existednode$)$ then break;

   else

    $existednode = existednode \bigcup \{M_{ka}\}$;

    $recordednode = recordednode \bigcup \{M_{ka}\}$;

    $\text{PathN}(M_{k0}) = \text{add } t$ to the end element of the $\text{Path}(M_{k0})$;

    $record = record \bigcup \{M_{ka} \rightarrow \text{PathN}(M_{k0})\}$;

   endif;

  endwhile;

  $recordednode = recordednode \setminus \{M_{ki}\}$;

 endif;

 endfor;

 return　PathT;

endif;

求出模型 $\mho$ 的所有有效原子活动路径 $\sigma^a\left(g_0^{\Omega}\right)$ 后，就可以对其一致性进行验证，其算法用函数 $\text{VerifyConsistent}(\Omega, \mho)$ 表示，其输入为两个模型：目标模型 Ω 和过程模型 $\mho$；输出为一致情况下的 Yes 和不一致情况下的错误原因。

(1) 初始化：$\mathbb{R} = \varnothing$，$\text{Path} = \varnothing$。

(2) for each $g, x, \text{FunctionGoal}(g, x, y, z) \in \Delta$ do $\mathbb{R} = \mathbb{R} \cup \{(g, x)\}$。

(3) 判断分析可操作目标与原子过程是否匹配，如果不匹配则反馈出相关信息：

    if dom $\mathbb{R} \neq O^{\Omega}$ then return $\{\text{dom } \mathbb{R} \setminus O^{\Omega}, O^{\Omega} \setminus \text{ran } \mathbb{R}\}$;

        else if ran $\mathbb{R} \nsubseteq T^{\Omega}$ then return $\{\text{ran } \mathbb{R} \setminus T^{\Omega}, T^{\Omega} \setminus \text{ran } \mathbb{R}\}$;

           else

                $\text{Path} = \text{Path}\sigma^{a}(M_0)$;

           endif;

        endif;

(4) 判断每一种目标选择情况与有效活动执行路径的匹配情况，如果不匹配则反馈出相关信息：

    for each $\Sigma_i \in \Sigma^{\Omega}$ do

        for all $g, g \in O^{\Omega}, g \in \Sigma^{\Omega}$ do

            if $\nexists p, p \in \text{Path}, \forall \rho(g)$ appears in p then return Σ_i;

            endif;

        endfor;

    endfor;

(5) 对每一条有效活动路径，判断其与目标层中的用户目标选择情况匹配情况，如果不匹配则反馈出相关信息：

    for each $p_i \in \text{Path}$ do

        for all t, t appears in p_i do

            if $\nexists \Sigma_i, \Sigma_i \in \Sigma^{\Omega}, \forall x, x \in \text{dom } R \rhd \{t\}$ then return p_i;

            endif;

            if $\exists \Sigma_i, \Sigma_i \in \Sigma^{\Omega}, \forall x, x \in \Sigma_i \wedge x \in \Sigma_j \wedge \Sigma_i \neq \Sigma_j \wedge x \in \text{dom } R \rhd \{t\}$ then

                return p_i;

            endif;

        endfor;

    endfor;

(6) 如果所有条件都满足，则返回 Yes。

(7) 结束。

注意：在零信任环境中的目标模型中 "FuntionalGoal" 中的 "operation" 操作是唯一的，即只有一个相应的操作；而在过程模型对应的 PZN 模型中，因为涉及执行过程中某一目标的完成，并不仅仅是一个原子过程，通常由于执行的结构是任意顺序执行或任意选择执行等，会产生额外的选择变迁序列，以便在 PZN 图形中的直观表达。

3.3.4 节将通过对实例模型的目标层与过程层之间的一致性验证，来具体阐述该方法的应用。

3.3.4　项目应用的实例分析

3.1.6 节和 3.2.5 节分别对用户需求取样中的目标模型和过程模型进行过验证，本小节将对目标模型和过程模型之间的一致性进行分析。

图 3-21 为"提供驾驶决策的交通服务需求"模块的总体 PZN 模型，其中的空白变迁和空白库所即为虚变迁和虚库所，只代表某种暂存的状态或操作，没有实际意义。图中的深色小圆代表终止状态，由于最后目标关系可选所以产生如图 3-21 所示的两个终止状态。

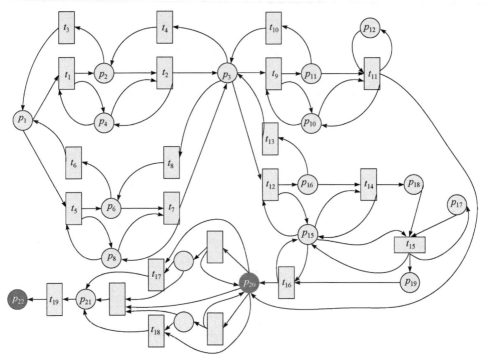

图 3-21　"提供驾驶决策的交通服务需求"模块的总体 PZN 模型

在分析有效活动路径时，去掉表示用户期望的令牌数不发生变化的状态以及表示循环的变迁，图 3-21 简化后如图 3-22 所示。

分析一致性时，主要在于研究其有效活动路径，因此首先需要求出其有效活动路径，再分析原子有效活动路径，原子有效活动路径如表 3-4 所示。

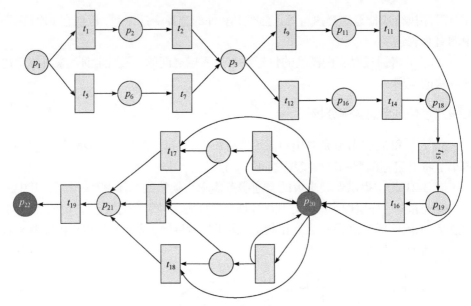

图 3-22　"提供驾驶决策的交通服务需求"模块的简化 PZN 模型

表 3-4　原子有效活动路径

σ_i^a	原子有效活动路径	σ_i^a	原子有效活动路径
1	$t_1t_2t_9t_{11}t_{17}t_{18}t_{19}$	16	$t_1t_2t_{12}t_{14}t_{15}t_{16}t_{18}$
2	$t_1t_2t_9t_{11}t_{18}t_{19}$	17	$t_1t_2t_{12}t_{14}t_{15}t_{16}t_{17}$
3	$t_1t_2t_9t_{11}t_{17}t_{19}$	18	$t_1t_2t_{12}t_{14}t_{15}t_{16}t_{17}t_{18}$
4	$t_1t_2t_9t_{11}t_{18}t_{17}t_{19}$	19	$t_5t_7t_9t_{11}t_{17}t_{18}t_{19}$
5	$t_1t_2t_9t_{11}$	20	$t_5t_7t_9t_{11}t_{18}t_{19}$
6	$t_1t_2t_{12}t_{14}t_{15}t_{16}t_{17}t_{18}t_{19}$	21	$t_5t_7t_9t_{11}t_{17}t_{19}$
7	$t_1t_2t_{12}t_{14}t_{15}t_{16}t_{18}t_{19}$	22	$t_5t_7t_9t_{11}t_{18}t_{17}t_{19}$
8	$t_1t_2t_{12}t_{14}t_{15}t_{16}t_{17}t_{19}$	23	$t_5t_7t_9t_{11}$
9	$t_1t_2t_{12}t_{14}t_{15}t_{16}t_{18}t_{17}t_{19}$	24	$t_5t_7t_{12}t_{14}t_{15}t_{16}t_{18}t_{17}t_{19}$
10	$t_1t_2t_{12}t_{14}t_{15}t_{16}$	25	$t_5t_7t_{12}t_{14}t_{15}t_{16}t_{18}t_{19}$
11	$t_1t_2t_9t_{11}t_{17}t_{18}$	26	$t_5t_7t_{12}t_{14}t_{15}t_{16}t_{17}t_{19}$
12	$t_1t_2t_9t_{11}t_{18}$	27	$t_5t_7t_{12}t_{14}t_{15}t_{16}t_{17}t_{18}t_{19}$
13	$t_1t_2t_9t_{11}t_{17}$	28	$t_5t_7t_{12}t_{14}t_{15}t_{16}$
14	$t_1t_2t_9t_{11}t_{18}t_{17}$	29	$t_5t_7t_9t_{11}t_{17}t_{18}$
15	$t_1t_2t_{12}t_{14}t_{15}t_{16}t_{18}t_{17}$	30	$t_5t_7t_9t_{11}t_{18}$

续表

σ_i^a	原子有效活动路径	σ_i^a	原子有效活动路径
31	$t_5 t_7 t_9 t_{11} t_{17}$	34	$t_5 t_7 t_{12} t_{14} t_{15} t_{16} t_{18}$
32	$t_5 t_7 t_9 t_{11} t_{18} t_{17}$	35	$t_5 t_7 t_{12} t_{14} t_{15} t_{16} t_{17}$
33	$t_5 t_7 t_{12} t_{14} t_{15} t_{16} t_{17} t_{18}$	36	$t_5 t_7 t_{12} t_{14} t_{15} t_{16} t_{18} t_{17}$

进行一致性分析，可以找到如下映射关系：

$$\mathbb{R} = \{(g_5,t_1),(g_6,t_2),(g_8,t_5),(g_9,t_7),(g_{18},t_9),(g_{19},t_{11}),(g_{15},t_{12}),(g_{20},t_{14}),(g_{21},t_{15}),$$
$$(g_{17},t_{16}),(g_{11},t_{17}),(g_{12},t_{18}),(g_4,t_{19})\}$$

因此，对于所有的 $g \in O^{\Omega}$，都能找到一个 $t \in T^{\vartheta}$ 与其对应，满足一致性验证第(1)条。

从表 3-5 中，可以看出两个模型满足一致性验证的第(2)条和第(3)条，因此可以得出该"提供用户出行的交通服务需求"模块的目标模型和过程模型具有一致性。然后，再类似地对其他模块进行一致性分析。执行路径中，之所以会出现多个 σ_i^a 对应着一个 Σ_i，是因为有任意选择执行的情况存在，所以完成同一个目标，可以有多条不同的原子有效活动路径。

表 3-5　Σ_i 与原子有效执行路径 σ_i^a 的对应关系

Σ_i	对应的 σ_i^a	Σ_i	对应的 σ_i^a	Σ_i	对应的 σ_i^a	Σ_i	对应的 σ_i^a
Σ_1	σ_{10}^a	Σ_8	σ_8^a	Σ_{15}	σ_5^a	Σ_{22}	σ_2^a
Σ_2	σ_{17}^a	Σ_9	$\sigma_{24}^a, \sigma_{27}^a$	Σ_{16}	σ_{13}^a	Σ_{23}	σ_1^a, σ_4^a
Σ_3	σ_{34}^a	Σ_{10}	σ_7^a	Σ_{17}	σ_{12}^a	Σ_{24}	σ_{28}^a
Σ_4	σ_{16}^a	Σ_{11}	$\sigma_{33}^a, \sigma_{36}^a$	Σ_{18}	σ_{23}^a	Σ_{25}	σ_{31}^a
Σ_5	$\sigma_{22}^a, \sigma_{19}^a$	Σ_{12}	σ_9^a, σ_6^a	Σ_{19}	σ_{20}^a	Σ_{26}	σ_{30}^a
Σ_6	$\sigma_{15}^a, \sigma_{18}^a$	Σ_{13}	σ_{26}^a	Σ_{20}	$\sigma_{14}^a, \sigma_{11}^a$	Σ_{27}	$\sigma_{32}^a, \sigma_{29}^a$
Σ_7	σ_{35}^a	Σ_{14}	σ_{25}^a	Σ_{21}	σ_3^a	Σ_{28}	σ_{21}^a

3.4　本章小结

本书的研究工作主要是根据网络式软件的复杂性、拓扑结构的动态演化等特征，对零信任环境中的车联网系统需求元模型的目标层、过程层，以及零信任环境中的车联网系统需求目标模型和过程模型之间的一致性进行形式化验证，本章的主要研究工作及结论如下。

(1) 零信任环境中的车联网系统需求早期针对需求获取得到的信息难以避免不协调性的特点，采用极大协调子集的思想得到用户需求的自由集 $\text{FREE}(\Delta)$ 和问题集 $\text{PC}(\Delta)$，通过函数选择方法得到与目标层形式化验证相关的信息 Δ^U，在 RGPS-G 的指导下将最高层次目标逐层分解，问题集中的目标依照其与其他目标的性质确定其在分解关系链中的属性，从而很好地解决了用户需求的不一致情况。

(2) 按关系链性质分解最高层次目标后，提出 GM 模型对目标层进行形式化建模与分析，并将用户基态需求集 Λ 中的目标相关信息映射到用户初始需求集 Σ 中，从而验证目标层的正确性和完整性，解决了传统目标分析方法中目标关系描述单一性的问题。

(3) 为了刻画过程层中的过程流和用户非功能性期望，结合 Petri 网在描述数据流方面的优势，以及 Z 语言在类型定义方面的优势，在已有研究知识的基础上，扩展了集成 Petri 网和 Z 语言的规约语言 PZN，将用户初始需求映射到初始状态标识集 M_0 中，基于 PZN 对零信任环境中的网络式车联网系统需求元模型的过程层进行形式化建模和分析，给出了可达性、活性和完整性的分析方法，有效保证了需要分析阶段过程层的正确性。

(4) 在动态网络环境下，针对不断演化的用户需求，给出了相应的目标模型和过程模型动态变化规则，能及时调整已存在的用户需求目标模型和过程模型，判断变化后模型的有效性。

(5) 通过原子目标与原子过程之间的联系和映射关系，讨论 GM 建模下的目标层模型与 PZN 建模下的过程层模型之间的一致性，给出了一致性验证算法。

参 考 文 献

[1] da Costa N C A. On the theory of inconsistent formal systems[J]. Notre Dame Journal of Formal Logic, 1974, 15(4): 497-510.

[2] da Costa N C A, Alves E H. A semantical analysis of the calculi Cn[J]. Notre Dame Journal of Formal Logic, 1977, 18(4): 621-630.

[3] Urquhart A. Many-Valued Logic in D. Gabbay and F. Guenthner[M]. Dordrecht: Reidel, 1986.

[4] Besnard P, Hunter A. Quasi-classical logic: Non-trivializable classical reasoning from inconsistent information[C]. Proceedings of the 1st European Conference on Symbolic and Quantitative Approaches to Reasoning and Uncertainty, 1995: 44-51.

[5] Hunter A. Reasoning with contradictory information using quasi-classical logic[J]. Journal of Logic and Computation, 2000, 10(5): 677-703.

[6] da Costa N C A, Krause D. An inductive annotated logic[C]. Proceedings of Paraconsistency: The

Logical Way to the Inconsistent, Proceedings do Ⅱ World Congress on Paraconsistency, 2002: 213-225.

[7] Kifer M, Subrahamanian V. Theory of generalized annotated logic programming and its applications[J]. The Journal of Logic Programming, 1989, 12(4): 335-367.

[8] 桂起权，陈自立，朱福喜. 次协调逻辑与人工智能[M] .武汉: 武汉大学出版社, 2002.

[9] 张清宇. 弗协调逻辑[M] .北京:中国社会出版社, 2003.

[10] 陈冬火. 超协调时序逻辑及其模型检测方法[D].成都:中国科学院成都计算机应用研究所, 2006.

[11] 程晓春，孙吉贵，姜云飞. 次协调的模态逻辑[J].软件学报, 1998, 9(11):833-838.

[12] Post E. Introduction to a general theory of elementary propositions[J]. American Journal of Mathematics, 1921, 43(3): 163-185.

[13] Booth A D, Britten K H V. General Considerations in the Design of an Electronic Computer[M]. Princeton: Institute for Advanced Study, 1947.

[14] Booth A D. A signed binary multiplication technique[J].Quarterly Journal of Mechanics and Applied Mathematics, 1951,4(2): 236-240.

[15] Lukasiewicz J. On Three-Valued Logic[M]. Dordrecht: Springer, 1920.

[16] Putnam H. Three-valued logic[J]. Philosophical Studies, 1957,8: 73-80.

[17] Bergstra J A, Bethke I, Rodenburg P. A propositional logic with 4 values: True, false, divergent and meaningless[J]. Journal of Applied Non-classical Logics, 2012, 5(2): 199-217.

[18] Tsoukias A. A first-order, four valued, weakly paraconsistent logic and its relation to rough sets semantics[J].Foundations of Computing and Decision Sciences, 2002,12: 85-108.

[19] Belnap N D A. A Useful Four-Valued Logic[M]. Dordrecht: Springer, 1977.

[20] Arieli O, Avron A. The value of the four values[J]. Artificial Intelligence, 1998, 102(1): 97-141.

[21] Arieli O, Denecker M. Modeling paraconsistent reasoning by classical logic[C]. Proceedings of the 2nd International Symposium on Foundations of Information and Knowledge Systems, 2002:1-14.

[22] Sofronie S V. Automated theorem proving by resolution in nonclassical logics[J]. Annals of Mathematics and Artificial Intelligence, 2007,49(1-4): 221-252.

[23] Besnard P, Hunter A. Quasi-classical logic: Non-trivializable classical reasoning from inconsistent information[C]. Proceedings of the 1st European Conference on Symbolic and Quantitative Approaches to Reasoning and Uncertainty, 1995: 44-51.

[24] Grant J, Hunter A. Measuring inconsistency in knowledgebases[J].Journal of Intelligent Information Systems, 2006, 27(2): 159-184.

[25] 张小旺. 超协调描述逻辑[D].北京:北京大学, 2010.

[26] Hunter A. Semantic Tableau version of first-order quasi-classical logic[C]. Proceedings of the 6th European Conference on Symbolic and Quantitative Approaches to Reasoning with Uncertainty, 2001: 544-555.

[27] Huang Z S, van Harmelen F. Using semantic distances for reasoning with inconsistent ontologies[C]. Proceedings of the 7th International Semantic Web Conference, 2008: 178-194.

[28] Huang Z S, van Harmelen F, Ten T A. Reasoning with inconsistent ontologies[C]. Proceedings of the 19th International Joint Conference on Artifical Intelligence, 2005: 454-459.

[29] Flouris G, Huang Z S, Pan J Z, et al. Inconsistencies, negations and changes in ontologies[C]. Proceedings of The 21st National Conference on Artificial Intelligence and The 18th Innovative Applications of Artificial Intelligence Conference, 2006: 1295-1300.

[30] Kontchakov R, Wolter F, Zakharyaschev M. Can you tell the difference between DL-lite ontologies[C]. Proceedings of the 11th International Conference on Principles of Knowledge Representation and Reasoning, 2008: 285-295.

[31] Nguyen L A, Szalas A. Three-valued paraconsistent reasoning for semantic web agents[C]. Proceedings of the 4th KES International Symposium on Agent and Multi-Agent Systems: Technologies and Applications, 2010: 152-162.

[32] Odintsov S P, Wansing H. Inconsistency-tolerant description logic[J]. Journal of Applied Logic, 2008, 6(3): 343-360.

[33] Peter F P S. A four-valued semantics for terminological logics[J]. Atrificial Intelligence, 1989, 38: 319-351.

[34] Liu Y, Wu J Z, Hao Y, et al. Requirement verification of networked software goals with multi-valued logic[J]. International Journal of Advancements in Computing Technology, 2012, 4(20):301-309.

[35] Hunter A. Paraconsistent Logics[M]. Dordrecht:Kluwer Academic Publishers, 1998.

[36] Li W. A development calculus for sepecifications[J]. Scinece in China, 2003, 46(5):390-400.

[37] Darwiche A, Pearl J. On the logic of interated belief revision[J].Artificial Intelligence, 1997,89(1-2):1-29.

[38] 栾尚敏, 戴国忠. 知识库更新的一种可编程实现的方法[J].中国科学 E 辑(信息科学), 2005, 35(8):785-797.

[39] 罗杰,李未. 一个在 Horn 子句中求解极大缩减的算法[J].中国科学(信息科学), 2011,41(2):129-143.

[40] Haenni R. Generating diagnoses from conflict sets[C]. Proceedings of The 11th International Florida Artificial Intelligence Research Society Conference, 1998: 57-95.

[41] 栾尚敏, 戴国忠. 有限信念集上修正的一种方法[J]. 软件学报, 2003, 14(5): 911-917.

[42] Heiner M, Heisel M. Modeling safety-critical systems with Z and Petri-nets[C]. Computer Safety, Reliability and Security, 1999: 686.

[43] Peschanski F, Julien D. When concurrent control meets functional requirements or Z+Petri nets[C]. ZB2003: Formal Specification and Development in Z and B, 2003:8-37.

[44] He X D. PZ nets a formal method integrating Petri nets with Z[J]. Information and Software Technology, 2001, 43(1): 1-18.

[45] Girault C, Reisig W. Application and Theory of Petri Nets[M]. New York: Springer, 1982.

[46] Murata T. Petri nets: Properties, analysis and applications[J]. Proceedings of the IEEE, 1989, 77(4):541-580.

[47] 林闯. 随机 Petri 网和系统性能评价[M].北京:清华大学出版社, 2000.

[48] Dardenne A, van Lamsweerde A, Fickas S. Goal-directed requirements acquisition[J]. Science of Computer Programming, 1993, 20(7): 3-50.

[49] Boness K, Finkelstein A, Harrison R. A lightweight technique for assessing risks in requirements

analysis[J]. IET Software, 2008,2(1): 46-57.

[50] Bresciani P, Perini A, Giorgini P, et al. Tropos: An agent-oriented software development methodology[J]. Journal of Autonomous Agents and Multi-agent Systems, 2004, 8(3): 203-236.

[51] 郭树行，兰雨晴，金茂忠. 基于目标的软件可信性需求规约方法研究[J].计算机工程, 2007, 33(11): 37-38, 41.

[52] 何涛. 基于 Web 服务的网络软件需求元模型的建模与分析[D].上海:上海大学, 2009.

[53] Reisig W. Petri Nets: An Introduction[M]. Berlin: Springer, 1985.

[54] Gordon M J C, Melham T F. Introduction to HOL: A Theorem Proving Environment for Higher Order Logic[M]. Cambridge :Cambridge University Press, 1993.

[55] Davies J, Schneider S. A brief history of timed CSP[J].Theoretical Computer Science, 1995, 138: 243-271.

[56] Owre S, Rushby J M, Shankar N. PVS: A prototype verification system[C]. Automated Deduction, 1992: 748-752.

[57] Brookes S D. On the relationship of CCS and CSP[C]. Proceedings of the 1983 International Conference on Automata, Languages, and Programming, 1983: 66-70.

第 4 章　面向零信任车联网信息安全传输机制的形式化分析

如今，车联网已经成为全球汽车行业技术创新和变革的焦点。车联网的信息流模型对于交通系统的设计和控制具有重要的作用，因为其不仅是提高安全性和运输效率的必要条件，而且会带来一系列的社会、经济和生态环境问题。考虑到框架结构包括状态和动作的特征，以及交通流动力学的离散和连续特点，时间 Petri 网和 Z 语言都是建模车联网系统的有效工具。本章提出集成时间 Petri 网与 Z 语言的新形式化方法——TPZN，采用时间 Petri 网对车辆行为进行形式化描述，并采用 Z 框架结构对车辆行为进行详细描述，通过考虑状态对外部规则的依赖关系，对车辆行为和交通规则进行建模。并利用车联网的案例研究该方法的可行性，结果表明这种形式化验证方法能够显著提高车联网的安全性和智能性。

4.1　基于 TPZN 的形式化建模

本节面向零信任环境下针对车联网系统的研究，提出了集成时间 Petri 网和 Z 语言的形式化方法——TPZN，对车联网信息安全传输机制进行形式化建模与验证。通过内在的 Z 语言扩展时间 Petri 网在数据抽象和函数定义方面的能力，通过时间 Petri 网扩展 Z 语言在明确表示操作性语义和描述并发系统方面的能力。通过时间 Petri 网和 Z 语言这两种规约语言的融合，加强数据的抽象和提炼，使网结构变得更小，更利于分析，弥补了时间 Petri 网缺乏数据概念和层次概念的不足以及 Z 语言缺乏操作并发语义的不足。

4.1.1　TPZN

本节基于对零信任环境下车联网系统的研究，提出了集成时间 Petri 网和 Z 语言的 TPZN 方法对车联网信息传输机制进行形式化建模与验证。通过在时间 Petri 网中引入 Z 语言进行扩展，可以增强时间 Petri 网在数据抽象和函数定义方面的能力。同时，通过在 Z 语言中引入时间 Petri 网，增强 Z 语言表示操作性语义和描述并发系统、分布式系统的能力。这两种形式化建模语言的融合有利于对数据进行抽象和提炼，从而使网模型的结构更小、更易于分析。这种集成形式化方法可以弥补时间 Petri 网缺乏数据概念和层次概念的不足，同时可以弥补 Z 语言缺乏操作并发语义的不足。根据 Heiner 等[1]、He[2]和 Shi 等[3]的研究，通过集成 Petri 网和 Z 语言的 PZN 建模只需 46 个状态和 34 个变迁，而使用高级 Petri 网建模则需要 200 个状态和 200 个变迁。因此，PZN 能够有效地避免状态空间爆炸的发生，同理，集成时间 Petri 网和 Z 语言的形式化方法也可以避免状态空间爆炸问题。

关于 TPZN 的相关概念如下。

1) 定义

定义 4-1　设一个九元组 $\text{TPZN} = (P, T, F, Z_P, Z_T, S, C, M_0, \text{SI})$ 表示一个时间 Petri Z 网，即 TPZN[4, 5]，其中：

(1) $\text{TPN} = (P, T, F, M_0, \text{SI})$ 表示前面提到的时间 Petri 网[6-17]；

(2) $\text{PZN} = (P, T, F, Z_P, Z_T, S, C)$ 是一个如文献[18]所述的 PZN 模型；

(3) Z_P 表示用 Z 语言描述的状态模式框架；

(4) Z_T 表示用 Z 语言描述的变迁发生模式框架；

(5) $S: P \to Z_P$ 为状态与定义状态模式的 Z 框架之间一一对应的映射关系；

(6) $C: T \to Z_T$ 为变迁发生与定义变迁发生模式的 Z 框架之间一一对应的映射关系；

(7) $\exists \omega, \omega \in L(\text{TPN})$，$\varphi_f(\text{TPN}, \omega) = (M_f, D_f, \text{SI}_f)$，$M_0 = p_i + p_j + \cdots + p_k$ {D_0 (t_m), $D_0(t_n), \cdots$}，$\text{SI}_0 = [0, 0]$，$p_i, p_j, \cdots, p_k$ 为系统启动的触发条件，$t_m, t_n, \cdots$ 均为触发变迁。M_f 表示每个节点设备当时所处的状态，D_f 表示下一个可能变迁的时间间隔集合，SI_f 表示系统达到 M_f 的时间间隔，φ_f 表示此时间间隔 SI_f 中的系统状态，如果 M_f 是终态，则 $D_f = \varnothing$。

为了满足零信任环境下模型设计的兼容性和有效性，采用 TPZN-Z 框架描述符号、属性、规则等，TPZN 中 Z 框架与时间 Petri 网的对应关系如图 4-1 所示。车联网系统中规则和约束条件由 Z 中的 Z_t 进行形式化描述。绿色虚线框内表示变迁的前置条件，紫色虚线框内表示变迁的后置条件。

2) 时间约束条件

本节介绍 TPZN 方法的全局时间和局部时间，全局时间表示标准系统时间，局部时间表示相对于前一状态 M_i 的时间。首先需要定义两个变量，一个是最早发生时间 $\text{SEFT}(t)$，另一个是最晚发生时间 $\text{SLFT}(t)$。SI_i 包含最早发生时间 $\text{SEFT}(t_i)$ 和最晚发生时间 $\text{SLFT}(t_i)$，$\text{SI}_i = [\text{SEFT}(t_i), \text{SLFT}(t_i)]$。$D_i(t)$ 是 M_{i-1}，$M_{i-1}[t_i >$ 状态下的局部时间。

3) 优势

TPZN 与 TPN、PZN 和 Z 语言相比具有更好的动态结构和时间约束，这对零

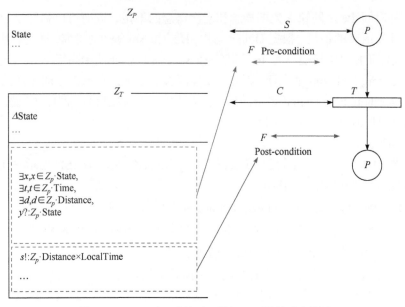

图 4-1　TPZN 中 Z 框架与时间 Petri 网的对应关系

信任环境下车联网系统来说是至关重要的。除此之外，TPZN 具有更好的框架结构，可以对系统进行抽象、减少状态数，缓解了基础 Petri 网状态空间爆炸性增长。因此，用 TPZN 建模的优势非常明显，TPZN、TPN、PZN、Z 语言优势对比如表 4-1 所示。

表 4-1　TPZN、TPN、PZN、Z 语言优势对比

方法	动态描述	框架描述	状态数	时间约束
TPZN	√	√	有效减少	√
TPN	√	×	爆炸式增长	√
PZN	√	√	减少	×
Z 语言	×	√	减少	×

4.1.2　TPZN 的建模与精炼

利用 TPZN 对零信任车联网信息传输机制模型进行形式化建模的过程如下。第一，获取节点设备信息、交通规则及评价指标并进建立其 Z 框架结构。第二，获得零信任系统的信息流结构并利用 TPN 进行建模。第三，对初始系统进行模型细化，细化为多个子系统。第四，利用 TPZN 对整个系统进行形式化建模，并从 TPZN 模型中获得 L_{DP}、φ_f、D^+ 和 D^- 等相关参数。第五，结合系统的当前信息，利用初始参数对系统进行特性分析。第六，如果模型满足性质则系统进行正常操作，如果出现警告则分析原因。第七，若是规则问题则修改规则，若出现事故则

启动应急方案。TPZN 建模流程图如图 4-2 所示。

在得到初始模型和参数后，可以利用采样数据或历史数据对模型和参数进行修正，真实数据可以用来修改模型和参数，但更多的是利用数据预测未来可能发生的状态。

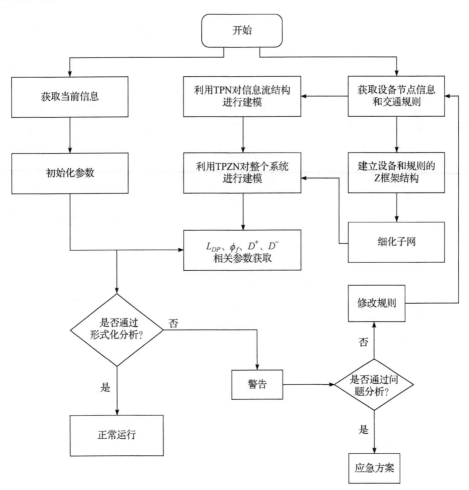

图 4-2 TPZN 建模流程图

在零信任车联网环境下，信息安全传输机制模型的运行环境往往是复杂的、动态的、不可预知的，因此模型细化和拓扑演化能力显得尤为重要。

定义 4-2 假设 TPZN_{11} 和 TPZN_{12} 是 TPZN_1 的子网，则有

$$\mathrm{TPZN}_{11} = \left(P_{11}, T_{11}, F_{11}, Z_{P11}, Z_{T11}, S_{11}, C_{11}, M_{011}, \mathrm{SI}_{11}\right) \tag{4-1}$$

$$\mathrm{TPZN}_{12} = \left(P_{12}, T_{12}, F_{12}, Z_{P12}, Z_{T12}, S_{12}, C_{12}, M_{012}, \mathrm{SI}_{12}\right) \tag{4-2}$$

$$\left(\mathrm{TPZN}_{11} \bigcap \mathrm{TPZN}_{12}\right) \subset \mathrm{TPZN}_1 \tag{4-3}$$

其中，$\forall p_i \left(p_i \in P, P \in \text{TPZN}_{11} / \left(\text{TPZN}_{11} \bigcap \text{TPZN}_{12} \right) \right)$ 是所有新增加的状态，表示子网 TPZN_{11} 之前或之后的可能状态；$\forall t_i \left(t_i \in T, T \in \text{TPZN}_{11} / \left(\text{TPZN}_{11} \bigcap \text{TPZN}_{12} \right) \right)$ 是所有新增加的变迁，表示新增状态的前置条件或后置条件。新的 Z 框架结构 Z_P' 和 Z_t' 需要增加规则进行重新定义，并且当控制结构改变时，新的 TPZN' 可以代替变迁 t_i。而当一个模型需要抽象时，可以看作一个新的变迁 t'，然后添加其前置条件和后置条件，并保留输入和输出。

定义 4-3　设时间 Petri Z 网 $\text{TPZN} = \left(P, T, F, Z_P, Z_T, S, C, M_0, \text{SI} \right)$ 为原网系统，$\text{TPZN}' = \left(P', T', F', Z_P{}', Z_T{}', S', C', M_0{}', \text{SI}' \right)$ 是用网模块 B 代替 TPZN 中变迁 t_r 得到的精炼时间 Petri Z 网。设 $U = T - \{t_r\}$，若有 $L(\text{TPZN}')|U = L(\text{TPZN})|U$，则称该精炼操作 $\text{TPZN} \xrightarrow{B/t_r} \text{TPZN}'$ 满足行为保持性。其中，$L(\text{TPZN})|U$ 表示对于 TPZN 的每个发生序列，仅保留 U 中元素所得到的序列集合。

定理 4-1　如果新细化的 TPZN' 模型的每个变迁序列从开始到结束的全局执行时间等于原 TPZN 的被替代 t_i 的执行时间，则新细化的 TPZN' 能够保持与原 TPZN 的行为一致性。

如果精炼操作满足上述行为保持性，则该精炼操作也满足如下定理。

定理 4-2　如果精炼时间 Petri Z 网 TPZN' 是活的，则原网 TPZN 也是活的。

定理 4-3　如果原网 TPZN 和网模块的扩展网 B 是活的，则精炼时间 Petri Z 网 TPZN' 也是活的。

由于 TPZN 融合了 TPN 和 Z 语言，因此改进后的 TPN 能够保持与原 TPN 的行为一致性，许多研究[19-21]已经证明了这一点。

4.1.3　TPZN 建模工具介绍

目前有多种工具可支持 Petri 网的建模、仿真和分析，如 Snoopy[22-26]、Tina[27-32]、Petri Net Simulator[33-36]、GreatSPN[37-42]、CPN Tools[43-47]等 Petri 网建模软件。其中 Snoopy 软件是由德国勃兰登堡工业大学与哈尔滨工业大学共同合作共建并维护的，并且免费易上手，是时间 Petri 网有效分析工具。而针对本节的 TPZN 方法，对于模型的动态性分析，只需要针对 TPZN-TPN 进行建模、分析与验证，因此本节利用 Snoopy 软件针对车联网信息传输机制信息流模型进行建模分析。

Snoopy 软件拥有丰富的 Petri 网类，如基本 Petri 网、时间 Petri 网和随机 Petri 网等，图 4-3 是 Snoopy 软件为用户提供的可选的 Petri 网类型模板。

本节研究的 TPZN-TPN 是变迁关联时间，Snoopy 软件提供了对 TPN 的变迁属性以及库所属性的设置，设置界面如图 4-4 所示。

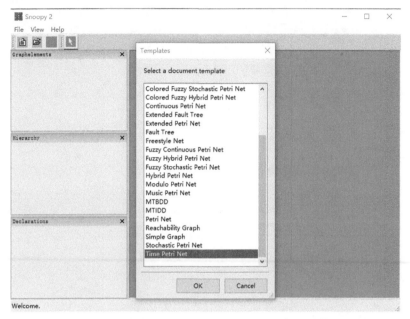

图 4-3　Snoopy 软件为用户提供的可选的 Petri 网类型模板

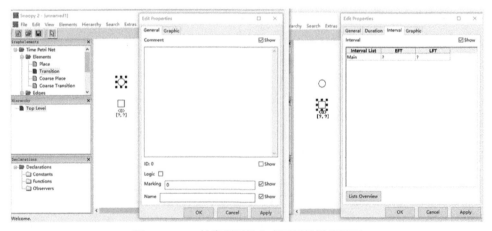

图 4-4　TPN 的库所属性和变迁属性设置界面

在 Snoopy 软件中支持时延和时间间隔这两种变迁关联时间参数，这两种参数分别是由 Ramchandani 和 Merlin 提出来的。而本节研究的是时间间隔这种时间参数，因此将"Duration"参数的"Show"勾选去掉，时间间隔变迁设置如图 4-5 所示。

Snoopy 软件还提供了动画、连续仿真、随机仿真、混合仿真等功能，如图 4-6 展示的就是一个 Snoppy 动画演示功能。

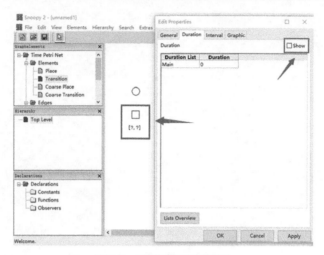

图 4-5　时间间隔变迁设置

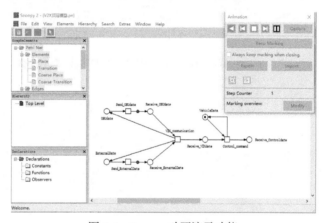

图 4-6　Snoopy 动画演示功能

4.2　基于 TPZN 的形式化验证

　　TPZN 作为一个描述系统模型的形式化方法，不仅适用于反映系统的物理结构，而且因为融合了时间 Petri 网和 Z 语言，同样可以利用众多的分析方法和手段，因此能够很好地对系统模型进行性质分析，包括完整性、可达性和活性分析等。另外，可以通过对 TPZN-Z 状态与操作描述框架中的规则进行推理，找出模型中潜在的并发性。

4.2.1　完整性分析

　　如果零信任环境下车联网信息传输机制模型的每一个操作都能在 TPZN 模型

对应的集合的元素中找到其符号表示，并且如果该过程的功能属性或者非功能属性也都能在 Z 框架描述中找到对应的具体刻画，那么该 TPZN 模型就是完整的。

检查零信任车联网信息传输机制模型的完整性，主要还是靠人工审查的方式，因为需要仔细对照传输过程的每个步骤是否在 TPZN 模型中给出了相关的形式化描述，目前机器无法对自然语言描述的传输过程进行处理和理解，所以零信任车联网信息传输机制模型的完整性检查主要是靠人工的形式化审查(formal review)。

4.2.2　可达性分析

可达性是研究任何系统动态行为的基础，时间 Petri 网中的可达性主要指标识的可达性，即按照变迁的引发规则，使能变迁的引发将改变系统中标识的分布，从而进入一个新的标识。如果所有的状态都可以通过一系列使能变迁的引发到达，即该模型具有可达性。在 TPZN 中同样继承了时间 Petri 网的这一性质。

定义 4-4　设 $\mathrm{TPZN} = (P, T, F, Z_P, Z_T, S, C, M_0, \mathrm{SI})$ 为一个 TPZN 网。如果存在 $t \in T$，使 $M[t > M'$，则称 M' 为从 M 直接可达的。如果存在变迁序列 $t_1, t_2, \cdots, t_k$ 和标识序列 $M_1, M_2, \cdots, M_k$，使得

$$M[t_1 > M_1[t_2 > M_2 \cdots M_{k-1}[t_k > M_k \tag{4-4}$$

则称 M_k 为从 M 可达的。从 M 可达的一切标识的集合记为 $R(M)$，约定 $M \in R(M)$。如果记变迁序列 $t_1, t_2, \cdots, t_k$ 为 σ，则式(4-8)也可记为 $M[\sigma > M_k$。

目前，有两种方法可用于分析模型的可达性。一种是使用可达树分析模型状态的可达性。由于 TPZN 的可访问性涉及的时间有限，且状态类较多，因此有必要采取一些方法来减少状态类。例如，Bourdil 和 Berthomieu[47]提出了一些减少状态类的方法。在 Bourdil 和 Berthomieu 工作的基础上，在零信任环境下利用 Z 框架对系统进行抽象，以减少系统的状态数，该层可以细分为更小的层，如果最低层可以被验证为正确、可访问和安全，则整个上层将具有相同的特性。基于 TPZN 的可达树可以通过 φ_f 来构造，从可达树的节点 φ_{fi} 到节点 φ_{fj} 的路径显示了变迁发生序列，如图 4-7 为 3.1.2 节中例 3-3 的可达树。

另一种方法是使用关联矩阵来分析可达性，关联矩阵是指输出矩阵与输入矩阵的差，即 $C(C = D^+ - D^-)$。这里，输出矩阵 D^+ 定义为

$$D^+[i, j] = \begin{cases} 0, & \nexists f_k = (t_i, p_j), \quad f_k \in T \times P \\ n, & \exists f_k = (t_i, p_j), \quad f_k \in T \times P \wedge \mathrm{Token}_{p_j = n} \end{cases} \tag{4-5}$$

其中，$D^+[i, j] = 0$ 表示从 t_i 到 p_j 不存在弧；$D^+[i, j] = n$ 表示 t_i 到 p_j 之间有一段弧，经过变迁 t_i 的发生将在库所 p_j 中产生 n 个同类型元素。

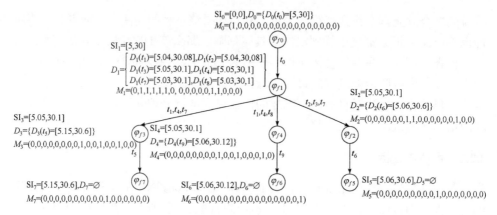

图 4-7　3.1.2 节中例 3-3 的可达树

而输入矩阵 D^- 定义为

$$D^-[i,j] = \begin{cases} 0, & \nexists f_k = (p_i, t_j), f_k \in P \times T \\ n, & \exists f_k = (p_i, t_j), f_k \in P \times T \wedge \text{Token}_{p_i=n} > t_j \end{cases} \quad (4\text{-}6)$$

其中，$D^-[i,j] = 0$ 表示从 p_i 到 t_j 不存在弧；$D^-[i,j] = n$ 表示 p_i 到 t_j 之间存在一段弧并且只有当在 p_i 中存在 n 个相同类型的元素时才能发生变迁 t_j。

假设 M_i 是一个标识状态。从 M_i 到 M_j，若存在变迁发生序列 $\sigma = t_i t_{i+1} \cdots t_j$ 且满足矩阵方程 $M_j = M_i + X \bullet (D^+ - D^-)$ 存在一组以 X [X 表示 $(t_1, t_2, \cdots, t_n)$] 为向量的非负整数解，即证明 M_j 态是可达的。但在 TPZN 中，必须考虑到时间约束条件，时间约束规则用 Z 框架描述。在零信任车联网信息传输系统中，微小的时间变化可能导致严重的交通事故，所以必须建立严格的时间约束规则。因此，对零信任车联网信息传输系统进行建模，需要先对整个系统进行抽象，然后将整个系统细分为具体的层次，再继续细分，直至细分为原子模块。通过 φ_f 表示包含时间戳的状态类，可以得到系统在一定时间间隔内可能的行为信息，进而预测下一步的行为。TPZN 模型可达性算法如算法 4-1 所示，显示了从 M_i 到 M_j 的可达性决策。

算法 4-1　TPZN 模型可达性算法

输入：$\varphi_f = \{\varphi_{f0}, \varphi_{f1}, \varphi_{f2}, \cdots, \varphi_{fe}\}$，$M_i, M_j, D^+, D^-$

输出：true (print the path); false

步骤 1：找状态方程的非负解 $X, X = (M_j - M_i) \bullet (D^+ - D^-)^{-1}$;

步骤 2：如果 X 不存在，返回 false；否则，执行步骤 3；

步骤 3: for (k=0; k<n; k++){ //构建可达性树

$\sigma_k = t_h, t_{h+1}, \cdots, t_{h+c}$ }// σ_k 存储 X 的不同值，n 是 X 的个数，φ_{f0} 作为根节点;

步骤 4: for (k=1; k<=e; k++) //测试时间约束条件

{ if $\left(\exists t_m, t_m \in T, M_k\right] > t_m\right) \wedge \left(\left[\mathrm{SI}_k \cdot \mathrm{EAR}(t_k), \mathrm{SI}_k \cdot \mathrm{LAR}(t_k)\right] \subseteq \{\mathrm{system}(t) + \mathrm{interval} \cdot \mathrm{time}(t_k)\}\right)$ 状态 $\varphi_{f(k-1)}$ 的子节点是状态 φ_{fk} }

步骤 5: for (k=0; k<n; k++) //找出对应的 Z'_P 和 Z'_T，检验逻辑关系

{ if (存在变迁序列 $\sigma_k = t_h, t_{h+1}, \cdots, t_{h+c}$ 使得状态 φ_{f_i} 到状态 φ_{fj})

Lookup(S, C); }

如果逻辑关系从 $Z_{pa}, Z_{pb}, \cdots, Z_{pd} \left((M_i = P_a + P_b + \cdots + P_d), Z_{pa}, Z_{pb}, \cdots, Z_{pd} \in Z'_p\right)$ 到 $Z_{pe}, Z_{pf}, \cdots, Z_{pr}$

$\left((M_j = Z_{pe} + Z_{pf} + \cdots + Z_{pr}), Z_{pe}, Z_{pf}, \cdots, Z_{pr} \in Z'_T\right)$ 推理正确;

输出 $\varphi_{fl}, t_n, \varphi_{fl+1}, t_{n+1}, \cdots, t_{n+c}, \varphi_{fj}$;

4.2.3　活性分析

活性是用来描述系统有无死锁相关的性质，在时间 Petri 网中死锁就是一个或一组变迁不能被触发，在 TPZN 中同样继承了时间 Petri 网的这一性质。在 TPZN 中，活性指没有死锁发生。

定义 4-5　对于网系统 $\mathrm{TPZN} = (P, T, F, Z_P, Z_T, S, C, M_0, \mathrm{SI})$，若:

(1) $t \in T$ 为 TPZN 的变迁，若在任何可达标识 $M \in [M_0 >$，都有 $M' \in [M >$ ($[M >$ 是从 M 可达的那些标识的集合)，使 $M'[t >$，则 t 是 TPZN 的活变迁;

(2) 若 TPZN 的所有变迁都是活的，则 TPZN 是活的。

定义 4-6　TPZN 中的转移矩阵是指从一个库所转移到另一个库所的转换关系，标记为 L_{DP}，其定义为 $L_{DP}[i, j] = (p_i, p_j)$ 表示第 i 个库所到第 j 个库所的关系，如果存在一个变迁 $t_i (i = 1, 2, \cdots, n)$ 使得第 i 个库所可以到达第 j 个库所，则其值为 t_i，否则为 0。整个模型的这种库所与库所的转移关系采用矩阵表示，而 L_{DP} 就称为 TPZN 模型的转移矩阵，利用 TPZN 的转移矩阵 L_{DP} 判断变迁是否能触发并计算变迁的序列和数量，可以检验当前网标识是否会出现死锁。从 L_{DP} 可以看出，在同一列和同一行可以实现并行转换。如式(4-7)所示，在 L_{DP1} 中，从 p_0 到 p_1 和 p_e 可以同时触发 t_1 和 t_2，而如果 p_1 到达，则必须触发 t_1 和 t_3。

$$L_{DP1} = \begin{array}{c} \\ p_0 \\ p_1 \\ \vdots \\ p_e \end{array} \begin{array}{c} p_0 \quad p_1 \quad \cdots \quad p_e \\ \begin{bmatrix} 0 & t_1 & \cdots & t_2 \\ 0 & t_3 & \cdots & 0 \\ \vdots & \vdots & & \vdots \\ 0 & 0 & 0 & 0 \end{bmatrix} \end{array} \tag{4-7}$$

因此，可以将信息流结构映射到转移矩阵 L_{DP} 中。如果在同一行 p_i 中存在多

个转换，则意味着当系统到达状态 p_i 时，这些转换将被同时触发。而如果在同一列 p_i 中存在多个变迁，则意味着只有在所有变迁都被触发的条件下，才能达到 p_i。TPZN 模型活性分析验证算法如算法 4-2 所示。

算法 4-2　　TPZN 模型活性分析验证算法

输入： TPZN $= (P,T,F,Z_p,Z_T,S,C,M_0,\mathrm{SI})$ 模型的初始化状态
输出：ture(该初始化状态下的模型具有活性); false(模型不具有活性)

步骤 1: 设定 TPZN 模型初始状态 M_0 和时间参数 SI; //初始化
步骤 2: 定义队列 Q, 将初始状态加入队列;
步骤 3: for (Q 中每个状态)
{ for (每一个 $t \in T$)
　　{ if (满足 Z_T 和模型的变迁条件&满足时间限制) 生成对应的新状态 M_i ; }
　　{ if (M_i 在之前的状态中没有出现过&在当前时间之前没有发生的变迁在 M_i 下不会再被激活
&在当前时间之后必须要发生的变迁在 M_i 下已经被激活)
　　　　　将 M_i 加入队列 Q, 并更新时间参数; }
　　{ if (队列 Q 为空) 到步骤 4; }
else {回到步骤 3 进行下一状态的检测; } } }
步骤 4: if (存在满足终止条件的状态) { print ("该初始化状态下的模型具有活性"); }
else { print ("模型不具有活性"); }

4.3　零信任环境下车联网系统中特殊车辆的优先级处理方法

4.3.1　基于零信任的车联网系统信息传输机制模型的形式化建模

在零信任车联网环境下信息传输机制模型中，信息传输过程的各个节点不仅体现信息传输机制的接收和发送能力，而且还表现为连接各处理行为的接口。在这样的系统设计下，零信任车联网信息传输机制不仅包含代表处理行为的处理节点，同时包含代表信息传输行为的通信节点。这使得所构建的模型状态空间庞大，增加了分析的复杂程度。因此，本节在建立零信任车联网信息传输机制模型的时候考虑适当简化处理，反映出功能即可。

为了建立零信任车联网信息传输机制模型，首先分析各通信对象及相关通信对象之间的关系。抽取零信任车联网信息传输机制几个关键设备的通信网结构，可得到如图 4-8 所示的零信任车联网信息传输机制各通信对象及其关系示意图。

本节采用主车车载通信模块作为研究对象中心，重点研究其与其他通信对象之间信息交互的过程。根据图 4-8 所提供的零信任车联网信息传输机制各通信对象之间的关系，建立以主车车载通信模块为信息传输中心的信息传输系统结构的 TPN 模型，便于模型分析，本节设定此模型初始状态下 p_0 有 4 个标令牌，表示可

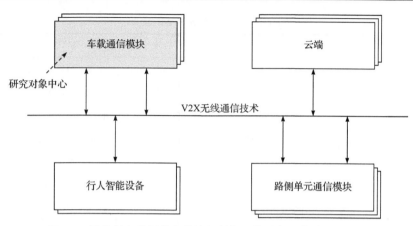

图 4-8　零信任车联网信息传输机制各通信对象及其关系示意图

以与多方进行信息交互或者与一方进行多次通信，信息传输机制中通信对象信息
交互的 TPN 模型如图 4-9 所示。

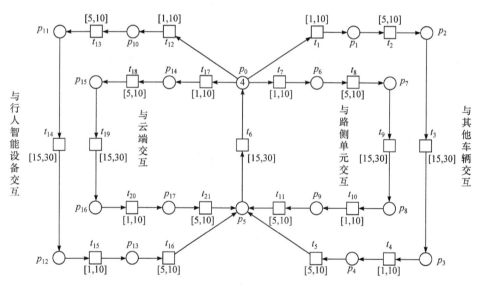

图 4-9　信息传输机制中通信对象信息交互的 TPN 模型

　　在零信任车联网信息传输机制通信对象信息交互的 TPN 模型中，变迁序列
$\sigma_1 = t_1 t_2 \cdots t_5 t_6$ 表示与其他车辆之间进行信息交互的过程，$\sigma_2 = t_7 t_8 \cdots t_{11} t_6$ 表示与路
侧单元之间进行信息交互，$\sigma_3 = t_{12} t_{13} \cdots t_{16} t_6$ 表示与行人智能设备进行交互，以提
醒行人注意让行车辆，$\sigma_4 = t_{17} t_{18} \cdots t_{21} t_6$ 表示与云端进行交互，以获取云端存储的
信息等。模型每个 p_i 和 t_i 的含义如表 4-2 所示。

表 4-2　模型每个 p_i 和 t_i 的含义

符号	具体信息	符号	具体信息
p_0	主车(HV)等待发送信息	t_3	远车对信息处理反馈
p_1	主车向远车(RV)发送信息完成	t_4	远车发送反馈信息
p_2	远车接收信息完成	t_5	主车接收远车反馈信息
p_3	远车处理反馈信息完成并等待发送	t_6	主车处理反馈信息
p_4	远车反馈信息完成	t_7	主车向路侧单元发送信息
p_5	主车接收信息完成	t_8	路侧单元接收信息
p_6	主车向路侧单元发送信息完成	t_9	路侧单元对信息处理反馈
p_7	路侧单元接收信息完成	t_{10}	路侧单元发送反馈信息
p_8	路侧单元处理反馈信息完成并等待发送	t_{11}	主车接收路侧单元反馈信息
p_9	路侧单元反馈信息完成	t_{12}	主车向行人智能设备发送信息
p_{10}	主车向行人智能设备发送信息完成	t_{13}	行人智能设备接收信息
p_{11}	行人智能设备接收信息完成	t_{14}	行人智能设备对信息处理反馈
p_{12}	行人智能设备处理反馈信息完成并等待发送	t_{15}	行人智能设备发送反馈信息
p_{13}	行人智能设备反馈信息完成	t_{16}	主车接收行人智能设备反馈信息
p_{14}	主车向云端发送信息完成	t_{17}	主车向云端发送信息
p_{15}	云端接收信息完成	t_{18}	云端接收信息
p_{16}	云端处理反馈信息完成并等待发送	t_{19}	云端对信息处理反馈
p_{17}	云端反馈信息完成	t_{20}	云端发送反馈信息
t_1	主车向远车发送信息	t_{21}	主车接收云端反馈信息
t_2	远车接收信息	—	—

给零信任车联网信息传输机制通信对象关系模型中的每个过程命名作为 Z 语言描述的操作框架的名字：t_1、t_2、t_3、t_4、t_5、t_6、t_7、t_8、t_9、t_{10}、t_{11}、t_{12}、t_{13}、t_{14}、t_{15}、t_{16}、t_{17}、t_{18}、t_{19}、t_{20}、t_{21}，对应的过程名分别为 HVSendRV、RVReceive、RVProcess、RVSendHV、HVRe-ceiveRV、HVProcess、HVSendRSU、RSUReceive、RSUProcess、RSUSendHV、HVRe-ceiveRSU、HVSendP、PReceive、PProcess、PSendHV、HVReceiveP、HVSendCloud、Cl-oudReceive、CloudProcess、CloudSendHV、HVReceiveCloud。

每个过程都有被触发的前置状态，并会输出相应的结果，即后置状态。同样给过程发生中的每个状态进行命名作为 Z 语言描述的状态框架的名字：p_0、p_1、

p_2、p_3、p_4、p_5、p_6、p_7、p_8、p_9、p_{10}、p_{11}、p_{12}、p_{13}、p_{14}、p_{15}、p_{16}、p_{17}，对应的状态名分别为 HVWaitSend、HV2RVoff、RVReOff、RVProOff、RV2HVoff、HVReOff、HV2RSUoff、RSUReOff、RSUProOff、RSU2HVoff、HV2Poff、PReOff、PProOff、P2HVoff、HV2Cloudoff、CloudReOff、CloudProOff、Cloud2HVoff。

因此，零信任车联网信息传输机制通信对象交互的 TPZN 模型可以用式(4-8)表示。

$$TPZN = (P,T,F,Z_P,Z_T,S,C,M_0,SI) \tag{4-8}$$

其中：

(1) $P = \left\{ p_0,p_1,p_2,p_3,p_4,p_5,p_6,p_7,p_8,p_9,p_{10},p_{11},p_{12},p_{13},p_{14},p_{15},p_{16},p_{17} \right\}$；

(2) $T = \{t_1,t_2,t_3,t_4,t_5,t_6,t_7,t_8,t_9,t_{10},t_{11},t_{12},t_{13},t_{14},t_{15},t_{16},t_{17},t_{18},t_{19},t_{20},t_{21}\}$；

(3) $F = \left\{ \begin{array}{l} (p_0,t_1),(t_1,p_1),(p_1,t_2),(t_2,p_2),(p_2,t_3),(t_3,p_3),(p_3,t_4),(t_4,p_4), \\ (p_4,t_5),(t_5,p_5),(p_5,t_6),(t_6,p_0),(p_0,t_7),(t_7,p_6),(p_6,t_8),(t_8,p_7), \\ (p_7,t_9),(t_9,p_8),(p_8,t_{10}),(t_{10},p_9),(p_9,t_{11}),(t_{11},p_5),(p_0,t_{12}),(t_{12},p_{10}), \\ (p_{10},t_{13}),(t_{13},p_{11}),(p_{11},t_{14}),(t_{14},p_{12}),(p_{12},t_{15}),(t_{15},p_{13}),(p_{13},t_{16}), \\ (t_{16},p_5),(p_0,t_{17}),(t_{17},p_{14}),(p_{14},t_{18}),(t_{18},p_{15}),(p_{15},t_{19}),(t_{19},p_{16}), \\ (p_{16},t_{20}),(t_{20},p_{17}),(p_{17},t_{21}),(t_{21},p_5) \end{array} \right\}$；

(4) $Z_P = \left\{ \begin{array}{l} HVWaitSend,HV2RVoff,RVReOff,RVProOff,RV2HVoff, \\ HVReOff,HV2RSUoff,RSUReOff,RSUProOff,RSU2HVoff, \\ HV2Poff,PReOff,PProOff,P2HVoff,HV2Cloudoff, \\ CloudReOff,CloudProOff,Cloud2HVoff \end{array} \right\}$；

(5) $Z_T = \left\{ \begin{array}{l} HVSendRV,RVReceive,RVProcess,RVSendHV, \\ HVReceiveRV,HVProcess,HVSendRSU,RSUReceive, \\ RSUProcess,RSUSendHV,HVReceiveRSU,HVSendP, \\ PReceive,PProcess,PSendHV,HVReceiveP,HVSendCloud, \\ CloudReceive,CloudProcess,CloudSendHV,HVReceiveCloud \end{array} \right\}$；

(6) $S = \left\{ \begin{array}{l} p_0 \rightarrow HVWaitSend, p_1 \rightarrow HV2RVoff, p_2 \rightarrow RVReOff, \\ p_3 \rightarrow RVProOff, p_4 \rightarrow RV2HVoff, p_5 \rightarrow HVReOff, \\ p_6 \rightarrow HV2RSUoff, p_7 \rightarrow RSUReOff, p_8 \rightarrow RSUProOff, \\ p_9 \rightarrow RSU2HVoff, p_{10} \rightarrow HV2Poff, p_{11} \rightarrow PReOff, \\ p_{12} \rightarrow PProOff, p_{13} \rightarrow P2HVoff, p_{14} \rightarrow HV2Cloudoff, \\ p_{15} \rightarrow CloudReOff, p_{16} \rightarrow CloudProOff, p_{17} \rightarrow Cloud2HVof f \end{array} \right\}$；

$$(7) \quad C = \left\{ \begin{array}{l} t_1 \rightarrow \text{HVSendRV}, t_2 \rightarrow \text{RVReceive}, t_3 \rightarrow \text{RVProcess}, \\ t_4 \rightarrow \text{RVSendHV}, t_5 \rightarrow \text{HVReceiveRV}, t_6 \rightarrow \text{HVProcess}, \\ t_7 \rightarrow \text{HVSendRSU}, t_8 \rightarrow \text{RSUReceive}, t_9 \rightarrow \text{RSUProcess}, \\ t_{10} \rightarrow \text{RSUSendHV}, t_{11} \rightarrow \text{HVReceiveRSU}, t_{12} \rightarrow \text{HVSendP}, \\ t_{13} \rightarrow \text{PReceive}, t_{14} \rightarrow \text{PProcess}, t_{15} \rightarrow \text{PSendHV}, \\ t_{16} \rightarrow \text{HVReceiveP}, t_{17} \rightarrow \text{HVSendCloud}, t_{18} \rightarrow \text{CloudReceive}, \\ t_{19} \rightarrow \text{CloudProcess}, t_{20} \rightarrow \text{CloudSendHV}, t_{21} \rightarrow \text{HVReceiveCloud} \end{array} \right\} ;$$

(8) $M_0 = (4,0,0,0,0,0,0,0,0,0,0,0,0,0,0,0,0,0,0,0)$ 表示系统的初始条件;

(9) 模型的时间间隔单位均为 ms(毫秒)。

下面将给出零信任车联网信息传输机制通信对象信息交互模型的 Z 语言描述框架。由于篇幅有限，本节仅给出通信对象交互模型的部分 Z 语言框架内容，其余节点的 Z 语言框架描述方法与给出的示例类似，就不再详细列出。例如，p_0 状态表示主车(HV)等待发送信息，可以形式化描述为

```
_____ HVWaitSend_
  ID:id
  Name:HV
  System:VehicleCommunicationModule
  Protocol:Protocol
  Receiver: ℙ₁ Receiver
  State: ℙ₁ State
  Message:Msg
  MsgState: ℙ₁ MsgState
```

p_2 状态表示远车接收信息完成，显示接收的信息，可以形式化描述为

```
_____ RVReOff_
  ID:id
  Name:RV
  System: VehicleCommunicationModule
  Protocol: Protocol
  State: ℙ₁ State
  Message: Msg
  MsgState: ℙ₁ MsgState
  Receive: ℙSender×Msg
  Show: ℙSender×Msg
```

下面是主车与远车信息交互对应的 Z 操作模式部分内容，其他形式化描述方法类似，就不再一一举出。例如，t_1 变迁表示主车向远车发送信息的操作，可以形式化描述为

$\underline{\hspace{9cm}}$ HVSendRV$\underline{\hspace{0.3cm}}$
ΔHVWaitSend
ΔHV2RVoff
X?: HVWaitSend.Receiver
X!: HV2RVoff.Receiver
$\exists u$:HVWaitSend.id;$\exists n \in$HVWaitSend.Protocol
HVWaitSend.State$'$=Wait
HVWaitSend.Receiver$'$=RV
$((u \in \text{id}) \wedge (X \in \text{RV})) \rightarrow (X1!=\text{SendOff})$

至此，车联网信息传输机制通信对象交互模型的形式化建模完成。

4.3.2　零信任车联网系统信息传输机制模型的形式化验证

3.3 节对 TPZN 方法如何进行形式化验证进行了详细的阐述,本节将针对 3.4.1 节的零信任车联网系统信息传输机制模型利用零信任环境下车联网系统中特殊车辆的优先级处理方法进行形式化分析与验证，从模型的完整性、可达性和活性三个方面进行分析与验证。

零信任车联网系统信息传输机制模型对信息传输过程描述完整，该模型能够包含所有的信息传输过程的状态以及对应的操作，满足信息传输的功能，具有完整性。

在分析可达性时，因为零信任车联网系统信息传输机制模型较复杂，限于篇幅，选择其中一种信息交互的终止状态进行分析，并选用关联矩阵的方法进行可达性分析与验证，首先需要知道模型初始令牌的分布，将零信任车联网系统信息传输机制模型的初始状态标记为

$$M_0 = (4,0,0,0,0,0,0,0,0,0,0,0,0,0,0,0,0,0,0)$$

当主车与远车信息交互完成，该模型回到初始状态时，标记此时终止状态为

$$M_n = (4,0,0,0,0,0,0,0,0,0,0,0,0,0,0,0,0,0,0)$$

通过对零信任模型信息流关系的分析，可知零信任车联网系统信息传输机制模型对应的输入矩阵 D^- 和输出矩阵 D^+ 分别表示为

$$D^- = \begin{array}{c} \\ t_1 \\ t_2 \\ t_3 \\ t_4 \\ t_5 \\ \vdots \\ t_{17} \\ t_{18} \\ t_{19} \\ t_{20} \\ t_{21} \end{array} \begin{array}{ccccccccccc} p_0 & p_1 & p_2 & p_3 & p_4 & \cdots & p_{13} & p_{14} & p_{15} & p_{16} & p_{17} \\ \left[\begin{array}{ccccccccccc} 1 & 0 & 0 & 0 & 0 & \cdots & 0 & 0 & 0 & 0 & 0 \\ 0 & 1 & 0 & 0 & 0 & \cdots & 0 & 0 & 0 & 0 & 0 \\ 0 & 0 & 1 & 0 & 0 & \cdots & 0 & 0 & 0 & 0 & 0 \\ 0 & 0 & 0 & 1 & 0 & \cdots & 0 & 0 & 0 & 0 & 0 \\ 0 & 0 & 0 & 0 & 1 & \cdots & 0 & 0 & 0 & 0 & 0 \\ \vdots & \vdots & \vdots & \vdots & \vdots & & \vdots & \vdots & \vdots & \vdots & \vdots \\ 1 & 0 & 0 & 0 & 0 & \cdots & 0 & 0 & 0 & 0 & 0 \\ 0 & 0 & 0 & 0 & 0 & \cdots & 0 & 1 & 0 & 0 & 0 \\ 0 & 0 & 0 & 0 & 0 & \cdots & 0 & 0 & 1 & 0 & 0 \\ 0 & 0 & 0 & 0 & 0 & \cdots & 0 & 0 & 0 & 1 & 0 \\ 0 & 0 & 0 & 0 & 0 & \cdots & 0 & 0 & 0 & 0 & 1 \end{array}\right] \end{array}$$

$$D^+ = \begin{array}{c} \\ t_1 \\ t_2 \\ t_3 \\ t_4 \\ t_5 \\ \vdots \\ t_{17} \\ t_{18} \\ t_{19} \\ t_{20} \\ t_{21} \end{array} \begin{array}{ccccccccccc} p_0 & p_1 & p_2 & p_3 & p_4 & \cdots & p_{13} & p_{14} & p_{15} & p_{16} & p_{17} \\ \left[\begin{array}{ccccccccccc} 0 & 1 & 0 & 0 & 0 & \cdots & 0 & 0 & 0 & 0 & 0 \\ 0 & 0 & 1 & 0 & 0 & \cdots & 0 & 0 & 0 & 0 & 0 \\ 0 & 0 & 0 & 1 & 0 & \cdots & 0 & 0 & 0 & 0 & 0 \\ 0 & 0 & 0 & 0 & 1 & \cdots & 0 & 0 & 0 & 0 & 0 \\ 0 & 0 & 0 & 0 & 0 & \cdots & 0 & 0 & 0 & 0 & 0 \\ \vdots & \vdots & \vdots & \vdots & \vdots & & \vdots & \vdots & \vdots & \vdots & \vdots \\ 1 & 0 & 0 & 0 & 0 & \cdots & 0 & 1 & 0 & 0 & 0 \\ 0 & 0 & 0 & 0 & 0 & \cdots & 0 & 0 & 1 & 0 & 0 \\ 0 & 0 & 0 & 0 & 0 & \cdots & 0 & 0 & 0 & 1 & 0 \\ 0 & 0 & 0 & 0 & 0 & \cdots & 0 & 0 & 0 & 0 & 1 \\ 0 & 0 & 0 & 0 & 0 & \cdots & 0 & 0 & 0 & 0 & 0 \end{array}\right] \end{array}$$

通过 3.3.2 节中介绍的可达性分析方法，针对模型的终止状态，得到矩阵方程为

$$M_n = M_0 + X \cdot \left(D^+ - D^-\right) \tag{4-9}$$

将式(4-9)的解 X 用向量 $(t_1, t_2, t_3, t_4, t_5, \cdots, t_{17}, t_{18}, t_{19}, t_{20}, t_{21})$ 表示，可得到解为

$$X = \begin{cases} t_1 = t_2 = t_3 = t_4 = t_5 = t_6 = 1 \\ t_7 = t_8 = t_9 = t_{10} = t_{11} = t_{12} = t_{13} = t_{14} = t_{15} = t_{16} = t_{17} = t_{18} = t_{19} = t_{20} = t_{21} = 0 \end{cases}$$

因此，式(4-9)的矩阵方程存在非负整数解，说明该模型与远车信息交互的终止状态是可达的，同理可以针对此模型的其他终止状态进行可达性验证，可以得到该模型的其他终止状态都是可达的，即该模型具有可达性。

		p_0	p_1	p_2	p_3	p_4	p_5	p_6	p_7	p_8	p_9	p_{10}	p_{11}	p_{12}	p_{13}	p_{14}	p_{15}	p_{16}	p_{17}
	p_0	0	t_1	0	0	0	0	t_7	0	0	0	t_{12}	0	0	0	t_{17}	0	0	0
	p_1	0	0	t_2	0	0	0	0	0	0	0	0	0	0	0	0	0	0	0
	p_2	0	0	0	t_3	0	0	0	0	0	0	0	0	0	0	0	0	0	0
	p_3	0	0	0	0	t_4	0	0	0	0	0	0	0	0	0	0	0	0	0
	p_4	0	0	0	0	0	t_5	0	0	0	0	0	0	0	0	0	0	0	0
	p_5	t_6	0	0	0	0	0	0	0	0	0	0	0	0	0	0	0	0	0
	p_6	0	0	0	0	0	0	0	t_8	0	0	0	0	0	0	0	0	0	0
	p_7	0	0	0	0	0	0	0	0	t_9	0	0	0	0	0	0	0	0	0
$L_{DP} =$	p_8	0	0	0	0	0	0	0	0	0	t_{10}	0	0	0	0	0	0	0	0
	p_9	0	0	0	0	t_{11}	0	0	0	0	0	0	0	0	0	0	0	0	0
	p_{10}	0	0	0	0	0	0	0	0	0	0	0	t_{13}	0	0	0	0	0	0
	p_{11}	0	0	0	0	0	0	0	0	0	0	0	0	t_{14}	0	0	0	0	0
	p_{12}	0	0	0	0	0	0	0	0	0	0	0	0	0	t_{15}	0	0	0	0
	p_{13}	0	0	0	0	t_{16}	0	0	0	0	0	0	0	0	0	0	0	0	0
	p_{14}	0	0	0	0	0	0	0	0	0	0	0	0	0	0	0	t_{18}	0	0
	p_{15}	0	0	0	0	0	0	0	0	0	0	0	0	0	0	0	0	t_{19}	0
	p_{16}	0	0	0	0	0	0	0	0	0	0	0	0	0	0	0	0	0	t_{20}
	p_{17}	0	0	0	0	0	t_{21}	0	0	0	0	0	0	0	0	0	0	0	0

通过零信任车联网系统信息传输机制 TPZN 模型中的信息流关系和 Z 语言中刻画的操作模式，可知该 TPZN 模型对应的转移矩阵 L_{DP} 如上所示，从转移矩阵可知，所有的变迁都能激发到达下一状态，说明该模型不会出现死锁，即具有性。

综上所述，通过时间 Petri 网和 Z 语言的结合，可以更好地保证零信任环境下车联网系统信息传输机制模型的可达性、活性和完整性。

4.3.3　零信任环境下车联网系统信息传输机制模型仿真与结果分析

利用 Snoopy 软件建立车联网信息传输机制通信对象关系模型正确性检验图，如图 4-10 所示，此时为模型的初始状态，便于模型的分析，本节设定此模型初始状态下 p_0 有 4 个令牌，表示可以与多方进行信息交互或者与一方进行多次通信，全局时间为 0ms，此时 $\mathrm{SI}_0 = [0,0]$（单位：ms），利用 Snoopy 软件对模型的正确性进行检验，可以知道该模型是正确的，不存在错误的。

(1) 当系统处于 $\mathrm{SI}_1 = [1,10]$（单位：ms）时间间隔时，根据 Z_T 中对应的变迁的前置条件以及后置条件判断会有多种信息传输情况的发生，如图 4-11 所示的通信对象关系模型仿真图，其中有 4 种变迁发生情况，展示了与不同数量的通信对象进行信息交互的场景，存在并发的情况。

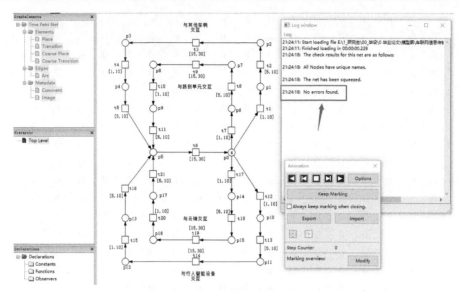

图 4-10　车联网信息传输机制通信对象关系模型正确性检验图

(2) 本节选取图 4-11(b)中主车同时与路侧单元和其他车辆进行信息交互的过程来进行后续实验仿真与验证的演示。如图 4-12 所示，当系统处于 $SI_2 = [6,20]$ (单位：ms)时，t_2 和 t_8 触发，p_2 和 p_7 分别获得 1 个令牌，p_1 和 p_6 分别消耗 1 个令牌，表示远车与路侧单元接收主车发送的信息完成，系统由状态 M_1 达到状态 M_2，其中 M_1 和 M_2 分别为

$$M_1 = (2,1,0,0,0,0,1,0,0,0,0,0,0,0,0,0,0,0)$$
$$M_2 = (2,0,1,0,0,0,0,1,0,0,0,0,0,0,0,0,0,0)$$

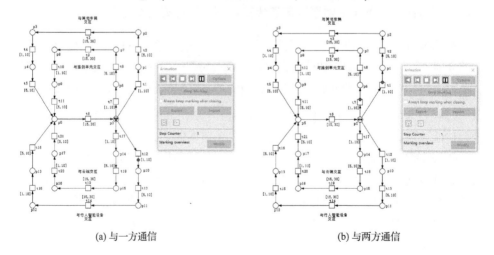

(a) 与一方通信　　　　　　　　　　　　(b) 与两方通信

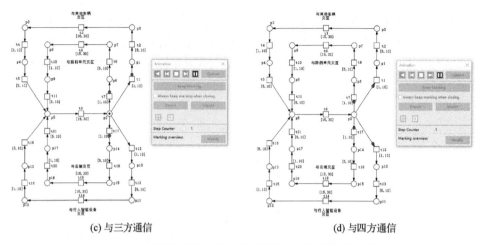

(c) 与三方通信   (d) 与四方通信

图 4-11 车联网信息传输机制通信对象关系模型仿真图

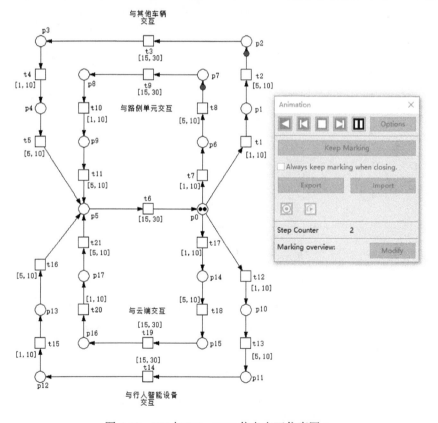

图 4-12 HV 与 RV、RSU 信息交互仿真图 1

(3) 如图 4-13 所示，当系统处于 $SI_3 = [21,50]$ (单位：ms)时间间隔时，t_3 和 t_9 触发，p_3 和 p_8 获得令牌，p_2 和 p_7 消耗令牌，表示远车和路侧单元对接收的主车信息进行解析处理并给出反馈信息，系统由状态 $M_2 = (2,0,1,0,0,0,0,1,0,0,0,0,0,0,0,0,0,0)$ 达到状态。

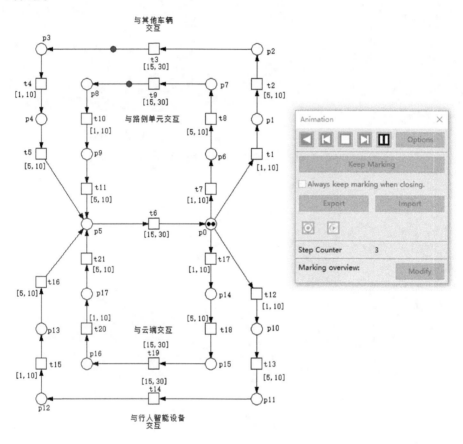

图 4-13　HV 与 RV、RSU 信息交互仿真图 2

(4) 如图 4-14 所示，当系统处于 $SI_4 = [22,60]$ (单位：ms)时间间隔时，触发，p_4 和 p_9 获得令牌，表示远车和路侧单元将反馈信息发送给主车，系统达到状态 $M_4 = (2,0,0,0,1,0,0,0,0,1,0,0,0,0,0,0,0,0)$。

(5) 如图 4-15 所示，当系统处于 $SI_5 = [27,70]$ (单位：ms)时间间隔时，t_5 和 t_{11} 触发，p_5 获得 2 个令牌，p_4 和 p_9 消耗令牌，表示主车接收远车和路侧单元发送来的反馈信息，系统达到状态 $M_5 = (2,0,0,0,0,2,0,0,0,0,0,0,0,0,0,0,0,0)$。

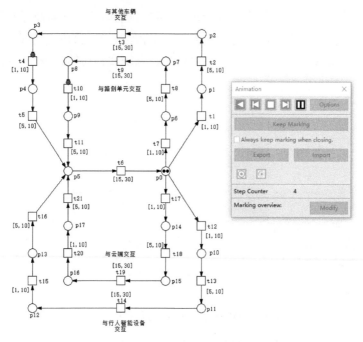

图 4-14　HV 与 RV、RSU 信息交互仿真图 3

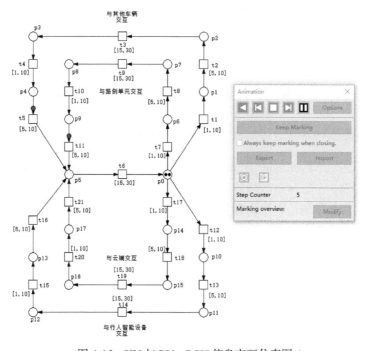

图 4-15　HV 与 RV、RSU 信息交互仿真图 4

(6) 如图 4-16 所示，当系统处于 $SI_6 = [42,100]$ (单位：ms)时间间隔时，此时 t_6 触发，p_5 消耗 2 个令牌，表示主车对远车和路侧单元的反馈信息进行解析处理，此次仿真对接收到的反馈信息同时处理，系统回到初始状态。

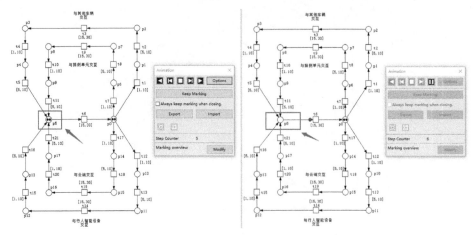

图 4-16　HV 与 RV、RSU 信息交互仿真图 5

至此，综合上述所有仿真过程可以得出，主车与远车和路侧单元信息交互模型是安全的、无死锁的。主车与其他通信对象的信息交互过程类似，通过 Snoopy 软件仿真可知，零信任车联网信息传输机制通信对象关系模型是安全的、无死锁的。模型具有正确性、活性和可达性。

4.4　车联网系统中紧急车辆让行处理方法

4.4.1　紧急车辆让行信息传输模型的形式化建模

零信任环境下的车联网信息传输机制是一个非常复杂的过程，为了便于说明，本节将以零信任车联网信息传输机制中的紧急车辆让行作为信息传输实例进行形式化建模。紧急车辆让行作为零信任车联网信息传输机制中的一个重要应用，主要是通过 V2V 通信，对识别到的救护车、消防车、公安等紧急车辆(高优先路权车辆)实现紧急让行。但目前仍存在紧急车辆到达路口时遇到红灯或前方拥堵的情况，以至于延迟了救援时间。因此，本节改进了现有的紧急车辆让行的信息传输机制，增加了 V2I 通信，通过与路侧单元之间的信息交互改变路口的信号灯时间，以求紧急车辆到达路口时可以顺利通行。

以智驾科技的 MAXIPILOT 汽车为例，其配有 5 个毫米波雷达、1 个前视摄像头、4 个环视摄像头，还搭载了图像处理系统、毫米波雷达系统、刹车系统等，该汽车在直道上行驶时接收来自后方的紧急车辆让行的信息，场景图如图 4-17 所示。

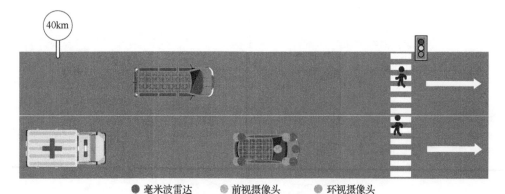

● 毫米波雷达　　● 前视摄像头　　● 环视摄像头

图 4-17　紧急车辆让行场景图

首先分析场景设定下紧急车辆让行信息传输的过程，可分为以下几步。

(1) 汽车起步并实时监测周围路况信息。

(2) 紧急车辆通过广播请求前方车辆让行信息，主车接收来自后方的请求让行信息(V2V 通信方式)。

(3) 主车通过环境感知技术获取另一车道存在车辆的信息，向远车发送变道请求让行信息(V2V 通信方式)。

(4) 主车将紧急车辆请求信号灯控制系统更改绿灯时间决策信息发送给路侧单元(V2I 通信方式)。

(5) 主车获取远车是否让行的反馈信息、路侧单元反馈信息并结合自身数据制定决策，决定变道还是加速通过。

(1) 紧急车辆让行信息传输机制模型的形式化建模。

通过上述紧急车辆让行信息传输过程的分析，基于 Snoopy 软件仿真可得到如图 4-18 所示的零信任环境下紧急车辆让行信息传输机制的 TPN 模型。

模型中的表示的都是组合过程，其中 t_0 为主车采集路况信息的子网模型，t_1 为主车与紧急车辆信息交互的子网模型，t_4 为主车与另一车道的远车信息交互的子网模型，t_5 为主车与路侧单元信息交互的子网模型。紧急车辆让行信息传输机制的 TPN 模型中每个 p_i 和 t_i 的含义分别如表 4-3 所示。

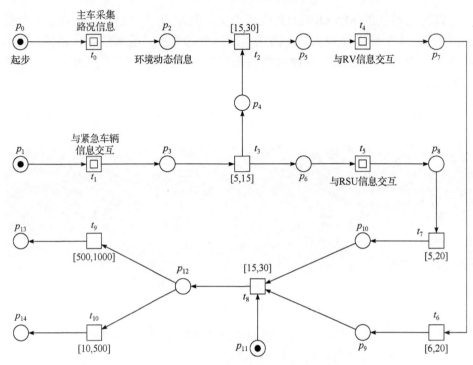

图 4-18　零信任环境下紧急车辆让行信息传输机制的 TPN 模型

表 4-3　紧急车辆让行信息传输机制的 TPN 模型中每个 p_i 和 t_i 的含义

符号	具体信息	符号	具体信息
p_0	智能汽车(主车)起步	p_{13}	变道
p_1	紧急车辆请求让行	p_{14}	加速
p_2	环境动态信息获取完成	t_0	HV 采集路况信息(组合过程)
p_3	HV 与紧急车辆信息交互完成	t_1	与紧急车辆信息交互(组合过程)
p_4	HV 请求变道	t_2	环境信息与变道信息融合
p_5	HV 准备与 RV 信息交互	t_3	让行信息处理
p_6	HV 准备与 RSU 信息交互	t_4	与 RV 信息交互(组合过程)
p_7	RV 反馈信息	t_5	与 RSU 信息交互(组合过程)
p_8	RSU 反馈信息	t_6	RV 反馈
p_9	RV 信息反馈完成	t_7	RSU 反馈
p_{10}	RSU 信息反馈完成	t_8	制定决策
p_{11}	主车自身数据	t_9	变道中
p_{12}	决策信息	t_{10}	加速中

给紧急车辆让行信息传输模型中的每个过程命名作为 Z 语言描述的操作框架的名字：t_0、t_1、t_2、t_3、t_4、t_5、t_6、t_7、t_8、t_9、t_{10}，对应的过程名分别为 HVcollect、HVcommEV、EnvirChangeMix、HVprocessEVmsg、HVcommRV、HVcommRSU、RVBack、RSUBack、doDecision、LaneChanging、Accelerating。并且每个过程都有被触发的前置状态，并会输出相应的结果，即后置状态。给过程发生中的每个状态同样进行命名作为 Z 语言描述的状态框架的名字：p_0、p_1、p_2、p_3、p_4、p_5、p_6、p_7、p_8、p_9、p_{10}、p_{11}、p_{12}、p_{13}、p_{14}，对应的状态名分别为 Vehicle、EVMsg、HVenvirMsg、HV2EVend、HVreqChange、HV2RV、HV2RSU、RVBackMsg、RSUBackMsg、RVBackEnd、RSUBackEnd、HVData、DecisionMsg、LaneChange、Acceleration。

$$TPZN1 = (P1, T1, F1, Z1_P, Z1_T, S1, C1, M1_0, SI1) \qquad (4\text{-}10)$$

因此，紧急车辆让行信息传输机制模型的 TPZN 模型可以用式(4-10)表示，其中：

① $P1 = \{p_0, p_1, p_2, p_3, p_4, p_5, p_6, p_7, p_8, p_9, p_{10}, p_{11}, p_{12}, p_{13}, p_{14}\}$；

② $T1 = \{t_0, t_1, t_2, t_3, t_4, t_5, t_6, t_7, t_8, t_9, t_{10}\}$；

③ $F1 = \{(p_0, t_0), (t_0, p_2), (p_1, t_1), (t_1, p_3), (p_2, t_2), (t_2, p_5), (p_3, t_3), \cdots\}$，$F1$ 是图 4-18 中的有向弧；

④ $Z1_P = \left\{ \begin{array}{l} \text{Vehicle, EVMsg, HVenvirMsg, HV2EVend, HVreqChange, HV2RV,} \\ \text{HV2RSU, RVBackMsg, RSUBackMsg, RVBackEnd, RSUBackEnd,} \\ \text{HVData, DecisionMsg, LaneChange, Acceleration} \end{array} \right\}$；

⑤ $Z1_T = \left\{ \begin{array}{l} \text{HVcollect, HVcommEV, EnvirChangeMix, HVprocessEVmsg,} \\ \text{HVcommRV, HVcommRSU, RVBack, RSUBack, doDecision,} \\ \text{LaneChanging, Accelerating} \end{array} \right\}$；

⑥ $S1 = \left\{ \begin{array}{l} p_0 \rightarrow \text{Vehicle}, p_1 \rightarrow \text{EVMsg}, p_2 \rightarrow \text{HVenvirMsg}, \\ p_3 \rightarrow \text{HV2EVend}, p_4 \rightarrow \text{HVreqChange}, p_5 \rightarrow \text{HV2RV}, \\ p_6 \rightarrow \text{HV2RSU}, p_7 \rightarrow \text{RVBackMsg}, p_8 \rightarrow \text{RSUBackMsg}, \\ p_9 \rightarrow \text{RVBackEnd}, p_{10} \rightarrow \text{RSUBackEnd}, p_{11} \rightarrow \text{HVData}, \\ p_{12} \rightarrow \text{DecisionMsg}, p_{13} \rightarrow \text{LaneChange}, p_{14} \rightarrow \text{Acceleration} \end{array} \right\}$；

⑦ $C1 = \left\{ \begin{array}{l} t_0 \rightarrow \text{HVcollect}, t_1 \rightarrow \text{HVcommEV}, t_2 \rightarrow \text{EnvirChangeMix}, \\ t_3 \rightarrow \text{HVprocessEVmsg}, t_4 \rightarrow \text{HVcommRV}, t_5 \rightarrow \text{HVcommRSU}, \\ t_6 \rightarrow \text{RVBack}, t_7 \rightarrow \text{RSUBack}, t_8 \rightarrow \text{doDecision}, \\ t_9 \rightarrow \text{LaneChanging}, t_{10} \rightarrow \text{Accelerating} \end{array} \right\}$；

⑧ $M1_0 = (1, 1, 0, 0, 0, 0, 0, 0, 0, 0, 0, 1, 0, 0, 0)$ 表示系统的初始条件；

⑨ 模型中变迁的时间间隔单位均为 ms(毫秒)。

下面将给出零信任环境下紧急车辆让行信息传输机制模型的 Z 语言描述框架。

p_0 状态表示智能汽车(主车)起步,可以形式化描述为

$$\underline{\qquad\qquad\qquad\qquad\qquad\qquad\qquad\qquad\text{Vehicle}\_}$$

Number: number
Brand: Volk, Ford, Benz, BWM, …
Fuel: Gasoline, Electric, Diesel, …
FuelState: full, over, normal
Millimeter-waveRadar: FrontLeftMi, FrontRightMi, FrontMiddleMi, BackLeftMi, BackRightMi
Camera: ForwardCam, FrontLeftSurViewCam, FrontRightSurViewCam, BackLeftSurViewCam, BackRightSurViewCam
ProcessSystem: Millimeter-waveRadarSystem, VisionSystem, BrakeSystem, V2XCommuncationSystem, …
…
State: Start, Stop, Brake, Acceleration, Deceleration, LaneChange, …

p_1 状态表示紧急车辆请求让行,可以形式化描述为

$$\underline{\qquad\qquad\qquad\qquad\qquad\qquad\qquad\qquad\text{EVMsg}\_}$$

ID:id
Name:EV
System:VehicleCommunicationModule
Protocol:Protocol
Receiver: $\mathbb{P}_1$Receiver
State: $\mathbb{P}_1$State
Message:Msg
MsgState: $\mathbb{P}_1$MsgState

限于篇幅,仅给出零信任环境下紧急车辆让行信息传输机制 TPZN 模型 Z 语言框架描述的部分内容,其他状态和操作的 Z 框架描述方法类似,就不再一一举出。

(2) 主车采集路况信息子模型的形式化建模。

针对零信任环境下紧急车辆让行信息传输机制 TPZN 模型中 t_0、t_1、t_4、t_5 四个组合过程,本节将主要针对 t_0 主车采集路况信息的子网模型进行模型的精炼,基于 Snoopy 软件精炼的 TPN 模型如图 4-19 所示。

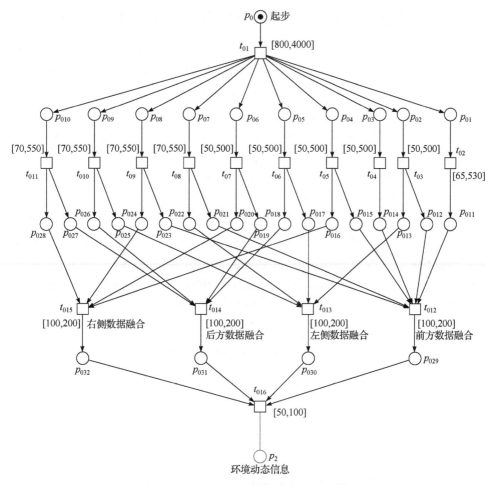

图 4-19 基于 Snoopy 软件精炼的 TPN 模型

图 4-19 中的库所 p_0 和 p_2 是连接到顶层模型的接口。变迁 t_{01} 表示智能汽车对各类智能感知的传感器进行初始化操作,库所 $\left(p_{01}, p_{02}, p_{03}, \cdots, p_{08}, p_{09}, p_{010}\right)$ 表示各类传感器的初始化状态;变迁 $\left(t_{02}, t_{03}, t_{04}, \cdots, t_{09}, t_{010}, t_{011}\right)$ 表示各类传感器对汽车运行的路况进行实时采集并进行局部处理,库所 $\left(p_{011}, p_{012}, p_{013}, \cdots, p_{026}, p_{027}, p_{028}\right)$ 表示各类传感器对路况信息采集处理完成状态;变迁 $\left(t_{012}, t_{013}, t_{014}, t_{015}\right)$ 表示车载初级信息融合中心对各类传感器处理的局部信息分不同方位进行初级数据融合,库所 $\left(p_{029}, p_{030}, p_{031}, p_{032}\right)$ 表示车载初级信息融合中心处理完成状态;变迁 t_{016} 表示车载终级信息融合中心对初级融合数据进行综合计算分析给出最终环境动态信息。

给主车采集路况信息的子模型中的每个状态进行命名作为 Z 语言描述的状态框架的名字,其中 p_0 和 p_2 是顶层模型接口,对 p_0 和 p_2 的 Z 语言命名及形式化描述在对零信任环境下紧急车辆让行信息传输机制进行形式化建模时已经说明，在此不再进行赘述。针对子模型中$\left(p_{01}, p_{02}, p_{03}, p_{04}, p_{05}, \cdots, p_{028}, p_{029}, p_{030}, p_{031}, p_{032}\right)$各个状态进行命名，对应的状态名分别为(ForwardCam, FrontLeftMi, FrontMiddleMi, FrontRightMi, BackLeftMi, BackRightMi, FrontLeftSurViewCam, FrontRight SurViewCam, BackLeftSurViewCam, BackRightSurViewCam, FCamMsg, FLMiMsgF, FLMiMsgL, FMiddleMiMsg, FRMiMsgF, FRMiMsgR, BLMiMsgB, BLMiMsgL, BRMiMsgB, BRMiMsgR, FLSurViewMsgF, FLSurViewMsgL, FRSurViewMsgF, FRSurViewMsgR, BLSurViewMsgB, BLSurViewMsgL, BRSurViewMsgB, BRSurViewMsgR, FMsg, LMsg, BMsg, RMsg)。

同样地，对模型中每个过程命名作为 Z 语言描述的操作框架的名字：$\left(t_{01}, t_{02}, t_{03}, \cdots, t_{014}, t_{015}, t_{016}\right)$，对应的过程名分别为(Start, ForwardCamDoing, FLMiDoing, FMiddleMiDoing, FRMiDoing, BLMiDoing, BRMiDoing, FLSurView CamDoing, FRSurViewCamDoing, BLSurViewCamDoing, BRSurViewCamDoing, FMsgDoing, LMsgDoing, BMsgDoing, RMsgDoing, EnvirMsgDoing)。

$$TPZN2 = \left(P2, T2, F2, Z2_P, Z2_T, S2, C2, M2_0, SI2\right) \tag{4-11}$$

因此主车采集路况信息子模型的 TPZN 模型可以用式(4-11)表示，其中：

① $P2 = \left\{\begin{array}{l} p_0, p_{01}, p_{02}, p_{03}, p_{04}, p_{05}, p_{06}, p_{07}, p_{08}, p_{09}, p_{010}, p_{011}, p_{012}, \\ p_{013}, p_{014}, p_{015}, p_{016}, p_{017}, p_{018}, p_{019}, p_{020}, p_{021}, p_{022}, p_{023}, p_{024}, \\ p_{025}, p_{026}, p_{027}, p_{028}, p_{029}, p_{030}, p_{031}, p_{032}, p_2 \end{array}\right\}$；

② $T2 = \left\{t_{01}, t_{02}, t_{03}, t_{04}, t_{05}, t_{06}, t_{07}, t_{08}, t_{09}, t_{010}, t_{011}, t_{012}, t_{013}, t_{014}, t_{015}, t_{016}\right\}$；

③ $F2 = \left\{\left(p_0, t_{01}\right), \left(t_{01}, p_{01}\right), \left(t_{01}, p_{02}\right), \left(t_{01}, p_{03}\right), \left(t_{01}, p_{04}\right), \cdots\right\}$，$F2$ 表示图 4-19 中的有向弧；

④ $Z2_P = \left\{\begin{array}{l} \text{Vehicle, ForwardCam, FrontLeftMi, FrontMiddleMi,} \\ \text{FrontRightMi, BackLeftMi, BackRightMi,} \\ \text{FrontLeftSurViewCam, FrontRightSurViewCam,} \\ \text{BackLeftSurViewCam, BackRightSurViewCam, FCamMsg,} \\ \text{FLMiMsgF, FLMiMsgL, FMiddleMiMsg, FRMiMsgF,} \\ \text{FRMiMsgR, BLMiMsgB, BLMiMsgL, BRMiMsgB,} \\ \text{BRMiMsgR, FLSurViewMsgF, FLSurViewMsgL,} \\ \text{FRSurViewMsgF, FRSurViewMsgR, BLSurViewMsgB,} \\ \text{BLSurViewMsgL, BRSurViewMsgB, BRSurViewMsgR,} \\ \text{FMsg, LMsg, BMsg, RMsg, HVenvirMsg} \end{array}\right\}$；

⑤ $Z2_T = \left\{ \begin{array}{l} \text{Start, ForwardCamDoing, FLMiDoing, FMiddleMiDoing,} \\ \text{FRMiDoing, BLMiDoing, BRMiDoing, FLSurViewCamDoing,} \\ \text{FRSurViewCamDoing, BLSurViewCamDoing,} \\ \text{BRSurViewCamDoing, FMsgDoing, LMsgDoing, BMsgDoing,} \\ \text{RMsgDoing, EnvirMsgDoing} \end{array} \right\}$;

⑥ $S2 = \left\{ \begin{array}{l} p_0 \to \text{Vehicle}, p_{01} \to \text{ForwardCam}, p_{02} \to \text{FrontLeftMi}, \\ p_{03} \to \text{FrontMiddleMi}, p_{04} \to \text{FrontRightMi}, p_{05} \to \text{BackLeftMi}, \\ p_{06} \to \text{BackRightMi}, p_{07} \to \text{FrontLeftSurViewCam}, \\ p_{08} \to \text{FrontRightSurViewCam}, p_{09} \to \text{BackLeftSurViewCam}, \\ p_{010} \to \text{BackRightSurViewCam}, p_{011} \to \text{FCamMsg}, \\ p_{012} \to \text{FLMiMsgF}, p_{013} \to \text{FLMiMsgL}, p_{014} \to \text{FMiddleMiMsg}, \\ p_{015} \to \text{FRMiMsgF}, p_{016} \to \text{FRMiMsgR}, p_{017} \to \text{BLMiMsgB}, \\ p_{018} \to \text{BLMiMsgL}, p_{019} \to \text{BRMiMsgB}, p_{020} \to \text{BRMiMsgR}, \\ p_{021} \to \text{FLSurViewMsgF}, p_{022} \to \text{FLSurViewMsgL}, \\ p_{023} \to \text{FRSurViewMsgF}, p_{024} \to \text{FRSurViewMsgR}, \\ p_{025} \to \text{BLSurViewMsgB}, p_{026} \to \text{BLSurViewMsgL}, \\ p_{027} \to \text{BRSurViewMsgB}, p_{028} \to \text{BRSurViewMsgR}, \\ p_{029} \to \text{FMsg}, p_{030} \to \text{LMsg}, p_{031} \to \text{BMsg}, p_{032} \to \text{RMsg}, \\ p_2 \to \text{HVenvirMsg} \end{array} \right\}$;

⑦ $C2 = \left\{ \begin{array}{l} t_{01} \to \text{Start}, t_{02} \to \text{ForwardCamDoing}, t_{03} \to \text{FLMiDoing}, \\ t_{04} \to \text{FMiddleMiDoing}, t_{05} \to \text{FRMiDoing}, t_{06} \to \text{BLMiDoing}, \\ t_{07} \to \text{BRMiDoing}, t_{08} \to \text{FLSurViewCamDoing}, \\ t_{09} \to \text{FRSurViewCamDoing}, t_{010} \to \text{BLSurViewCamDoing}, \\ t_{011} \to \text{BRSurViewCamDoing}, t_{012} \to \text{FMsgDoing}, \\ t_{013} \to \text{LMsgDoing}, t_{014} \to \text{BMsgDoing}, t_{015} \to \text{RMsgDoing}, \\ t_{016} \to \text{EnvirMsgDoing} \end{array} \right\}$;

⑧ 系统的初始状态下只有 p_0 具有 1 个令牌，其余状态均不含令牌；

⑨ 模型中变迁的时间间隔单位均为 ms(毫秒)。

子模型对应的 Z 框架模式描述如下，限于篇幅，本书仅给出部分内容。p_{01} 状态表示智能汽车(主车)前视摄像头初始化后的状态。

ForwardCam_

Name:Camera

Time:GlobalTime,LocalTime

StateForwardCam: $\mathbb{P}_1$ STATE

…

p_{02} 状态表示智能汽车(主车)左前毫米波雷达初始化后的状态,此时毫米波雷达处于工作状态。

FrontLeftMi_

Name:Millimeter-waveRadar

Time:GlobalTime,LocalTime

StateFrontLeftMi: $\mathbb{P}_1$ STATE

…

p_{07} 状态表示智能汽车(主车)左前环视摄像头初始化后的状态,此时环视摄像头处于工作状态。

FrontLeftSurViewCam_

Name:Camera

Time:GlobalTime,LocalTime

StateFrontLeftSurViewCam: $\mathbb{P}_1$ STATE

…

t_{01} 操作表示智能汽车(主车)启动,初始化各类传感器。

至此,零信任环境下紧急车辆让行信息传输机制模型以及主车采集路况信息子模型的形式化建模完成。

4.4.2　零信任环境下紧急车辆让行信息传输模型的形式化验证

本节将基于 3.2.4 节对 TPZN 精炼操作的行为保持性和性质保持性的定义和定理分析,针对零信任环境下紧急车辆让行信息传输机制实例模型的原网以及扩展网模块——主车采集路况信息子模型,利用上述方法进行形式化分析与验证,从模型的完整性、可达性和活性三个方面进行分析与验证。

零信任环境下紧急车辆让行信息传输机制模型对信息传输过程描述完整,该模型能够包含所有的信息传输过程的状态以及对应的操作,满足信息传输的功能,具有完整性。

_____ Start_

ΔVehicle

ΔForwardCam

ΔFrontLeftMi

ΔFrontRightMi

ΔFrontLeftSurViewCam

…

X?: Vehicle.State

X1!:ForwardCam.StateForwardCam

X2!:FrontLeftMi.StateFrontLeftMi

X3!:FrontRightMi.StateFrontRightMi

…

$\exists n$:Vehivle.Number;$\exists y$:Vehicle.FuelState…

$((n \in$ number$) \wedge (X? \in$ Start$) \wedge y \notin$ over$\wedge \cdots) \rightarrow (X1! =$Work$) \wedge$

$(X2! =$Work$) \wedge (X3! =$Work$) \wedge \cdots$

…

　　分析可达性时，因为紧急车辆让行信息传输机制较复杂，可达树分析方法不适用，所以选用关联矩阵的方法进行可达性分析与验证，首先需要知道模型初始令牌的分布，将零信任环境下紧急车辆让行信息传输机制模型原网的初始状态标记为

$$M1_0 = (1,1,0,0,0,0,0,0,0,0,0,1,0,0,0)$$

　　当主车接收到紧急车辆让行信息并制定决策，履行决策结束时，该模型的终止状态会有两种，标记为 $M1_e$ 和 $M1_n$，分别为

$$M1_e = (0,0,0,0,0,0,0,0,0,0,0,0,0,0,1,0)$$

$$M1_n = (0,0,0,0,0,0,0,0,0,0,0,0,0,0,0,1)$$

　　通过对模型信息流关系的分析，可知紧急车辆让行信息传输机制模型对应的输入矩阵 D^- 和输出矩阵 D^+ 分别表示为

$$D^- =$$

	p_0	p_1	p_2	p_3	p_4	p_5	p_6	p_7	p_8	p_9	p_{10}	p_{11}	p_{12}	p_{13}	p_{14}
t_0	1	0	0	0	0	0	0	0	0	0	0	0	0	0	0
t_1	0	1	0	0	0	0	0	0	0	0	0	0	0	0	0
t_2	0	0	1	0	1	0	0	0	0	0	0	0	0	0	0
t_3	0	0	0	1	0	0	0	0	0	0	0	0	0	0	0
t_4	0	0	0	0	0	1	0	0	0	0	0	0	0	0	0
t_5	0	0	0	0	0	0	1	0	0	0	0	0	0	0	0
t_6	0	0	0	0	0	0	0	1	0	0	0	0	0	0	0
t_7	0	0	0	0	0	0	0	0	1	0	0	0	0	0	0
t_8	0	0	0	0	0	0	0	0	0	1	1	1	0	0	0
t_9	0	0	0	0	0	0	0	0	0	0	0	0	1	0	0
t_{10}	0	0	0	0	0	0	0	0	0	0	0	0	1	0	0

$$D^+ =$$

	p_0	p_1	p_2	p_3	p_4	p_5	p_6	p_7	p_8	p_9	p_{10}	p_{11}	p_{12}	p_{13}	p_{14}
t_0	0	0	1	0	0	0	0	0	0	0	0	0	0	0	0
t_1	0	0	0	1	0	0	0	0	0	0	0	0	0	0	0
t_2	0	0	0	0	0	1	0	0	0	0	0	0	0	0	0
t_3	0	0	0	0	1	0	1	0	0	0	0	0	0	0	0
t_4	0	0	0	0	0	0	0	1	0	0	0	0	0	0	0
t_5	0	0	0	0	0	0	0	0	1	0	0	0	0	0	0
t_6	0	0	0	0	0	0	0	0	0	1	0	0	0	0	0
t_7	0	0	0	0	0	0	0	0	0	0	1	0	0	0	0
t_8	0	0	0	0	0	0	0	0	0	0	0	1	0	0	0
t_9	0	0	0	0	0	0	0	0	0	0	0	0	1	0	0
t_{10}	0	0	0	0	0	0	0	0	0	0	0	0	0	0	1

通过 4.3.2 节中介绍的可达性分析方法，针对模型最后两种终止状态，得到矩阵方程如下。

$$M1_e = M1_0 + X_1 \cdot \left(D^+ - D^- \right) \tag{4-12}$$

$$M1_n = M1_0 + X_2 \cdot \left(D^+ - D^- \right) \tag{4-13}$$

将式(4-12)的解 X_1 用向量 $(t_0,t_1,t_2,t_3,t_4,t_5,t_6,t_7,t_8,t_9,t_{10})$ 表示，可得到解如下。

$$X_1 = \begin{cases} t_0 = t_1 = t_2 = t_3 = t_4 = t_5 = t_6 = t_7 = t_8 = t_9 = 1 \\ t_{10} = 0 \end{cases}$$

将式(4-13)的解 X_2 用向量 $\left(t_0{}',t_1{}',t_2{}',t_3{}',t_4{}',t_5{}',t_6{}',t_7{}',t_8{}',t_9{}',t_{10}{}'\right)$ 表示，可以得到

如下解：

$$X_2 = \begin{cases} t_0{}' = t_1{}' = t_2{}' = t_3{}' = t_4{}' = t_5{}' = t_6{}' = t_7{}' = t_8{}' = t_{10}{}' = 1 \\ t_9{}' = 0 \end{cases}$$

因此，该模型的两个方程都存在非负整数解，说明该模型的两个终止状态都是可达的，即该模型具有可达性。

	p_0	p_1	p_2	p_3	p_4	p_5	p_6	p_7	p_8	p_9	p_{10}	p_{11}	p_{12}	p_{13}	p_{14}
p_0	0	0	t_0	0	0	0	0	0	0	0	0	0	0	0	0
p_1	0	0	0	t_1	0	0	0	0	0	0	0	0	0	0	0
p_2	0	0	0	0	0	t_2	0	0	0	0	0	0	0	0	0
p_3	0	0	0	0	t_3	0	t_3	0	0	0	0	0	0	0	0
p_4	0	0	0	0	0	t_2	0	0	0	0	0	0	0	0	0
p_5	0	0	0	0	0	0	0	t_4	0	0	0	0	0	0	0
p_6	0	0	0	0	0	0	0	t_5	0	0	0	0	0	0	0
p_7	0	0	0	0	0	0	0	0	0	t_6	0	0	0	0	0
p_8	0	0	0	0	0	0	0	0	0	t_7	0	0	0	0	0
p_9	0	0	0	0	0	0	0	0	0	0	0	0	t_8	0	0
p_{10}	0	0	0	0	0	0	0	0	0	0	0	0	t_8	0	0
p_{11}	0	0	0	0	0	0	0	0	0	0	0	0	t_8	0	0
p_{12}	0	0	0	0	0	0	0	0	0	0	0	0	0	t_9	t_{10}
p_{13}	0	0	0	0	0	0	0	0	0	0	0	0	0	0	0
p_{14}	0	0	0	0	0	0	0	0	0	0	0	0	0	0	0

$L_{DP} =$

通过 TPZN 中的信息流关系和 Z 语言中刻画的操作模式，也可知该 TPZN 模型对应的转移矩阵 L_{DP} 如上所示，从转移矩阵可知，所有的变迁都能激发到达下一状态，说明该模型不会出现死锁，即具有活性。

综上所述，通过时间 Petri 网和 Z 语言的结合，可以更好地保证零信任环境下紧急车辆让行信息传输机制模型的可达性、活性和完整性。

目前已经证明了零信任环境下紧急车辆让行信息传输机制模型原网的完整性、可达性和活性，基于 3.2.4 节对 TPZN 方法模型细化的分析，只需再证明扩展网模块——主车采集路况信息子模型的完整性、可达性和活性即可推出整个模型的性质。因此，将针对主车采集路况信息子模型的完整性、可达性和活性进行分析，具体分析过程如下。

针对主车采集路况信息子模型的完整性，同样通过子模型的信息流关系以及 Z 语言中刻画的状态及操作模式可知，子模型包含了所有的零信任信息传输过程的状态以及对应的操作，满足信息传输的功能，具有完整性。

分析子模型的可达性时，同样需要知道模型初始令牌的分布，将主车采集路况信息子模型初始状态标记为

$$M2_0 = (1,0,0,0,0,0,0,0,0,0,0,0,0,0,0,0,0,0,0,0,0,0,0,0,0,0,0,0,0,0,0,0,0,0,0)$$

当主车采集路况信息子模型完成采集任务，得到环境动态信息后，该模型终止，标记此时终止状态为

$$M2_e = (0,0,0,0,0,0,0,0,0,0,0,0,0,0,0,0,0,0,0,0,0,0,0,0,0,0,0,0,0,0,0,0,0,0,1)$$

同样地，通过对子模型信息流关系的分析，可知主车采集路况信息子模型对应的输入矩阵 $D^{-\prime}$ 和输出矩阵 $D^{+\prime}$ 分别表示为

$$D^{-\prime} = \begin{array}{c} \\ t_{01} \\ t_{02} \\ t_{03} \\ t_{04} \\ t_{05} \\ t_{06} \\ t_{07} \\ t_{08} \\ t_{09} \\ t_{010} \\ t_{011} \\ t_{012} \\ t_{013} \\ t_{014} \\ t_{015} \\ t_{016} \end{array} \begin{array}{ccccccccccc} p_0 & p_{01} & p_{02} & p_{03} & p_{04} & \cdots & p_{029} & p_{030} & p_{031} & p_{032} & p_2 \\ \left[\begin{array}{ccccccccccc} 1 & 0 & 0 & 0 & 0 & \cdots & 0 & 0 & 0 & 0 & 0 \\ 0 & 1 & 0 & 0 & 0 & \cdots & 0 & 0 & 0 & 0 & 0 \\ 0 & 0 & 1 & 0 & 0 & \cdots & 0 & 0 & 0 & 0 & 0 \\ 0 & 0 & 0 & 1 & 0 & \cdots & 0 & 0 & 0 & 0 & 0 \\ 0 & 0 & 0 & 0 & 1 & \cdots & 0 & 0 & 0 & 0 & 0 \\ 0 & 0 & 0 & 0 & 0 & \cdots & 0 & 0 & 0 & 0 & 0 \\ 0 & 0 & 0 & 0 & 0 & \cdots & 0 & 0 & 0 & 0 & 0 \\ 0 & 0 & 0 & 0 & 0 & \cdots & 0 & 0 & 0 & 0 & 0 \\ 0 & 0 & 0 & 0 & 0 & \cdots & 0 & 0 & 0 & 0 & 0 \\ 0 & 0 & 0 & 0 & 0 & \cdots & 0 & 0 & 0 & 0 & 0 \\ 0 & 0 & 0 & 0 & 0 & \cdots & 0 & 0 & 0 & 0 & 0 \\ 0 & 0 & 0 & 0 & 0 & \cdots & 0 & 0 & 0 & 0 & 0 \\ 0 & 0 & 0 & 0 & 0 & \cdots & 0 & 0 & 0 & 0 & 0 \\ 0 & 0 & 0 & 0 & 0 & \cdots & 0 & 0 & 0 & 0 & 0 \\ 0 & 0 & 0 & 0 & 0 & \cdots & 0 & 0 & 0 & 0 & 0 \\ 0 & 0 & 0 & 0 & 0 & \cdots & 1 & 1 & 1 & 1 & 0 \end{array}\right] \end{array}$$

$$D^{+'} = \begin{array}{c} \\ t_{01} \\ t_{02} \\ t_{03} \\ t_{04} \\ t_{05} \\ t_{06} \\ t_{07} \\ t_{08} \\ t_{09} \\ t_{010} \\ t_{011} \\ t_{012} \\ t_{013} \\ t_{014} \\ t_{015} \\ t_{016} \end{array} \begin{array}{ccccccccccc} p_0 & p_{01} & p_{02} & p_{03} & p_{04} & \cdots & p_{029} & p_{030} & p_{031} & p_{032} & p_2 \\ 0 & 1 & 1 & 1 & 1 & \cdots & 0 & 0 & 0 & 0 & 0 \\ 0 & 0 & 0 & 0 & 0 & \cdots & 0 & 0 & 0 & 0 & 0 \\ 0 & 0 & 0 & 0 & 0 & \cdots & 0 & 0 & 0 & 0 & 0 \\ 0 & 0 & 0 & 0 & 0 & \cdots & 0 & 0 & 0 & 0 & 0 \\ 0 & 0 & 0 & 0 & 0 & \cdots & 0 & 0 & 0 & 0 & 0 \\ 0 & 0 & 0 & 0 & 0 & \cdots & 0 & 0 & 0 & 0 & 0 \\ 0 & 0 & 0 & 0 & 0 & \cdots & 0 & 0 & 0 & 0 & 0 \\ 0 & 0 & 0 & 0 & 0 & \cdots & 0 & 0 & 0 & 0 & 0 \\ 0 & 0 & 0 & 0 & 0 & \cdots & 0 & 0 & 0 & 0 & 0 \\ 0 & 0 & 0 & 0 & 0 & \cdots & 0 & 0 & 0 & 0 & 0 \\ 0 & 0 & 0 & 0 & 0 & \cdots & 0 & 0 & 0 & 0 & 0 \\ 0 & 0 & 0 & 0 & 0 & \cdots & 1 & 0 & 0 & 0 & 0 \\ 0 & 0 & 0 & 0 & 0 & \cdots & 0 & 1 & 0 & 0 & 0 \\ 0 & 0 & 0 & 0 & 0 & \cdots & 0 & 0 & 1 & 0 & 0 \\ 0 & 0 & 0 & 0 & 0 & \cdots & 0 & 0 & 0 & 1 & 0 \\ 0 & 0 & 0 & 0 & 0 & \cdots & 0 & 0 & 0 & 0 & 1 \end{array}$$

由于子模型状态过多，本书对子模型的输入矩阵、输出矩阵中部分信息进行了省略，具体方法如 3.3.2 节所述。通过得到的输入矩阵 $D^{-'}$ 和输出矩阵 $D^{+'}$，求解如下矩阵方程：

$$M2_e = M2_0 + X \cdot \left(D^{+'} - D^{-'} \right) \tag{4-14}$$

将式(4-14)的解 X 用 $(t_{01},t_{02},t_{03},t_{04},t_{05},t_{06},t_{07},t_{08},t_{09},t_{010},t_{011},t_{012},t_{013},t_{014},t_{015},t_{016})$ 向量来表示，可以得到如下解：

$$X = \begin{cases} t_{01} = t_{02} = t_{03} = t_{04} = t_{05} = t_{06} = t_{07} = t_{08} = 1 \\ t_{09} = t_{010} = t_{011} = t_{012} = t_{013} = t_{014} = t_{015} = t_{016} = 1 \end{cases}$$

因此，该子模型存在非负整数解，说明该模型的终止状态是可达的，即该子模型具有可达性。同理，通过子模型 TPZN 中的信息流关系和 Z 语言中刻画的操作模式，也可知该子模型的 TPZN 中对应的转移矩阵 L'_{DP} 如下所示，从子模型的转移矩阵可知，所有的变迁都能激发到达下一状态，说明该子模型不会出现死锁，具有活性。

$$
L'_{DP} =
\begin{array}{c|ccccccccccccccc}
 & p_0 & p_{01} & p_{02} & p_{03} & p_{04} & p_{05} & p_{06} & \cdots & p_{027} & p_{028} & p_{029} & p_{030} & p_{031} & p_{032} & p_2 \\
\hline
p_0 & 0 & t_{01} & t_{01} & t_{01} & t_{01} & t_{01} & t_{01} & \cdots & 0 & 0 & 0 & 0 & 0 & 0 & 0 \\
p_{01} & 0 & 0 & 0 & 0 & 0 & 0 & 0 & \cdots & 0 & 0 & 0 & 0 & 0 & 0 & 0 \\
p_{02} & 0 & 0 & 0 & 0 & 0 & 0 & 0 & \cdots & 0 & 0 & 0 & 0 & 0 & 0 & 0 \\
p_{03} & 0 & 0 & 0 & 0 & 0 & 0 & 0 & \cdots & 0 & 0 & 0 & 0 & 0 & 0 & 0 \\
p_{04} & 0 & 0 & 0 & 0 & 0 & 0 & 0 & \cdots & 0 & 0 & 0 & 0 & 0 & 0 & 0 \\
p_{05} & 0 & 0 & 0 & 0 & 0 & 0 & 0 & \cdots & 0 & 0 & 0 & 0 & 0 & 0 & 0 \\
p_{06} & 0 & 0 & 0 & 0 & 0 & 0 & 0 & \cdots & 0 & 0 & 0 & 0 & 0 & 0 & 0 \\
\vdots & \vdots & \vdots & \vdots & \vdots & \vdots & \vdots & \vdots & & \vdots & \vdots & \vdots & \vdots & \vdots & \vdots & \vdots \\
p_{27} & 0 & 0 & 0 & 0 & 0 & 0 & 0 & \cdots & 0 & 0 & 0 & 0 & t_{014} & 0 & 0 \\
p_{28} & 0 & 0 & 0 & 0 & 0 & 0 & 0 & \cdots & 0 & 0 & 0 & 0 & 0 & t_{015} & 0 \\
p_{29} & 0 & 0 & 0 & 0 & 0 & 0 & 0 & \cdots & 0 & 0 & 0 & 0 & 0 & 0 & t_{016} \\
p_{30} & 0 & 0 & 0 & 0 & 0 & 0 & 0 & \cdots & 0 & 0 & 0 & 0 & 0 & 0 & t_{016} \\
p_{31} & 0 & 0 & 0 & 0 & 0 & 0 & 0 & \cdots & 0 & 0 & 0 & 0 & 0 & 0 & t_{016} \\
p_{32} & 0 & 0 & 0 & 0 & 0 & 0 & 0 & \cdots & 0 & 0 & 0 & 0 & 0 & 0 & t_{016} \\
p_2 & 0 & 0 & 0 & 0 & 0 & 0 & 0 & \cdots & 0 & 0 & 0 & 0 & 0 & 0 & 0 \\
\end{array}
$$

综上所述，通过时间 Petri 网和 Z 语言的结合，可以更好地保证零信任环境下主车采集路况信息子模型的可达性、活性和完整性。

通过对零信任环境下紧急车辆让行信息传输机制实例模型的原网以及扩展网模块——主车采集路况信息子模型的完整性、可达性和活性的分析，基于 4.2.1 节～4.2.3 节可以推出零信任环境下紧急车辆让行信息传输机制扩展模型同样具有完整性、可达性和活性。

4.4.3　零信任环境下紧急车辆让行信息传输模型仿真与结果分析

利用 Snoopy 软件建立零信任紧急车辆让行信息传输机制扩展模型以及主车采集路况信息子模型，前看的正确性检验图如图 4-20 所示。此时为模型的初始状态，初始状态下 p_0、p_1、p_{11} 有令牌，全局时间为 0ms，此时 $SI_0 = [0,0]$（单位：ms），利用 Snoopy 软件对模型的正确性进行检测，可以知道该模型是正确的，不存在错误的。

(1) 如图 4-21 所示，当系统处于 $SI_1 = [800,4000]$（单位：ms）时，主车采集路况信息子模型中的 t_{01} 变迁触发，表示智能汽车启动，初始化车辆的各类设备。

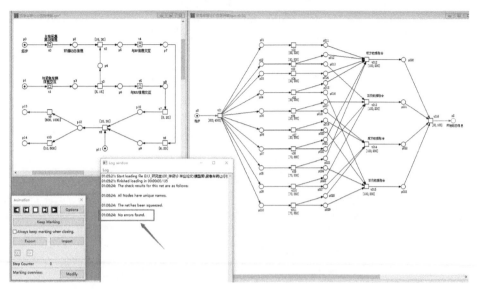

图 4-20　零信任紧急车辆让行信息传输机制扩展模型正确性检验图

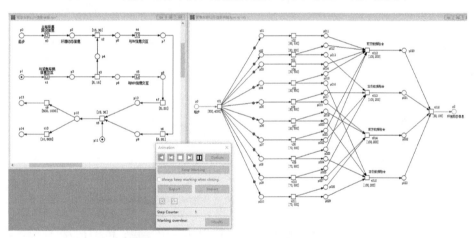

图 4-21　紧急车辆让行信息传输模型仿真图 1

(2) 如图 4-22 所示，当系统处于 $SI_2 = [850, 4500]$(单位：ms)，汽车毫米波雷达系统采集周围路况信息，紧急车辆开始请求与主车进行信息传输；当 $SI_3 = [865, 4530]$(单位：ms)时，前视摄像头工作，监控前方路况信息；$SI_4 = [870, 4550]$(单位：ms)，汽车的环视摄像头采集处理周围环境数据。

(3) 如图 4-23 所示，当系统处于 $SI_5 = [880, 4750]$(单位：ms)时，汽车对各类传感器传输过来的信息进行初级数据融合，并接收紧急车辆发送的信息。

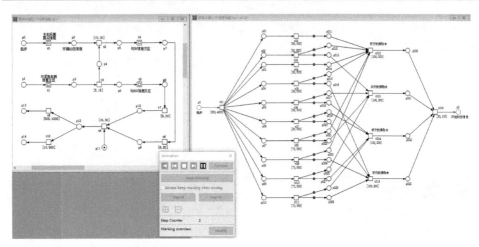

图 4-22　紧急车辆让行信息传输模型仿真图 2

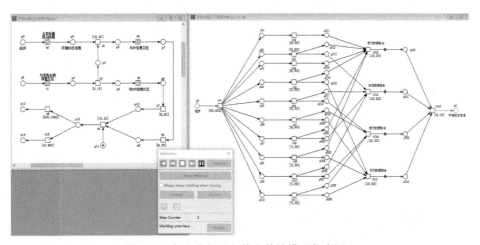

图 4-23　紧急车辆让行信息传输模型仿真图 3

(4) 如图 4-24 所示，当系统处于 $\mathrm{SI}_6 = [930,4850]$(单位：ms)时，对环境动态信息进行终极数据融合处理，并解析处理紧急车辆让行信息。

(5) 由于模型仿真过程较多，限于篇幅，后续将选取仿真的重要结果进行验证和演示。如图 4-25 所示，此步仿真了零信任环境下的车载通信系统将紧急车辆让行信息转发给路侧单元控制系统请求更改路口信号灯时间，并根据紧急车辆让行信息以及环境采集信息对另一车道的智能汽车请求变道让行。

(6) 如图 4-26 所示，此步仿真了主车接收路侧单元和远车的反馈信息，远车对主车发出的变道让行信息反馈存在"可以让行"和"无法让行"两种情况。

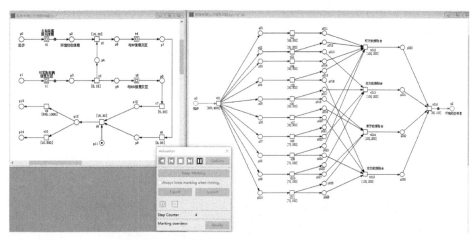

图 4-24　紧急车辆让行信息传输模型仿真图 4

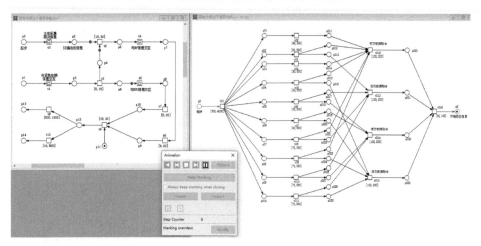

图 4-25　紧急车辆让行信息传输模型仿真图 5

(7) 如图 4-27 所示，此步仿真了主车根据路侧单元和远车的反馈信息以及自身数据，制定是否变道的决策，如果远车反馈"可以让行"信息则采取让行措施，如果远车反馈"无法让行"则根据路侧单元的信息反馈快速通过路口，减少在路口停留时间，避免紧急车辆到达路口时无法顺利通行。

至此，综合上述所有仿真过程可知，主车与紧急车辆、远车、路侧单元通过零信任信息传输进行路况协调，可以实现紧急车辆让行。通过 Snoopy 软件仿真可知，零信任环境下紧急车辆让行信息传输模型是安全的，无死锁的。模型具有正确性、活性和可达性。

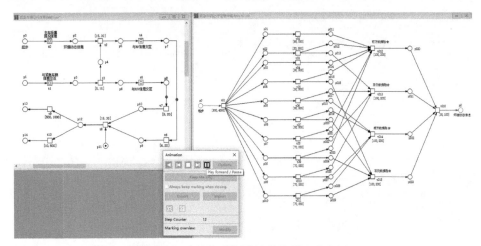

图 4-26 紧急车辆让行信息传输模型仿真图 6

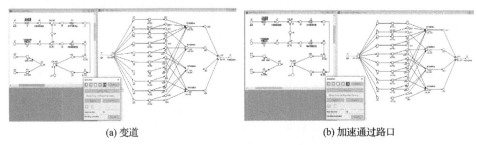

(a) 变道 　　　　　　　　　　　　　　　(b) 加速通过路口

图 4-27 紧急车辆让行信息传输模型仿真图 7

4.5 本 章 小 结

本章基于车联网系统的特点提出了集成时间 Petri 网和 Z 语言的 TPZN 方法,以九元组的方式定义了状态、变迁集合以及与 Z 语言之间的映射关系等,并给出了满足 TPZN 方法特性的形式化分析与验证策略,再利用 TPZN 方法对零信任车联网系统信息传输机制以及零信任环境下紧急车辆让行这两个实例进行形式化建模与验证,通过实例验证了该方法的可行性,构建的模型具备良好性质,降低了模型的分析复杂度,结果表明这种形式化验证方法显著提高了零信任车联网的安全性和智能性。

参 考 文 献

[1] Heiner M, Heisel M. Modeling safety-critical systems with Z and Petri nets[C]. Computer Safety,

Reliability and Security, 1999: 686.

[2] He X D. PZ nets: A formal method integrating Petri nets with Z[J]. Information and Software Technology, 2001, 43(1): 1-18.

[3] Shi H, Liu H C, Wang J H, et al. New linguistic Z-number Petri nets for knowledge acquisition and representation under large group environment[J]. International Journal of Fuzzy Systems, 2022, 24(8): 3483-3500.

[4] Huang L, Liu Y, Huang D. Formal verification of special vehicle priority traffic signal light control system based on TPN and Z[C]. 2021 CAA Symposium on Fault Detection, Supervision, and Safety for Technical Processes, 2021: 1-5.

[5] Liu Y, Huang L Y, Chen J W. Formal verification on the safety of internet of vehicles based on TPN and Z[J]. Mathematical Problems in Engineering, 2020, (1): 1-11.

[6] Liu C, Zeng Q T, Duan H, et al. Petri net based data-flow error detection and correction strategy for business processes[J]. IEEE Access, 2020, 8: 43265-43276.

[7] Gaied M, M' halla A, Lefebvre D, et al. Robust control for railway transport networks based on stochastic P-timed Petri net models[J].Proceedings of the Institution of Mechanical Engineers, Part I: Journal of Systems and Control Engineering, 2019, 233(7): 830-846.

[8] Kučera E, Haffner O, Drahoš P, et al. New software tool for modeling and control of discrete-event and hybrid systems using timed interpreted Petri nets[J]. Applied Sciences, 2020, 10(15): 5027.

[9] Ben A H, Kahloul L, Benhazrallah S, et al. Using hierarchical timed coloured Petri nets in the formal study of TRBAC security policies[J]. International Journal of Information Security, 2020, 19(2): 163-187.

[10] Qi H, Guang M, Wang J, et al. Probabilistic reachability prediction of unbounded Petri nets: A machine learning method[J]. IEEE Transactions on Automation Science and Engineering, 2023, 16: 67-68.

[11] Zhou J F, Reniers G, Cozzani V. A Petri-net approach for firefighting force allocation analysis of fire emergency response with backups[J].Reliability Engineering & System Safety, 2023, 229: 108847.

[12] 庞明宝, 刘震. 基于 Petri 网立交桥智能网联车协作控制仿真[J].系统仿真学报, 2023, 35(3): 484-493.

[13] 张生伟, 仇振安, 周锐. 基于模糊 Petri 网的战术决策与规则精炼方法[J].电光与控制, 2015, 22(12): 98-101.

[14] Chiachío M, Saleh A, Naybour S, et al. Reduction of Petri net maintenance modeling complexity via approximate Bayesian computation[J].Reliability Engineering & System Safety, 2022, 222: 108365.

[15] Qi L, Zhou M C, Luan W J. A two-level traffic light control strategy for preventing incident-based urban traffic congestion[J].IEEE Transactions on Intelligent Transportation Systems, 2016, 19(1): 13-24.

[16] Qi L, Zhou M C, Luan W J. Emergency traffic-light control system design for intersections subject to accidents[J]. IEEE Transactions on Intelligent Transportation Systems, 2015, 17(1): 170-183.

[17] López J, Sánchez-Vilariño P, Sanz R, et al. Implementing autonomous driving behaviors using a message driven Petri net framework[J]. Sensors, 2020, 20(2): 449.

[18] Liu Y, Fan Y Q, Huang D R, et al. Formal model and analysis for the random event in the intelligent car with stochastic Petri nets and Z[J]. Security and Communication Networks, 2022, 2022:1.

[19] Berthomieu B, le Botlan D, dal Zilio S. Petri Net Reductions for Counting Markings[M]. Cham: Springer, 2018.

[20] 丁志军. 基于 Perti 网精炼的系统建模与分析[M].上海:同济大学出版社, 2017.

[21] Duan H, Liu C, Zeng Q T, et al. Refinement-based hierarchical modeling and correctness verification of cross-organization collaborative emergency response processes[J]. IEEE Transactions on Systems, Man, and Cybernetics: Systems, 2018, 50(8): 2845-2859.

[22] Heiner M, Herajy M, Liu F, et al. Snoopy: A Unifying Petri Net Tool[M]. Berlin: Springer, 2012.

[23] Rohr C, Marwan W, Heiner M. Snoopy: A unifying Petri net framework to investigate biomolecular networks[J]. Bioinformatics, 2010, 26(7): 974-975.

[24] Liu F, Heiner M, Rohr C. The manual for colored Petri nets in Snoopy-QPN C/SPN C/CPN C/GHPN C[R]. Cottbus: University of Technology, Cottbus, 2012.

[25] Liu F, Heiner M, Yang M. Colored Petri nets for multiscale systems biology-current modeling and analysis capabilities in Snoopy[C]. 2013 7th International Conference on Systems Biology, 2013: 24-30.

[26] Herajy M,Liu F,Rohr C,et al.Hybrid Petri nets in Snoopy-user manual[R].Cottbus: Brandenburg University of Technology Cottbus-Senftenberg,2017.

[27] Vernadat F, Berthomieu B. Time Petri nets analysis with TINA[C]. The Third International Conference on the Quantitative Evaluation of Systems, 2006: 123-124.

[28] Berthomieu B, Ribet P O, Vernadat F. The tool TINA - construction of abstract state spaces for Petri nets and time Petri nets[J]. International Journal of Production Research, 2004, 42(14): 2741-2756.

[29] Roux J L, Berthomieu B. Verification of a local area network protocol with Tina, a software package for time Petri nets[C]. The 7th European Workshop on Application and Theory of Petri Nets, 1986: 183-205.

[30] Bender D F, Combemale B, Crégut X, et al. Ladder metamodeling and PLC program validation through time Petri nets[C]. Model Driven Architecture-Foundations and Applications, 2008: 121-136.

[31] Heiner M, Schwarick M, Wegener J T. Charlie: An Extensible Petri Net Analysis Tool[M]. Cham: Springer, 2015.

[32] Zaitsev D A, Shmeleva T R, Groote J F. Verification of hypertorus communication grids by infinite Petri nets and process algebra[J]. IEEE/CAA Journal of Automatica Sinica, 2019, 6(3): 733-742.

[33] Davidrajuh R. Developing a Petri nets based real-time control simulator[J]. International Journal of Simulation, Systems, Science & Technology, 2012, 12(3): 28-36.

[34] Brink R. A Petri net design, simulation, and verification tool[R]. Rochester: Rochester Institute of Technology,1996.

[35] Hsieh S, Chen Y F. AgvSimNet: A Petri-net-based AGVS simulation system[J]. The International Journal of Advanced Manufacturing Technology, 1999, 15(11): 851-861.

[36] Zhou M. Modeling, analysis, simulation, scheduling, and control of semiconductor manufacturing

systems: A Petri net approach[J]. IEEE Transactions on Semiconductor Manufacturing, 1998, 11(3): 333-357.

[37] Amparore E G, Balbo G, Beccuti M, et al. Principles of Performance and Reliability Modeling and Evaluation[M]. Cham: Springer, 2016.

[38] Baarir S, Beccuti M, Cerotti D, et al. The GreatSPN tool: Recent enhancements[J]. ACM SIGMETRICS Performance Evaluation Review, 2009, 36(4): 4-9.

[39] Amparore E G. Stochastic modelling and evaluation using GreatSPN[J]. ACM SIGMETRICS Performance Evaluation Review, 2022, 49(4): 87-91.

[40] Bernardi S, Donatelli S, Horváth A. Implementing compositionality for stochastic Petri nets[J]. International Journal on Software Tools for Technology Transfer, 2001, 3(4): 417-430.

[41] Brito I S, Barros J P. Coloured Petri net model of the bCMS system using CPN tools[C]. 2013 3rd International Workshop on Comparing Requirements Modeling Approaches, 2013: 7-12.

[42] Dworzański L W, Lomazova I A. CPN tools-assisted simulation and verification of nested Petri nets[J]. Automatic Control and Computer Sciences, 2013, 47(7): 393-402.

[43] Jensen K, Kristensen L M, Wells L. Coloured Petri nets and CPN tools for modelling and validation of concurrent systems[J]. International Journal on Software Tools for Technology Transfer, 2007, 9(3): 213-254.

[44] Ratzer A V, Wells L, Lassen H M, et al. CPN tools for Editing, Simulating, and Analysing Coloured Petri Nets[M]. Berlin: Springer, 2003.

[45] Westergaard M, Kristensen L M. The access/CPN Framework: A Tool for Interacting with the CPN Tools Simulator[M]. Berlin: Springer, 2009.

[46] Yu Q K, Cai L C, Tan X. Airport emergency rescue model establishment and performance analysis using colored Petri nets and CPN tools[J].International Journal of Aerospace Engineering, 2018, 2018(1): 2858375.

[47] Bourdil P A, Berthomieu B, dal Zilio S, et al. Symmetry reduction for time Petri net state classes[J]. Science of Computer Programming, 2016, 132: 209-225.

第5章　离散动态环境下零信任车联网系统性能的形式化优化方法

5.1　基于SPZN的零信任智能网联汽车的形式化建模

5.1.1　集成随机Petri网与Z语言的形式化方法

为了提高随机Petri网[1-11]对零信任车联网系统的抽象描述能力，本节将随机Petri网和Z语言模式[12-17]相结合[18-21]，提出随机Petri网和Z语言(stochastic Petri net and Z，SPZN)集成模型，如定义5-1。

定义5-1　设九元组$\text{SPZN} = (P, T, F, M_0, \lambda, Z_P, Z_T, S, C)$表示一个随机Petri网和Z语言的集成模型，其中：

(1)　$P = \{p_1, p_2, \cdots, p_n\}$是一个包含Petri网中所有库所元素的非空有限集，通常库所在Petri网中以圆圈的形式表示；

(2)　$T = \{t_1, t_2, \cdots, t_m\}$是一个包含Petri网中所有变迁元素的非空有限集，通常变迁在Petri网中以矩形的形式表示；

(3)　$F = \{P \times T\} \bigcup \{T \times P\}$是一个包含Petri网中连接库所和变迁的有向弧集合，任意两个库所或两个变迁之间都不存在有向弧；

(4)　$M_0 = \{m_0(p_1), m_0(p_2), \cdots, m_0(p_n)\}$为Petri网的初始标识，描述了Petri网在初始状态各个库所中存在的令牌数量；

(5)　$\lambda = \{\lambda_1, \lambda_2, \cdots, \lambda_m\}$是一个关于变迁实施速率的集合，每个元素均为非负实数且一一对应于变迁；

(6)　$Z_P = \left\{Z_{p_1}, Z_{p_2}, \cdots, Z_{p_n}\right\}$是一个包含了每个库所对应的Z语言的集合；

(7)　$Z_T = \left\{Z_{t_1}, Z_{t_2}, \cdots, Z_{t_m}\right\}$是一个包含了每个变迁对应的Z语言的集合；

(8)　$S : P \rightarrow Z_P$是一个对应库所和Z语言之间的一对一映射关系的集合；

(9)　$C : T \rightarrow Z_T$是一个对应变迁和Z语言之间的一对一映射关系的集合；

(10)　$\text{PN} = (P, T, F, M_0)$是一个Petri网；

(11)　$\text{SPN} = (P, T, F, M_0, \lambda)$是一个随机Petri网；

(12)　$\text{PZN} = (P, T, F, Z_P, Z_T, S, C)$是一个Petri网和Z语言的集成模型。

为更好地对SPZN集成模型进行表示，本节用图形的形式将SPZN集成模型中随机 Petri 网与 Z 语言的对应关系进行详细描述，如图 5-1 所示，易看出 SPZN 集成模型主要由两个部分组成：随机 Petri 网和 Z 语言，故本节将 SPZN 集成模型分为 SPZN-SPN 和 SPZN-Z。其中，随机 Petri 网中的变迁实施速率可以作为变迁 t_i 发生的前置断言，体现在 Z 语言中的前提条件中。在 Petri 网中，库所被视为没有任何动作和操作的实体，因此它只有属性，其对应的 Z 语言只存在声明部分。而变迁则被视为一个具有动作和操作的实体，库所由变迁触发，因此变迁同时具备属性和功能，对应 Z 语言中的声明部分和断言部分。

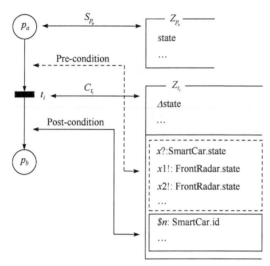

图 5-1　SPZN 集成模型中随机 Petri 网与 Z 语言的对应关系

对于随机 Petri 网中的变迁实施速率，在实际研究中，大部分研究人员仅仅依靠假设对其进行确定，例如，宋宇博等[22]和孙钦莹等[23]在其论文中仅给出了假设的变迁实施速率而未给出确定变迁实施速率的方法。随着研究的深入，Liu 等[24]在采用方法确定转换触发延迟方面取得了较大的进展，他们运用专家系统，引入三角隶属函数并采用区域中心法来确定变迁触发时延，通过结合这三种方法可以实现专家知识的量化表示以及对不同专家意见的标准化。因为变迁触发时延和变迁实施速率互为倒数的性质，所以该方法同样适用于对变迁实施速率的确定。

然而，上述方法表现出较高的复杂度，被认为不适合具有海量节点的车联网系统，并且该方法局限于隶属函数的三角形和对称情况。当不同专家提供的变迁触发时延间隔不存在重合时，使用上述方法无法有效解决问题。针对这些问题，本书提出了区间平均后加权平均的方法对变迁触发时延进行确定，如定义 5-2，该方法有效地避免了上述局限性。此外，当不同的专家权威性存在差异时，可以对其进行评估并赋予相应的权重，根据每个专家提供的区间的平均值，使用加权平均法计算可得关于变迁触发时延的最终结果。

定义 5-2   设专家 u 评估变迁 v 的触发时延区间为 $[x, y]$，那么该变迁的平均触发时延 $\mathrm{TA}_{u,v}$ 为

$$\mathrm{TA}_{u,v} = \frac{x+y}{2} \tag{5-1}$$

若存在 u 名专家分别对 v 个变迁的触发时延区间进行评估，则可用矩阵 TA 表示为

$$\mathrm{TA} = \begin{bmatrix} \mathrm{TA}_{1,1} & \cdots & \mathrm{TA}_{1,v} \\ \vdots & & \vdots \\ \mathrm{TA}_{u,1} & \cdots & \mathrm{TA}_{u,v} \end{bmatrix} \tag{5-2}$$

考虑专家的专业性和可靠性，可对 u 名专家的评估结果赋权，权重向量 F 表示为

$$F = (f_1, f_2, \cdots, f_u) \tag{5-3}$$

由加权平均算法的思想易推导出公式(5-4)，$\mathrm{TA}_{\text{transition}}$ 为所有变迁的加权平均触发时延向量。

$$\mathrm{TA}_{\text{transition}} = \frac{F\mathrm{TA}}{\sum_1^u f_i} = \left(\frac{f_1}{\sum_1^u f_i}, \frac{f_2}{\sum_1^u f_i}, \cdots, \frac{f_u}{\sum_1^u f_i} \right) \begin{bmatrix} \mathrm{TA}_{1,1} & \cdots & \mathrm{TA}_{1,v} \\ \vdots & & \vdots \\ \mathrm{TA}_{u,1} & \cdots & \mathrm{TA}_{u,v} \end{bmatrix} \tag{5-4}$$

此外，由定义 2-14 可知，因随机 Petri 网与马尔可夫链同构[25-32]的特殊性质，若变迁实施速率改变则各个状态的稳态概率也会随之变化，两者的变化趋势可以反映出不同的措施对系统的影响。为此，本节运用强化学习中的 Actor-Critic 算法设计了一种关于变迁实施速率 λ 的优化算法，以提高系统的稳定性和安全性。

具体步骤如下。

步骤 1：初始化全局时间为 $t = 0$，设随机 Petri 网包含 l 个库所和 m 个变迁。

步骤 2：由随机 Petri 网得到对应可达标识图和包含 n 个状态的马尔可夫链。

步骤 3：随机初始化所有变迁实施速率 $\lambda_t = \{\lambda_{t,1}, \lambda_{t,2}, \cdots, \lambda_{t,m}\}$ 为正整数。设动作集合为 $\mathrm{Action} = \{\lambda_1++, \lambda_1--, \cdots, \lambda_m++, \lambda_m--\}$。

步骤 4：由定义 2-14 和步骤 2 中的马尔可夫链引入 n 阶转移矩阵 Q。计算当前 t 时刻下的 n 维稳态概率向量 $P_t = \left(P_t(M_0), P_t(M_1), \cdots, P_t(M_{n-1}) \right)$。

步骤 5：设系统理想状态集合为 $\mathrm{GS} = \{g_1, g_2, \cdots, g_x\}$，不良状态集合为 $\mathrm{BS} = \{b_1, b_2, \cdots, b_y\}$。由 P_t 可得当前 t 时刻下良好状态的稳态概率向量 $P_{\mathrm{GS},t} = \left(P(g_{1,t}), P(g_{2,t}), \cdots, P(g_{x,t}) \right)$；不良状态的稳态概率向量为 $P_{\mathrm{BS},t} = \left(P(b_{1,t}), P(b_{2,t}), \cdots, \right.$

$P\!\left(b_{y,t}\right)$。

步骤 6：当 $t \leqslant 100$ 时，执行下列步骤，否则执行步骤 7。

步骤 6.1：观察当前状态 s_t，即稳态概率 P_t。随机初始化策略网络 $\pi(\,\cdot\,|\,s_t; \theta_t)$ 和价值网络 $q(s, a; w)$。

步骤 6.2：根据策略网络从动作集合 Action 中随机采样动作 a_t。

步骤 6.3：执行动作 a_t 并由环境生成下时刻状态 $s_{t+1} = P_{t+1}$，并根据奖惩机制计算奖励 R_t。

步骤 6.4：策略网络 $\pi(\,\cdot\,|\,s_{t+1}; \theta_t)$ 根据 P_{t+1} 随机采样动作 $a_{t+1}{}'$，但并不执行。

步骤 6.5：从价值网络 $q(s, a; w)$ 中获取 $q_t = q(s_t, a_t; w_t)$，$q_{t+1} = q(s_{t+1}, a_{t+1}{}'; w_t)$。

步骤 6.6：由 TD 算法计算 TD 误差，$\delta_t = q_t - (R_t + \gamma \cdot q_{t+1})$。

步骤 6.7：计算价值网络的梯度。

步骤 6.8：更新价值网络，$w_{t+1} = w_t - \alpha \cdot \delta_t \cdot d_{w,t}$。

步骤 6.9：计算策略网络的梯度。

步骤 6.10：更新策略网络，$\theta_{t+1} = \theta_t + \beta \cdot q_t \cdot d_{\theta,t}$。

步骤 6.11：$t{+}{+}$。其中 α 和 β 分别对应价值网络和策略网络中的学习率，γ 为折扣率。

步骤 7：输出当前时刻所有变迁实施速率 $\lambda_t = \{\lambda_{t,1}, \lambda_{t,2}, \cdots, \lambda_{t,m}\}$。

首先，初始化全局时间 $t = 0$。假设输入的随机 Petri 网中存在 l 个库所和 m 个变迁，则对变迁实施速率集合 $\lambda_t = \{\lambda_{t,1}, \lambda_{t,2}, \cdots, \lambda_{t,m}\}$ 进行随机初始化。从随机 Petri 网可以得到相应的可达标识图以及包含了 n 个状态的马尔可夫链。由定义 2-14 可以计算当前时刻 t 下的 n 维稳态概率向量 $P_t = \left(P_t(M_0), P_t(M_1), \cdots, P_t(M_{n-1})\right)$。

在 2.6 节对 Actor-Critic 算法的介绍中，可以了解到算法主要有四个要素：状态、环境、动作和奖励，环境会根据不同的动作发生改变，也会对不同的动作给出不一样的奖励。因此在 Actor-Critic 算法中，动作相当于对不同的变迁实施速率进行调整。由于存在 m 个变迁且变迁实施速率均为正数，变迁的改变可以增大或缩小，所以有动作集合 Action $= \{\lambda_1{+}{+}, \lambda_1{-}{-}, \cdots, \lambda_m{+}{+}, \lambda_m{-}{-}\}$，$\lambda_1{+}{+}$ 表示对 λ_1 加一个数量单位的动作，$\lambda_1{-}{-}$ 表示对 λ_1 减一个数量单位的动作，在不同的场景下，数量单位也会随之改变。若变迁实施速率发生变化，则稳态概率也会随之改变，故 t 时刻下的稳态概率即为 t 时刻下的状态，稳态概率的计算公式则抽象为不同动作下环境发生的改变趋势。此外，环境的奖惩机制定义为公式(5-5)和公式(5-6)。

$$\begin{cases} P_{\mathrm{GS},t+1} - P_{\mathrm{GS},t} = \left(P_t(g_1), P_t(g_2), \cdots, P_t(g_x)\right) \\ P_{\mathrm{BS},t+1} - P_{\mathrm{BS},t} = \left(P_t(b_1), P_t(b_2), \cdots, P_t(b_y)\right) \end{cases} \tag{5-5}$$

$$\begin{cases} R_t^+ = P_t(g_1) + P_t(g_2) + \cdots + P_t(g_x) \\ R_t^- = P_t(b_1) + P_t(b_2) + \cdots + P_t(b_y) \\ R_t = R_t^+ - R_t^- \end{cases} \tag{5-6}$$

Actor-Critic 算法的目的是提高系统的稳定性和安全性，对应的也就是增加理想状态的稳态概率并降低非理想状态的稳态概率，因此该算法设理想状态集合为 $\mathrm{GS} = \{g_1, g_2, \cdots, g_x\}$，非理想状态集合为 $\mathrm{BS} = \{b_1, b_2, \cdots, b_y\}$，需注意的是 $\mathrm{GS} \bigcap \mathrm{BS} = \varnothing$ 且 $x + y \leqslant n$。由 P_t 可得当前 t 时刻下理想状态的稳态概率向量为 $P_{\mathrm{GS},t} = \left(P(g_{1,t}), P(g_{2,t}), \cdots, P(g_{x,t}) \right)$，非理想状态的稳态概率向量为 $P_{\mathrm{BS},t} = \left(P(b_{1,t}), P(b_{2,t}), \cdots, P(b_{y,t}) \right)$。

改变变迁实施速率可能导致理想状态和非理想状态的稳态概率同时增加或减少，所以规定在下一时刻 $t+1$ 时，理想状态的稳态概率高于对应时刻的概率，环境给出的正反馈分数 R_t^+ 更大，反之亦然。非理想状态的稳态概率高于对应 t 时刻的概率，环境给出的负反馈分数 R_t^- 更大，反之亦然。如果理想状态和非理想状态的稳态概率相同，则正负反馈分数保持不变。在 t 时刻下环境给出的分数 R_t 代表正反馈分数和负反馈分数之差。

5.1.2 SPZN 的形式化建模

SPZN 集成模型应用于零信任环境下智能网联汽车建模的流程如图 5-2 所示，本节将其主要分为以下几个步骤。

(1) 获取零信任环境下智能网联汽车当前数据并初始化智能网联汽车系统中各个参数。

(2) 根据零信任环境下智能网联汽车数据，抽象各设备节点并为其构建对应 SPZN-Z 模式。

零信任环境下智能网联汽车的各个节点设备，具有不同的状态、不同的功能以及不同的限制，根据获取的数据，可以将节点设备的信息进行抽象，生成与各节点对应的 SPZN-Z 模式，对应于 SPZN-Z 模式中的前置条件、后置条件、输入输出参数等。

(3) 分析零信任环境下智能网联汽车的运行过程，将各设备节点抽象为库所和变迁。

在 SPZN-SPN 中，库所中存在令牌意味着该设备的状态可用。因此，使用 SPZN 对零信任环境下智能网联汽车进行建模，库所对应于车辆的传感器、零部件以及车辆当前状态，而变迁则表示引发状态改变的动作，那么汽车的操作就对应于变迁，如刹车、启动、加速等。

(4) 分析零信任环境下智能网联汽车的数据流，构建信息传输的 SPZN-SPN 模型。

零信任环境下智能网联汽车内部包含多个子系统，如胎压控制子系统、方向控制子系统、中控子系统等，不同的子系统内部存在不同的数据流和逻辑关系，而不同的子系统之间又存在不同的关系。根据逻辑关系，可以将库所和变迁组合构建成信息传输的 SPZN-SPN 模型。

(5) 根据 SPZN 规则，生成 SPZN-SPN 和 SPZN-Z 之间对应的映射。

在完成对 SPZN-SPN 的构建之后，应建立与 SPZN-Z 之间的联系，由 SPZN 的定义可以构建 SPZN-SPN 与 SPZN-Z 相互对应的映射关系，形成完整的 SPZN 集成模型。

(6) 对 SPZN 集成模型进行检验与分析。

构建 SPZN 集成模型之后，应以人工审查的方式对模型的完整性进行检查，即检查模型是否符合规则，以及是否存在问题。然后对模型的动态性质进行分析验证，性质分析方法将在 5.4.1 节进行详细阐述，如存在问题应及时对模型修正以确保模型对智能网联汽车的正确表示。

(7) 系统性能分析优化。

由于随机 Petri 网同构于马尔可夫链，所以根据其定义可以计算得出稳态概率，并得出变迁实施率与稳态概率之间的关系。根据二者关系，采取措施以提升系统安全性和稳定性。

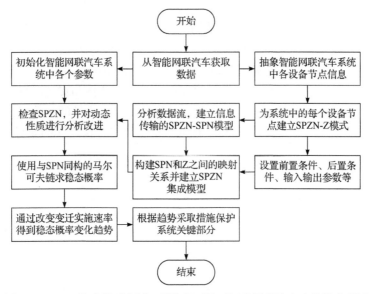

图 5-2　SPZN 集成模型应用于零信任环境下智能网联汽车建模的流程图

通过上述步骤,可实现对零信任环境下智能网联汽车 SPZN 集成模型的构建,并采用同构的马尔可夫链计算稳态概率。根据变迁实施速率和稳态概率的变化趋势,采取措施保护系统关键部分,从而提高系统的稳定性和安全性。

5.1.3 SPZN 的优势

在零信任环境下智能网联汽车中,建模和分析是确保系统质量和可靠性的关键步骤。随机 Petri 网和 Z 语言作为两种强大的形式化工具,在描述系统行为和属性方面各具优势。

随机 Petri 网作为一种图形化的建模工具,具有灵活、直观、易读的特点。随机 Petri 网能够准确地捕捉系统中的并发、同步和竞争等复杂行为,特别适用于描述具有随机性质的系统,如随机事件、概率性触发等。通过引入随机性质,随机 Petri 网能够更准确地模拟系统的实际行为,为性能分析和可靠性评估提供了有力支持。

Z 语言作为一种精确且数学化的形式化规约语言,具有直观严格的语法结构和清晰的语义定义,有助于用户理解和审查系统规约。Z 语言能够准确地描述系统的状态、属性和行为,消除规约的歧义性,从而提高规约的可读性和可靠性。通过 Z 语言,可以形式化地描述系统的静态特性和动态特性,为形式化验证提供了坚实的基础。

SPZN 能够充分发挥各自的优势,从而提高系统建模和分析的能力。首先,SPZN 能够更准确地描述系统的行为,包括静态特性和动态特性,从而提高建模的精确性和表达能力。其次,SPZN 能够提供更强的可读性,Z 语言的严格语法和语义使得规约更易于理解和审查,随机 Petri 网的图形化表示形式[33-39]使得模型更直观,便于用户理解系统的结构和行为。此外,SPZN 能够灵活地捕捉系统中的随机性质,从而增强建模的灵活性,使其适用于各种不同类型的建模场景。最后,SPZN 能够进行形式化验证,包括性能分析、可靠性评估和安全性分析等,确保系统在设计阶段就满足特定的要求,为设计高质量和可靠性的系统提供了有效支持。表 5-1 以直观的方式呈现了 PN、PZN、SPN 和 SPZN 之间的差异。

表 5-1　PN、PZN、SPN、SPZN 之间的差异

种类	框架	动态	随机	抽象
PN	√	√	×	×
PZN	√	√	×	√
SPN	√	√	√	×
SPZN	√	√	√	√

5.2　基于 SPZN 的智能网联汽车的精炼和抽象方法

5.2.1　随机 Petri 网的可达标识空间爆炸问题

运用随机 Petri 网与马尔可夫链同构的性质计算稳态概率[40-49]，从而为系统性能分析提供一条更有效的捷径。但这个过程通常会受可达标识空间爆炸问题的影响，特别是在面对零信任环境下车联网系统中存在的海量节点时该问题尤为显著。以不同的交通路口为例，图 5-3 为单向车道的红绿灯路口示意图，其对应构建的随机 Petri 网模型包含了 3 个库所和 2 个变迁，不难看出，该模型仅有 3 个可达标识。

图 5-3　单向车道的红绿灯路口示意图

下面是交通路口再复杂一点时的例子。图 5-4 为双向车道的红绿灯路口示意图，此时对应构建的随机 Petri 网模型中包含 5 个库所和 4 个变迁，其可达标识数为 13 个。

图 5-4　双向车道的红绿灯路口示意图

随着交通路口复杂程度的上升，随机 Petri 网可达标识的数量呈指数型增长。在对十字路口红绿灯构建随机 Petri 网时，其可达标识的数量达到 748 个，如图 5-5 所示。可达标识空间的指数型增长势必引发标识空间爆炸的问题，缩小标识空间有助于提升后续分析中的计算效率和精确性。

针对零信任环境下车联网系统在使用随机 Petri 网进行形式化建模时，海量节点导致标识空间爆炸的问题，本节提出了一种基于 SPZN 的精炼和抽象方法。在满足模型可达性、安全性、活性等性质的前提下，根据形式化建模和分析所处的阶段及其产生的不同需求，可以有倾向性地选择精炼方法或抽象方法。一方面，使用抽象方法可以将整个系统中各个子模型的关键要素抽象出来，形成一个精简而全面的模型，为用户提供一个对整个大规模复杂系统的宏观视角，再根据该模型对系统的整体功能进行分析验证。另一方面，使用精炼方法可以分别对各个子模型的内部结构进行详细描述，分析子模型内的工作流细节有助于更深入地理解大规模系统的基础工作流程和结构，并对其功能进行分析优化，如图 5-6 清晰地展示了基于 SPZN 的精炼和抽象方法的工作流程图。本节将基于 SPZN 的车联网系统应用的精炼和抽象方法分为几点进行详细阐述。

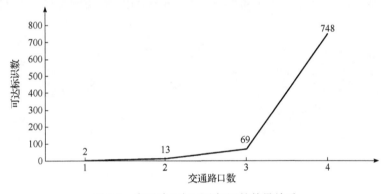

图 5-5　交通路口与可达标识的数量关系

5.2.2　对单个库所和变迁的精炼抽象方法

图 5-7 为对库所的抽象方法和对变迁的精炼方法，该方法将一个库所 p_a 和两个变迁 t_i、t_j 抽象为一个变迁 t^*，反之则将变迁 t^* 精炼为两个变迁和一个库所。当变迁 t_i 满足触发条件后，令牌由 t_i 触发后流入 p_a，当变迁 t_j 满足触发条件触发后，p_a 中的令牌则由 t_j 触发流出至后续部分，库所 p_a 有且仅有一条连接至变迁 t_i 的输入弧和连接至变迁 t_j 的输出弧。假设变迁 t_i 的输入弧和输出弧的数量分别为 I_{t_i}、O_{t_i}，变迁 t_j 的输入弧和输出弧的数量分别为 I_{t_j}、O_{t_j}，变迁 t^* 的输入弧和输出弧的数量分别为 I_{t^*}、O_{t^*}，则上述方法满足以下条件：

$$\begin{cases} I_{t_i} + I_{t_j} = I_{t^*} + 1 \\ O_{t_i} + O_{t_j} = O_{t^*} + 1 \end{cases}$$

以抽象为例，在对模型抽象的同时，SPZN-Z 也会产生相应的改变。在完成抽象之后，SPZN-Z 包含了抽象之前的所有被抽象的库所和变迁的内容。因此，存在一个集合关系 $Z_{t^*} = \{Z_{t_i}, Z_{t_j}, Z_{p_a}\}$ 与之对应。

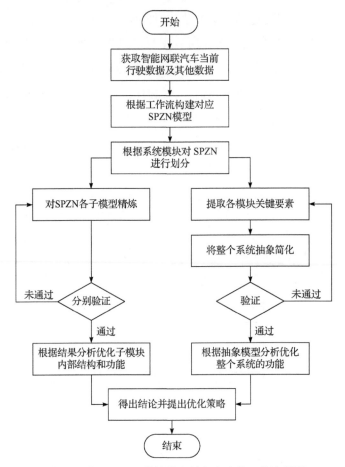

图 5-6　基于 SPZN 的精炼和抽象方法的工作流程图

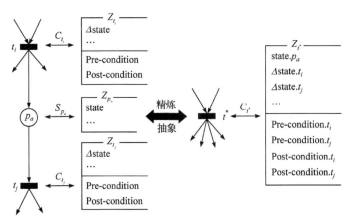

图 5-7　对库所的抽象方法和对变迁的精炼方法

图 5-8 为另一种对变迁的抽象方法和对库所的精炼方法，该方法将两个库所 p_a、p_b 和一个变迁 t_i 抽象为一个库所 p^*，反之则将库所 p^* 精炼为两个库所和一个变迁。当变迁 t_i 满足触发条件后，库所 p_a 中的令牌通过变迁 t_i 流入库所 p_b，变迁 t_i 有且仅有一条连接至库所 p_a 的输入弧和连接至库所 p_b 的输出弧。假设库所 p_a 的输入弧和输出弧的数量分别为 I_{p_a}、O_{p_a}，库所 p_b 的输入弧和输出弧的数量分别为 I_{p_b}、O_{p_b}，库所 p^* 的输入弧和输出弧的数量分别为 I_{p^*}、O_{p^*}，则该方法满足下列条件：

$$\begin{cases} I_{p_a} + I_{p_b} = I_{p^*} + 1 \\ O_{p_a} + O_{p_b} = O_{p^*} + 1 \end{cases}$$

同样地，该方法与集合关系 $Z_{p^*} = \{Z_{p_a}, Z_{p_b}, Z_{t_i}\}$ 对应。

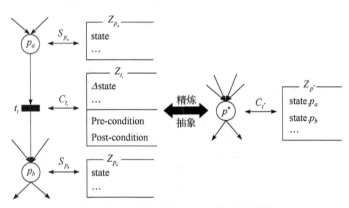

图 5-8　对变迁的抽象方法和对库所的精炼方法

5.2.3　对多个库所和变迁的精炼抽象方法

对多个库所的精炼抽象方法如图 5-9 所示。该方法将多个库所抽象为单一库所，反之则将一个库所精炼为多个库所，SPZN-Z 满足集合关系 $Z_{p^*} = \{Z_{p_a}, \cdots, Z_{p_b}\}$。假设变迁 t_i 的输出弧的数量为 O_{t_i}，变迁 t_j 的输入弧的数量为 I_{t_j}，将 c 个如图 5-9 所示结构的库所抽象为单一库所，则该方法在完成抽象之后，变迁 t_i 的输出弧和变迁 t_j 的输入弧的数量均会减少 c，此时 t_i 的输出弧的数量为 $O_{t_i} - c$，t_j 的输入弧的数量为 $I_{t_j} - c$。

对多个变迁的精炼抽象方法如图 5-10 所示。该方法将多个变迁抽象为单一变迁，反之则将一个变迁精炼为多个变迁，SPZN-Z 满足集合关系 $Z_{t^*} = \{Z_{t_i}, \cdots, Z_{t_j}\}$。假设库所 p_a 的输出弧的数量为 O_{p_a}，库所 p_b 的输入弧的数量为 I_{p_b}，将 k 个变迁

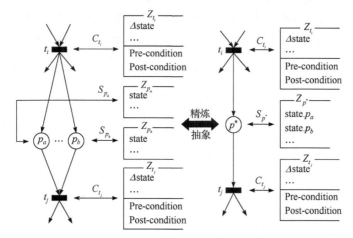

图 5-9　对多个库所的精炼抽象方法

抽象为单一变迁，则在对多个变迁完成抽象之后，库所 p_a 的输出弧数量和库所 p_b 的输入弧数量均会减少 k，此时 p_a 的输出弧的数量为 $O_{p_a} - k$，p_b 的输入弧的数量为 $I_{p_b} - k$。

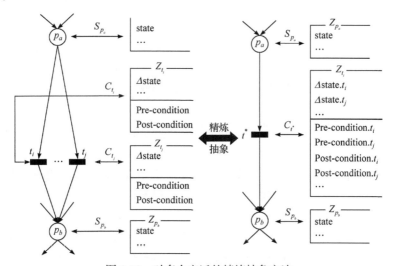

图 5-10　对多个变迁的精炼抽象方法

5.2.4　混合库所和变迁的精炼抽象方法

混合库所和变迁的精炼抽象方法可以将两个库所和两个变迁抽象为一个变迁和一个库所，SPZN-Z 满足集合关系：$Z_{t^*} = \{Z_{t_i}, Z_{t_j}\}$ 和 $Z_{p^*} = \{Z_{p_a}, Z_{p_b}\}$，如图 5-11 所示的混合库所和变迁的精炼抽象方法，库所 p_a 有且仅有一条连接到变迁 t_i 的输出弧，库所 p_b 有且仅有一条连接到变迁 t_j 的输出弧，变迁 t_i 和变迁 t_j 都有且只有一条输入弧和输出弧，并且两个变迁的输出弧均与库所 p_c 相连，在完成抽象之后，变迁 t^* 有且只有一条连接到库所 p^* 的输入弧和一条连接到库所 p_c 的输出弧。假设库所 p_a 的输入弧的数量为 I_{p_a}，库所 p_b 的输入弧的数量为 I_{p_b}，库所 p^* 的输入弧的数量为 I_{p^*}，则该方法满足如下等式：

$$I_{p_a} + I_{p_b} = I_{p^*}$$

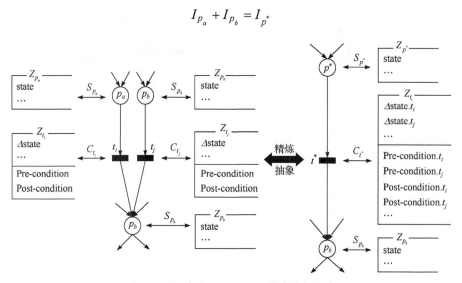

图 5-11　混合库所和变迁的精炼抽象方法

5.3　基于 SPZN 的车联网系统的形式化验证与分析

考虑到零信任环境下车联网系统在实际应用场景中的广泛性和复杂性，在本节中给出了零信任环境下车联网系统针对智慧停车场景的应用，如图 5-12 所示。在该应用场景中，零信任环境下车联网系统的"车-路-云"之间相互通信，从而完成智慧停车应用。零信任环境下智能网联汽车、停车场服务终端、路边基础设施单元分别与云端通信，云端根据停车场服务终端提供的信息规划停车位和最佳停车路线，并将决策传输回零信任环境下智能网联汽车和停车场服务终端，停车场服务终端将车辆信息与路边基础设施单元交互，以便对车辆信息进行核验并准确记录停车开始时间。在车辆到达目标停车场后，门禁监控设施会对车辆进行识别核验并准确地记录停车时间数据，核验完成之后停车场服务终端向门禁发送放行指令，并为车辆提供停车位具体信息和路线，车辆根据信息从而实现智慧停车全流程。图 5-13 用流程图的形式清晰地描述了智慧停车应用的整个过程。

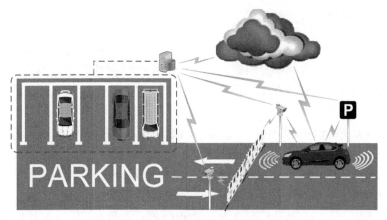

图 5-12　智慧停车场景

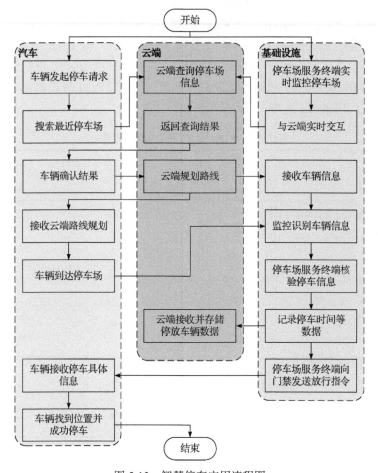

图 5-13　智慧停车应用流程图

5.3.1　SPZN 的动态性质分析

SPZN 集成模型作为形式化建模与分析中一种扩展功能的 Petri 网模型，由 SPZN-SPN 和 SPZN-Z 两部分组成，集成了随机 Petri 网和 Z 语言模式，在对系统进行建模的同时，同样满足 Petri 网的各种性质，如可达性、安全性、活性等，利用上述性质能有效地对系统模型进行动态性质分析。

可达性是 Petri 网最基本的动态属性。按照变迁触发规则，任一变迁在触发之后，其库所中的令牌便会发生转移，进入一种新的可达标识。与之对应的可达标识图也会进行延伸。对一个 Petri 网进行可达性分析，就是对可达标识图中有无孤立节点进行判断，类似于数据结构中图结构的孤立点。

定义 5-3　设 $\Sigma = (P,T,F,M_0)$ 为一个 Petri 网，若 $\exists t \in T$ 使得 $M[t > M'$，则称 M' 从 M 可达。若有变迁序列 $(t_0,t_1,\cdots,t_{k-1})$ 和可达标识序列 $(M_0,M_1,\cdots,M_k)$ 使得 $M_0[t_0 > M_1[t_1 > M_2 \cdots M_{k-1}[t_{k-1} > M_k$，则称 M_k 从 M_0 可达，将所有从 M_0 可达的可达标识的集合记为 $R(M_0)$。

根据定义 5-3 的描述，可以得到如算法 5-1 所示的 Petri 网 Σ 可达性的验证算法。其中，$R(\Sigma)$ 为 Petri 网的可达性，若 $R(\Sigma) = 1$，则 Petri 网 Σ 满足可达性，否则 Petri 网 Σ 不满足可达性。

算法 5-1　Petri 网 Σ 可达性的验证算法

输入：Σ

输出：$R(\Sigma)$

步骤 1：判断可达标识是否属于 $R(M_0)$

　　　if　$\exists t \in T : M_0[t > M$

　　　　　$M \in R(M_0)$

　　　else if　$\exists t_0, t_1, \cdots, t_{k-1} \in T : M_0[t_0 > M_1[t_1 > M_2 \cdots M_{k-1}[t_{k-1} > M_k$

　　　　　$M_1, M_2, \cdots, M_k \in R(M_0)$

步骤 2：遍历 $R(M_0)$ 的所有元素

步骤 3：判断是否存在可达标识不属于 $R(M_0)$

　　　if　$\exists i : M_i \notin R(M_0)$

　　　　　$R(\Sigma) = 0$ //即 Σ 不可达

　　　else

　　　　　$R(\Sigma) = 1$ //即 Σ 可达

在零信任环境下车联网系统中，可达性可用于分析能否达到所期望的状态或者达到某状态所需轨迹。因此，作为 Petri 网中最基本的动态性质，可达性的本质

反映了该系统模型的可控性。

对于 Petri 网而言,有界性和安全性是非常必要的。当系统的某一关键部分不满足安全要求时,应采取相关解决方案,防止出现不安全的情况。如果系统满足安全性,则系统发生危险的概率很小,但并不意味着系统永远能保持安全状态。

定义 5-4　设 $\Sigma = (P,T,F,M_0)$ 为一个 Petri 网,若 $\exists B \in \mathbb{Z}^+$ 使得 $\forall M \in R(M_0)$ 满足 $M(p) \leqslant B$,则称库所 p 有界,满足上述条件的最小正整数 B 称为库所 p 的界,记为 $B(p)$ 。

$$B(p) = \min\{B \mid \forall M \in R(M_0) : M(p) \leqslant B\}$$

当 $B(p) = 1$ 时,库所是安全的。

定义 5-5　设 $\Sigma = (P,T,F,M_0)$ 为一个 Petri 网,若任意库所均满足有界性,则 Σ 满足有界性,称其为有界 Petri 网。

$$B(\Sigma) = \max\{B(p) \mid p \in P\}$$

称 $B(\Sigma)$ 为 Σ 的界。当 $B(\Sigma) = 1$ 时, Σ 满足安全性。

根据定义 5-4 和定义 5-5 的描述,可以得到如算法 5-2 所示的 Petri 网 Σ 有界性和安全性的验证算法。其中, $S(p)$ 和 $S(\Sigma)$ 分别代表库所 p 和 Petri 网 Σ 的安全性,$BD(p)$ 和 $BD(\Sigma)$ 分别代表库所 p 和 Petri 网 Σ 的有界性。若 $S(p) = 1$,则库所 p 满足安全性,否则不满足安全性, $S(\Sigma)$ 同理。若 $BD(p) = 1$,则库所 p 满足有界性,否则不满足有界性, $BD(\Sigma)$ 同理。

算法 5-2　Petri 网 Σ 有界性和安全性的验证算法

输入: Σ

输出: $BD(\Sigma), S(\Sigma)$

步骤 1: 判断库所是否满足安全性

　　$B(p) = \min\{B \mid \forall M \in R(M_0) : M(p) \leqslant B\}$

　　if　$B(p) = 1$

　　　　$S(p) = 1$ //即 p 安全

　　else

　　　　$S(p) = 0$ //即 p 不安全

步骤 2: 判断 Petri 网是否满足有界性和安全性

　　if　$\forall p \in P, \exists B(p)$

　　　　$BD(\Sigma) = 1$ //即 Σ 有界

　　　　$BD(\Sigma) = \max\{B(p) \mid p \in P\}$

　　　　if　$BD(\Sigma) = 1$

$$S(\Sigma)=1\ /\!/即\ \Sigma\ 安全$$

else

$$S(\Sigma)=0\ /\!/即\ \Sigma\ 不安全$$

else

$$BD(\Sigma)=0\ /\!/即\ \Sigma\ 无界$$

Petri 网作为能够反映系统运行过程中资源流动的模型，其是否具备有界性是非常关键的，因为资源不可能无限多，库所的容量也不可能无限大。在对一个交通路口建模时，路口处的车辆数量不可能无限增长，路口也无法容纳无限多的车辆，因此满足有界性能反映出该模型是正常运行的，不存在资源溢出或资源泄漏的情况。

对于 Petri 网，活性分析的主要目的在于检查网内是否存在死锁发生，即标识到达了变迁无法触发的库所。对于 Petri 网中的死锁，有定义 5-6。

定义 5-6　设 $\Sigma=(P,T,F,M_0)$ 为一个 Petri 网，若 $\forall M\in R(M_0)$ 使得变迁 t 都无法触发，则称变迁 t 在该状态下是死的；若在该状态下 $\forall t\in T$ 均是死的，则称 Petri 网 Σ 在该状态下是死的，状态 M 为死锁状态。

一个系统是否存在死锁直接决定了该系统的稳定性，而一个系统对应构建的 Petri 网模型，其是否具有活性有助于对该系统进行深入分析，并优化系统以提高系统的稳定性，因此对 Petri 网进行活性分析至关重要。对于 Petri 网的活性，有定义 5-7。

定义 5-7　设 $\Sigma=(P,T,F,M_0)$ 为一个 Petri 网，若 $\exists M\in R(M_0)$ 可以使变迁 t 触发，则称变迁 t 具有活性。若 $\forall t\in T$ 都满足活性，则称 Petri 网 Σ 具有活性。

在对零信任环境下智能网联汽车进行 Petri 网建模时，存在将一种车辆内部资源分配到多个进程的情况，当不同进程同时需要该资源时，易发生前面所述的死锁。为避免死锁带来的潜在风险，应确保构建的系统模型具备活性，从而保证系统模型顺利可靠地正常运行。

5.3.2　基于 SPZN 的零信任车路云系统的形式化建模

根据如图 5-13 所示的智慧停车应用流程图，可以看出智慧停车应用中主要涉及零信任环境下车联网系统中的车、路、云三大主体。而在停车过程中，智能网联汽车需要控制方向和速度、对车身环境感知、与云端信息交互、执行云端决策；停车场终端及其路边单元需要与云端数据传输、监控、数据统计分析、用户支付结算和其他服务；云端则需要接收来自车辆和路边单元的数据、对数据处理分析、对车辆进行管理、对交通进行管理、做出决策以及其他应用。通过对各大主体之

间及其内部的业务关系和工作流程进行分析,建立智慧停车应用场景下的 SPZN-SPN
模型,如图 5-14 所示。相应地,库所和变迁的含义分别如表 5-2 和表 5-3 所示。

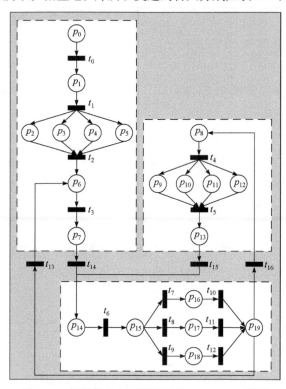

图 5-14　智慧停车应用场景下的 SPZN-SPN 模型

表 5-2　智慧停车应用场景下的 SPZN-SPN 模型中库所的含义

库所	含义	库所	含义
p_0	车辆正常运行	p_{10}	数据统计分析模块
p_1	车辆进入停车程序状态	p_{11}	支付结算模块
p_2	方向控制子系统	p_{12}	用户服务模块
p_3	雷达传感子系统	p_{13}	与云端信息交互接口
p_4	视频监控子系统	p_{14}	云端数据接收模块
p_5	速度控制子系统	p_{15}	数据处理与分析模块
p_6	车载中控系统	p_{16}	车辆管理模块
p_7	车载信息交互模块	p_{17}	交通管理模块
p_8	停车场终端实时监控状态	p_{18}	云端应用模块
p_9	监控模块	p_{19}	云端决策模块

表 5-3　智慧停车应用场景下的 SPZN-SPN 模型中变迁的含义

变迁	含义	变迁	含义
t_0	车辆发出停车指令	t_9	发送数据至云端应用模块
t_1	传递停车指令至各子系统	t_{10}	车管模块发送数据至决策模块
t_2	每个子系统发送数据至中控系统	t_{11}	交管模块发送数据至决策模块
t_3	发送数据至车载信息交互模块	t_{12}	应用模块发送数据至决策模块
t_4	停车场终端传递停车信息	t_{13}	发送决策信息至车载中控系统
t_5	传递数据至云端信息交互接口	t_{14}	上传车辆数据至云端
t_6	存储并发送数据至数据处理模块	t_{15}	上传停车场数据至云端
t_7	发送数据至车辆管理模块	t_{16}	发送决策信息至停车场终端
t_8	发送数据至交通管理模块	—	—

在建立 SPZN-SPN 模型之前，每个设备节点的 SPZN-Z 模式由节点信息抽象完成建立，由于篇幅原因，本节仅选取 SPZN 的局部对 SPZN-Z 模式进行展示，如图 5-15 所示。

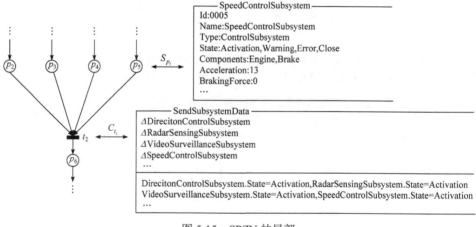

图 5-15　SPZN 的局部

如上结构是对零信任环境下智能网联汽车模块中的局部 SPZN 的展示，p_2、p_3、p_4、p_5、p_6、t_2 与图 5-14 中一一对应。在完成对 SPZN-SPN 和 SPZN-Z 的建立之后，应同时构造 SPZN-SPN 与 SPZN-Z 之间的映射关系，如 S_{p_5} 和 C_{t_2}。

由定义 5-1 可知，图 5-14 对应的 $SPZN = (P, T, F, M_0, \lambda, Z_P, Z_T, S, C)$，其中：

$$P = \begin{Bmatrix} p_0, p_1, p_2, p_3, p_4, p_5, p_6, p_7, p_8, p_9, p_{10}, \\ p_{11}, p_{12}, p_{13}, p_{14}, p_{15}, p_{16}, p_{17}, p_{18}, p_{19} \end{Bmatrix}$$

$$T = \{t_0, t_1, t_2, t_3, t_4, t_5, t_6, t_7, t_8, t_9, t_{10}, t_{11}, t_{12}, t_{13}, t_{14}, t_{15}, t_{16}\}$$

$$F = \begin{Bmatrix} (p_0, t_0), (t_0, p_1), (p_1, t_1), (t_1, p_2), (t_1, p_3), (t_1, p_4), (t_1, p_5), (p_2, t_2), (p_3, t_2), \\ (p_4, t_2), (p_5, t_2), (t_2, p_6), (p_6, t_3), (t_3, p_7), (p_7, t_{14}), (t_{14}, p_{14}), (p_{14}, t_6), \\ (t_6, p_{15}), (p_{15}, t_7), (p_{15}, t_8), (p_{15}, t_9), (t_7, p_{16}), (t_8, p_{17}), (t_9, p_{18}), (p_{16}, t_{10}), \\ (p_{17}, t_{11}), (p_{18}, t_{12}), (t_{10}, p_{19}), (t_{11}, p_{19}), (t_{12}, p_{19}), (p_{19}, t_{16}), (p_{19}, t_{13}), \\ (t_{13}, p_6), (t_{16}, p_8), (p_8, t_4), (t_4, p_9), (t_4, p_{10}), (t_4, p_{11}), (t_4, p_{12}), (p_9, t_5), \\ (p_{10}, t_5), (p_{11}, t_5), (p_{12}, t_5), (t_5, p_{13}), (p_{13}, t_{15}), (t_{15}, p_{14}) \end{Bmatrix}$$

$$M_0 = (1,0,0,0,0,0,0,0,0,0,0,0,0,0,0,0,0,0,0,0)$$

$$\lambda = \{\lambda_0, \lambda_1, \lambda_2, \lambda_3, \lambda_4, \lambda_5, \lambda_6, \lambda_7, \lambda_8, \lambda_9, \lambda_{10}, \lambda_{11}, \lambda_{12}, \lambda_{13}, \lambda_{14}, \lambda_{15}, \lambda_{16}\}$$

$$Z_P = \begin{Bmatrix} Z_{p_0} : \text{SmartCarNormalState}, Z_{p_1} : \text{SmartCarParkingState}, \\ Z_{p_2} : \text{DirectionControlSystem}, Z_{p_3} : \text{RadarSensingSystem}, \\ Z_{p_4} : \text{VideoSurveillanceSystem}, Z_{p_5} : \text{SpeedControlSystem}, \\ Z_{p_6} : \text{CentralControlSystem}, Z_{p_7} : \text{InteractionModule}, \\ Z_{p_8} : \text{ParkinglotRealtimeMonitoring}, Z_{p_9} : \text{MonitoringModule}, \\ Z_{p_{10}} : \text{DataAnalysisModule}, Z_{p_{11}} : \text{PaymentModule}, \\ Z_{p_{12}} : \text{UserServiceModule}, Z_{p_{13}} : \text{ParkinglotCloudAPI}, \\ Z_{p_{14}} : \text{DataReceivingModule}, Z_{p_{15}} : \text{DataProcess}, \\ Z_{p_{16}} : \text{VehicleManagement}, Z_{p_{17}} : \text{TrafficManagement}, \\ Z_{p_{18}} : \text{CloudAPP}, Z_{p_{19}} : \text{CloudDecision} \end{Bmatrix}$$

$$Z_T = \begin{Bmatrix} Z_{t_0} : \text{Parking}, Z_{t_1} : \text{SendParking}, Z_{t_2} : \text{SendSubsystemData}, \\ Z_{t_3} : \text{SendVehicleData}, Z_{t_4} : \text{SendInformation}, \\ Z_{t_5} : \text{SendToCloudAPI}, Z_{t_6} : \text{StoreAndSendDataToDataProcess}, \\ Z_{t_7} : \text{SendToVehicleManagement}, Z_{t_8} : \text{SendToTrafficManagement}, \\ Z_{t_9} : \text{SendToCloudAPP}, Z_{t_{10}} : \text{VehicleManagementToDecision}, \\ Z_{t_{11}} : \text{TrafficManagementToDecision}, Z_{t_{12}} : \text{CloudAPPToDecision}, \\ Z_{t_{13}} : \text{SendDecisionToCentralControl}, Z_{t_{14}} : \text{UploadToCloud}, \\ Z_{t_{15}} : \text{UploadToCloud}, Z_{t_{16}} : \text{SendDecisionToParkinglot} \end{Bmatrix}$$

$$S = \begin{cases} p_0 \to Z_{p_0} : \text{SmartCarNormalState}, p_1 \to Z_{p_1} : \text{SmartCarParkingState}, \\ p_2 \to Z_{p_2} : \text{DirectionControlSystem}, p_3 \to Z_{p_3} : \text{RadarSensingSystem}, \\ p_4 \to Z_{p_4} : \text{VideoSurveillanceSystem}, p_5 \to Z_{p_5} : \text{SpeedControlSystem}, \\ p_6 \to Z_{p_6} : \text{CentralControlSystem}, p_7 \to Z_{p_7} : \text{InteractionModule}, \\ p_8 \to Z_{p_8} : \text{ParkinglotRealtimeMonitoring}, \\ p_9 \to Z_{p_9} : \text{MonitoringModule}, p_{10} \to Z_{p_{10}} : \text{DataAnalysisModule}, \\ p_{11} \to Z_{p_{11}} : \text{PaymentModule}, p_{12} \to Z_{p_{12}} : \text{UserServiceModule}, \\ p_{13} \to Z_{p_{13}} : \text{ParkinglotCloudAPI}, p_{14} \to Z_{p_{14}} : \text{DataReceivingModule}, \\ p_{15} \to Z_{p_{15}} : \text{DataProcess}, p_{16} \to Z_{p_{16}} : \text{VehicleManagement}, \\ p_{17} \to Z_{p_{17}} : \text{TrafficManagement}, p_{17} \to Z_{p_{17}} : \text{CloudAPP}, \\ p_{17} \to Z_{p_{17}} : \text{CloudDecision} \end{cases}$$

$$C = \begin{cases} t_0 \to Z_{t_0} : \text{Parking}, t_1 \to Z_{t_1} : \text{SendParking}, \\ t_2 \to Z_{t_2} : \text{SendSubsystemData}, t_3 \to Z_{t_3} : \text{SendVehicleData}, \\ t_4 \to Z_{t_4} : \text{SendInformation}, t_5 \to Z_{t_5} : \text{SendToCloudAPI}, \\ t_6 \to Z_{t_6} : \text{StoreAndSendDataToDataProcess}, \\ t_7 \to Z_{t_7} : \text{SendToVehicleManagement}, \\ t_8 \to Z_{t_8} : \text{SendToTrafficManagement}, t_9 \to Z_{t_9} : \text{SendToCloudAPP}, \\ t_{10} \to Z_{t_{10}} : \text{VehicleManagementToDecision}, \\ t_{11} \to Z_{t_{11}} : \text{TrafficManagementToDecision}, \\ t_{12} \to Z_{t_{12}} : \text{CloudAPPToDecision}, \\ t_{13} \to Z_{t_{13}} : \text{SendDecisionToCentralControl}, \\ t_{14} \to Z_{t_{14}} : \text{UploadToCloud}, t_{15} \to Z_{t_{15}} : \text{UploadToCloud}, \\ t_{16} \to Z_{t_{16}} : \text{SendDecisionToParkinglot} \end{cases}$$

在构建好智慧停车应用场景下的 SPZN 集成模型后，假设初始标识为

$$M_0 = (0) = (1,0,0,0,0,0,0,0,0,0,0,0,0,0,0,0,0,0,0,0,0) \tag{5-7}$$

其中，式(5-7)意味着在库所 p_0 中存在一个令牌。当变迁 t_0 触发时，库所 p_0 中的令牌将通过 t_0 转移到库所 p_1。经过一系列的触发可以获得模型的所有可达标识，并构建对应的可达标识图，如图 5-16 和表 5-4 所示。

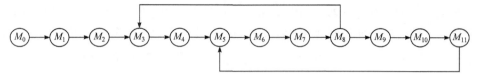

图 5-16　智慧停车应用场景下的 SPZN-SPN 模型对应的可达标识图

表 5-4　可达标识对应含义

标识	对应库所	标识	对应库所	标识	对应库所
M_0	(0)	M_4	(7)	M_8	(19)
M_1	(1)	M_5	(14)	M_9	(8)
M_2	(2,3,4,5)	M_6	(15)	M_{10}	(9,10,11,12)
M_3	(6)	M_7	(16,17,18)	M_{11}	(13)

从上述可见，零信任环境下车联网系统的终端节点数量庞大，仅对于智慧停车应用场景，SPZN 集成模型复杂度较高，可达标识数量较多，构建的可达标识图庞大，且可达标识的数量随库所变迁数量的增长呈指数增长，这严重阻碍了对后续模型的分析和验证。根据第 4 章中提出的基于 SPZN 形式化模型的精炼和抽象方法，使用抽象方法可以对模型进行简化，从而完成对整个系统的验证分析，因此在 5.3.3 节中将对本节已构建的 SPZN 集成模型进行精炼和抽象。

5.3.3　基于 SPZN 的零信任"车-路-云"系统的精炼与抽象

因零信任环境下车联网系统复杂，故本节将使用抽象方法对其 SPZN 集成模型按照规则进行简化，提取出"车-路-云"系统中的关键要素，构建简洁清晰的 SPZN 集成模型。如图 5-17 所示，该图为对图 5-14 原模型抽象之后的 SPZN 集

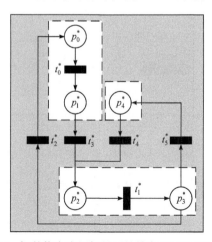

图 5-17　智慧停车应用场景下的抽象 SPZN-SPN 模型

成模型，其库所和变迁对应的含义如表 5-5 所示。在完成对 SPZN 集成模型的抽象之后，原模型与抽象模型的 SPZN-Z 模式对应集合关系如表 5-6 所示。假设模型初始标识为 $M_0^* = (1,0,0,0,0)$，对应地，抽象之后的 SPZN-SPN 模型同构马尔可夫链如图 5-18 所示。

表 5-5　抽象 SPZN-SPN 模型的库所和变迁对应含义

Petri 网组成部分	含义	Petri 网组成部分	含义
p_0^*	中控收到停车指令，车辆进入停车状态	t_1^*	处理并分析数据，将预测结果发送至决策模块
p_1^*	车载信息交互模块	t_2^*	发送决策至智能网联汽车
p_2^*	云端数据接收模块	t_3^*	上传车辆数据至云端
p_3^*	云端决策模块	t_4^*	上传停车场数据至云端
p_4^*	停车场终端	t_5^*	发送决策至停车场终端
t_0^*	中控发送停车指令至车载通信模块	—	—

表 5-6　原模型与抽象模型的 SPZN-Z 模式对应集合关系

抽象模型的 SPZN-Z 模式	原模型的 SPZN-Z 模式
$Z_{p_0}^*$	$\{Z_{p_0}, Z_{p_1}, Z_{p_2}, Z_{p_3}, Z_{p_4}, Z_{p_5}, Z_{p_6}, Z_{t_0}, Z_{t_1}, Z_{t_2}\}$
$Z_{p_4}^*$	$\{Z_{p_8}, Z_{p_9}, Z_{p_{10}}, Z_{p_{11}}, Z_{p_{12}}, Z_{p_{13}}, Z_{t_4}, Z_{t_5}\}$
$Z_{t_1}^*$	$\{Z_{p_{15}}, Z_{p_{16}}, Z_{p_{17}}, Z_{p_{18}}, Z_{t_6}, Z_{t_7}, Z_{t_8}, Z_{t_9}, Z_{t_{10}}, Z_{t_{11}}, Z_{t_{12}}\}$

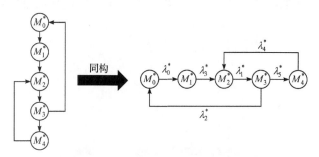

图 5-18　抽象之后的 SPZN-SPN 模型同构马尔可夫链

可以看出，抽象之后的 SPZN-SPN 模型更加简单，便于后续对整个系统模型进行分析与验证，相关分析验证内容将在 5.3.4 节进行详细阐述。

对于原模型和抽象模型而言，各个子系统和模块内部的数据流传输描述还不够清晰，模型不够细致，因此可以在原模型的基础上，以车、路、云为三个主体分别进行精炼。在进行精炼之前，本节还分析了各主体在智慧停车应用场景中所涉及的模块、功能及其支持的组件。基于第 3 章中车辆正常行驶情况下速度控制子系统和车载传感子系统的应用实例，可以得到如表 5-7 所示的智慧停车案例中零信任环境下智能网联汽车涉及的模块、功能及其组件。

表 5-7　智慧停车案例中零信任环境下智能网联汽车涉及的模块、功能及其组件

模块	功能	支持组件
方向控制子系统	控制车辆转向幅度	转向动力器 转向轴 方向盘 ……
速度控制子系统	控制汽车行车速度大小	油门 引擎 制动器
雷达传感子系统	实时感知车身环境	左前侧雷达传感器 右前侧雷达传感器 左后侧雷达传感器 右后侧雷达传感器
视频监控子系统	实时感知车身环境	前置视频监控器 后置视频监控器
车载中控子系统	控制车辆各种功能	中央控制台 ……
车载信息交互模块	与其他主体进行信息交互	信号接收器 信号发送器 ……

基于表 5-7 对零信任环境下智能网联汽车内部结构的分析，及相关数据流的传输过程，易得如图 5-19 所示的智慧停车场景下智能网联汽车的精炼 SPZN-SPN 模型，其库所和变迁的含义分别如表 5-8 和表 5-9 所示。

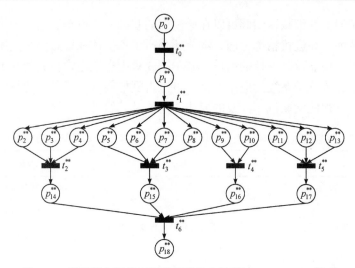

图 5-19　智慧停车场景下智能网联汽车的精炼 SPZN-SPN 模型

表 5-8　智能网联汽车的精炼 SPZN-SPN 模型库所对应含义

库所	含义	库所	含义
p_0^*	车辆正常运行	p_{10}^*	后置视频监控器
p_1^*	车辆进入停车状态	p_{11}^*	油门
p_2^*	转向动力器	p_{12}^*	引擎
p_3^*	转向轴	p_{13}^*	制动器
p_4^*	方向盘	p_{14}^*	方向控制子系统
p_5^*	左前侧雷达传感器	p_{15}^*	雷达传感子系统
p_6^*	右前侧雷达传感器	p_{16}^*	视频监控子系统
p_7^*	左后侧雷达传感器	p_{17}^*	速度控制子系统
p_8^*	右后侧雷达传感器	p_{18}^*	车载中控系统
p_9^*	前置视频监控器	—	—

表 5-9　智能网联汽车的精炼 SPZN-SPN 模型变迁对应含义

变迁	含义	变迁	含义
t_0^*	停车场发出停车指令	t_4^*	发送数据至视频监控子系统
t_1^*	将指令分发至各组件	t_5^*	发送数据至速度控制子系统
t_2^*	发送数据至方向控制子系统	t_6^*	各子系统发送数据至中控系统
t_3^*	发送数据至雷达传感子系统	—	—

同样地，对停车场终端和云端的内部进行分析细化，如表 5-10 和表 5-11 所示，根据分析结果构造出对应的 SPZN-SPN 模型，如图 5-20 和图 5-21 所示，对应的库所和变迁含义如表 5-12 和表 5-13 所示。

表 5-10　智慧停车案例中停车场终端涉及模块、功能及其组件

模块	功能	支持组件
数据统计分析模块	分析停车数据，为不同的用户画像预测停车高峰时间段和收入等	终端服务器
支付结算模块	用户停车结算支付	终端服务器
用户服务模块	支持用户的其他个性化服务	终端服务器
实时监控模块	实时感知停车场自身环境及状态	车位监控 门禁监控 ……

表 5-11　智慧停车案例中云端涉及模块、功能及其组件

模块	功能	支持组件
数据接收模块	接收各个主体发送的数据	数据接收器
数据处理与分析模块	处理分析预测数据	云端服务器
车辆管理模块	对道路拥堵、道路规划进行管理	云端服务器
交通管理模块	对道路拥堵、道路规划进行管理	云端服务器
云端应用模块	为车联网系统的各个主体提供个性化服务	云端服务器
云端决策模块	根据预测结果给出决策	云端服务器

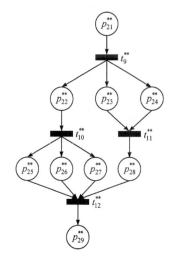

图 5-20　智慧停车场景下停车场终端的精炼 SPZN-SPN 模型

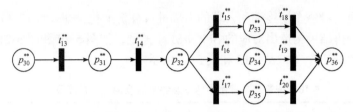

图 5-21　智慧停车场景下云端的精炼 SPZN-SPN 模型

表 5-12　停车场终端的精炼 SPZN-SPN 模型库所和变迁对应含义

Petri 网组成部分	含义	Petri 网组成部分	含义
p_{21}^{**}	停车场终端实时监控状态	p_{28}^{**}	实时监控模块
p_{22}^{**}	终端服务器	p_{29}^{**}	与云端信息交互接口
p_{23}^{**}	车位监控器	t_{9}^{**}	停车场终端传递停车信息
p_{24}^{**}	门禁监控器	t_{10}^{**}	服务器发送数据至各模块
p_{25}^{**}	数据统计分析模块	t_{11}^{**}	监控实时返回数据至监控模块
p_{26}^{**}	支付结算模块	t_{12}^{**}	将数据传递至云端信息交互接口
p_{27}^{**}	用户服务模块	—	—

表 5-13　云端的精炼 SPZN-SPN 模型库所和变迁对应含义

Petri 网组成部分	含义	Petri 网组成部分	含义
p_{30}^{**}	云端数据接收模块	t_{14}^{**}	存储数据并处理数据
p_{31}^{**}	云端服务器	t_{15}^{**}	发送数据至车辆管理模块
p_{32}^{**}	数据处理与分析模块	t_{16}^{**}	发送数据至交通管理模块
p_{33}^{**}	车辆管理模块	t_{17}^{**}	发送数据至云端应用模块
p_{34}^{**}	交通管理模块	t_{18}^{**}	车辆管理模块发送数据至决策模块
p_{35}^{**}	云端应用模块	t_{19}^{**}	交通管理模块发送数据至决策模块
p_{36}^{**}	云端决策模块	t_{20}^{**}	应用模块发送数据至决策模块
t_{13}^{**}	将数据发送至云端服务器	—	—

　　检查上述三个精炼模型，均满足 Petri 网中的构建规则。将车、路、云三者的精炼模型整合，可以得到如图 5-22 所示的智慧停车应用场景下的 SPZN-SPN 精炼模型。其中，库所和变迁与前面的精炼模型相对应，存在精炼 SPZN-SPN 模型中未包含的库所和变迁对应含义如表 5-14 所示。那么，原模型与精炼模型的 SPZN-Z 模式对应集合关系如表 5-15 所示。

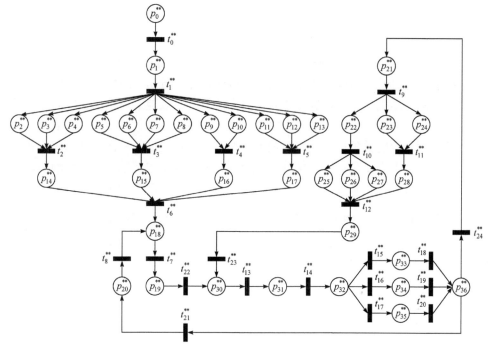

图 5-22　智慧停车应用场景下的 SPZN-SPN 精炼模型

表 5-14　精炼 SPZN-SPN 模型中未包含的库所和变迁对应含义

Petri 网组成部分	含义	Petri 网组成部分	含义
p_{19}^{**}	信号发送器	t_{21}^{**}	将决策信息发送回车载中控系统
p_{20}^{**}	信号接收器	t_{22}^{**}	上传车辆数据至云端
t_7^{**}	发送数据至车载交互模块	t_{23}^{**}	上传停车场数据至云端
t_8^{**}	将数据传回车载中控系统	t_{24}^{**}	将决策信息发送回停车场终端

表 5-15 原模型与精炼模型的 SPZN-Z 模式对应集合关系

原模型 SPZN-Z 模式	精炼模型 SPZN-Z 模式	原模型 SPZN-Z 模式	精炼模型 SPZN-Z 模式
Z_{p_2}	$\{Z_{p_2}^{**}, Z_{p_3}^{**}, Z_{p_4}^{**}, Z_{p_{14}}^{**}, Z_{t_2}^{**}\}$	Z_{p_5}	$\{Z_{p_{11}}^{**}, Z_{p_{12}}^{**}, Z_{p_{13}}^{**}, Z_{p_{17}}^{**}, Z_{t_5}^{**}\}$
Z_{p_3}	$\{Z_{p_5}^{**}, Z_{p_6}^{**}, Z_{p_7}^{**}, Z_{p_8}^{**}, Z_{p_{15}}^{**}, Z_{t_3}^{**}\}$	Z_{t_4}	$\{Z_{t_9}^{**}, Z_{t_{10}}^{**}, Z_{t_{11}}^{**}, Z_{p_{22}}^{**}, Z_{p_{23}}^{**}, Z_{p_{24}}^{**}\}$
Z_{p_4}	$\{Z_{p_9}^{**}, Z_{p_{10}}^{**}, Z_{p_{16}}^{**}, Z_{t_4}^{**}\}$	$Z_{p_{15}}$	$\{Z_{p_{31}}^{**}, Z_{p_{32}}^{**}, Z_{t_{14}}^{**}\}$

在分别完成精炼操作和抽象操作后，对原模型、精炼模型和抽象模型对应的库所、变迁、弧和标识的数量关系进行分析，得到如表 5-16 所示的数量表和图 5-23 所示的数量图。结果显示，精炼方法和抽象方法能够有效地对可达标识空间爆炸的问题进行避免，通过抽象方法可以将整个系统中各子模型的关键要素提取出来，形成精简而全面的抽象模型，再对抽象模型进行分析验证，从而保证系统内各子模型与系统的可靠安全。使用精炼方法分别将各子模型内部结构进行详细描述，对内部数据流加以刻画并分析细节，以达到对子模块内部功能优化的目的。

表 5-16 原模型、精炼模型和抽象模型对应的库所、变迁、弧和标识的数量表

模型类型	库所数量	变迁数量	弧数量	标识数量
抽象模型	5	6	12	5
原模型	20	17	46	12
精炼模型	37	25	80	31

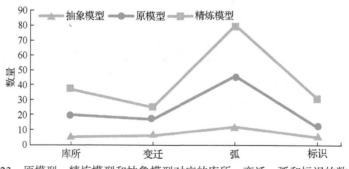

图 5-23 原模型、精炼模型和抽象模型对应的库所、变迁、弧和标识的数量图

5.3.4 基于 SPZN 的零信任 "车-路-云" 系统的形式化验证与分析

在本节中将主要以 5.3.3 节中图 5-17 和图 5-18 为例，对智慧停车应用场景下基于 SPZN 的零信任环境下车联网系统进行分析验证。

首先是完整性分析，对于抽象模型，该模型基于原模型进行抽象，其信息传输过程描述清楚完整，包含在该场景下的车、路、云三大主体，满足信息传输功能，因此该抽象模型具备完整性。

对于模型的可达性，抽象模型结构简单、流程清晰，易得如图 5-18 中所示其可达标识有限的可达标识图，故根据可达标识图结合本书第 3 章中所提出的可达性分析算法，该模型对应的可达标识不存在无法达到的情况，其可达标识图内的任一标识均存在一条路径从初始标识 M_0^* 到达，故该模型满足可达性，是完全可达的。

而对于原模型，虽然在本章中对其可达标识图进行了构建，但很明显可达标识图并不适用于如此庞大的模型。因此针对上述情况，可用关联矩阵分析法对原模型进行可达性分析。这里仍以公式(5-7)作为初始标识，若车辆完成智慧停车，则该模型的最终标识应为 M_{11}。

$$M_{11} = (13) = (0,0,0,0,0,0,0,0,0,0,0,0,0,1,0,0,0,0,0,0,0) \tag{5-8}$$

如需验证最终标识能否由初始标识达到，那么根据关联矩阵可得式(5-9)和式(5-10)。再由状态方程 $M = M_0 + X \cdot (D^+ - D^-)$ 计算，可得如式(5-11)所示的三个向量解。

$$D^+ = \begin{bmatrix} 0 & 1 & 0 & 0 & 0 & 0 & 0 & 0 & 0 & 0 & 0 & 0 & 0 & 0 & 0 & 0 & 0 & 0 & 0 & 0 \\ 0 & 0 & 1 & 1 & 1 & 1 & 0 & 0 & 0 & 0 & 0 & 0 & 0 & 0 & 0 & 0 & 0 & 0 & 0 & 0 \\ 0 & 0 & 0 & 0 & 0 & 0 & 1 & 0 & 0 & 0 & 0 & 0 & 0 & 0 & 0 & 0 & 0 & 0 & 0 & 0 \\ 0 & 0 & 0 & 0 & 0 & 0 & 0 & 1 & 0 & 0 & 0 & 0 & 0 & 0 & 0 & 0 & 0 & 0 & 0 & 0 \\ 0 & 0 & 0 & 0 & 0 & 0 & 0 & 0 & 1 & 1 & 1 & 1 & 0 & 0 & 0 & 0 & 0 & 0 & 0 & 0 \\ 0 & 0 & 0 & 0 & 0 & 0 & 0 & 0 & 0 & 0 & 0 & 0 & 1 & 0 & 0 & 0 & 0 & 0 & 0 & 0 \\ 0 & 0 & 0 & 0 & 0 & 0 & 0 & 0 & 0 & 0 & 0 & 0 & 0 & 1 & 0 & 0 & 0 & 0 & 0 & 0 \\ 0 & 0 & 0 & 0 & 0 & 0 & 0 & 0 & 0 & 0 & 0 & 0 & 0 & 0 & 1 & 0 & 0 & 0 & 0 & 0 \\ 0 & 0 & 0 & 0 & 0 & 0 & 0 & 0 & 0 & 0 & 0 & 0 & 0 & 0 & 0 & 1 & 0 & 0 & 0 & 0 \\ 0 & 0 & 0 & 0 & 0 & 0 & 0 & 0 & 0 & 0 & 0 & 0 & 0 & 0 & 0 & 0 & 1 & 0 & 0 & 0 \\ 0 & 0 & 0 & 0 & 0 & 0 & 0 & 0 & 0 & 0 & 0 & 0 & 0 & 0 & 0 & 0 & 0 & 1 & 0 & 0 \\ 0 & 0 & 0 & 0 & 0 & 0 & 0 & 0 & 0 & 0 & 0 & 0 & 0 & 0 & 0 & 0 & 0 & 0 & 1 & 0 \\ 0 & 0 & 0 & 0 & 0 & 0 & 0 & 0 & 0 & 0 & 0 & 0 & 0 & 0 & 0 & 0 & 0 & 0 & 0 & 1 \\ 0 & 0 & 0 & 0 & 0 & 1 & 0 & 0 & 0 & 0 & 0 & 0 & 0 & 0 & 0 & 0 & 0 & 0 & 0 & 0 \\ 0 & 0 & 0 & 0 & 0 & 0 & 0 & 0 & 0 & 0 & 0 & 0 & 1 & 0 & 0 & 0 & 0 & 0 & 0 & 0 \\ 0 & 0 & 0 & 0 & 0 & 0 & 0 & 0 & 0 & 0 & 0 & 0 & 1 & 0 & 0 & 0 & 0 & 0 & 0 & 0 \\ 0 & 0 & 0 & 0 & 0 & 0 & 0 & 0 & 1 & 0 & 0 & 0 & 0 & 0 & 0 & 0 & 0 & 0 & 0 & 0 \end{bmatrix} \tag{5-9}$$

$$D^- = \begin{bmatrix}
1 & 0 & 0 & 0 & 0 & 0 & 0 & 0 & 0 & 0 & 0 & 0 & 0 & 0 & 0 & 0 & 0 & 0 & 0 & 0 & 0 \\
0 & 1 & 0 & 0 & 0 & 0 & 0 & 0 & 0 & 0 & 0 & 0 & 0 & 0 & 0 & 0 & 0 & 0 & 0 & 0 & 0 \\
0 & 0 & 1 & 1 & 1 & 1 & 0 & 0 & 0 & 0 & 0 & 0 & 0 & 0 & 0 & 0 & 0 & 0 & 0 & 0 & 0 \\
0 & 0 & 0 & 0 & 0 & 0 & 1 & 0 & 0 & 0 & 0 & 0 & 0 & 0 & 0 & 0 & 0 & 0 & 0 & 0 & 0 \\
0 & 0 & 0 & 0 & 0 & 0 & 0 & 0 & 1 & 0 & 0 & 0 & 0 & 0 & 0 & 0 & 0 & 0 & 0 & 0 & 0 \\
0 & 0 & 0 & 0 & 0 & 0 & 0 & 1 & 1 & 1 & 1 & 0 & 0 & 0 & 0 & 0 & 0 & 0 & 0 & 0 & 0 \\
0 & 0 & 0 & 0 & 0 & 0 & 0 & 0 & 0 & 0 & 0 & 0 & 0 & 1 & 0 & 0 & 0 & 0 & 0 & 0 & 0 \\
0 & 0 & 0 & 0 & 0 & 0 & 0 & 0 & 0 & 0 & 0 & 0 & 0 & 0 & 1 & 0 & 0 & 0 & 0 & 0 & 0 \\
0 & 0 & 0 & 0 & 0 & 0 & 0 & 0 & 0 & 0 & 0 & 0 & 0 & 0 & 0 & 1 & 0 & 0 & 0 & 0 & 0 \\
0 & 0 & 0 & 0 & 0 & 0 & 0 & 0 & 0 & 0 & 0 & 0 & 0 & 0 & 0 & 0 & 1 & 0 & 0 & 0 & 0 \\
0 & 0 & 0 & 0 & 0 & 0 & 0 & 0 & 0 & 0 & 0 & 0 & 0 & 0 & 0 & 0 & 0 & 1 & 0 & 0 & 0 \\
0 & 0 & 0 & 0 & 0 & 0 & 0 & 0 & 0 & 0 & 0 & 0 & 0 & 0 & 0 & 0 & 0 & 0 & 1 & 0 & 0 \\
0 & 0 & 0 & 0 & 0 & 0 & 0 & 0 & 0 & 0 & 0 & 0 & 0 & 0 & 0 & 0 & 0 & 0 & 0 & 1 & 0 \\
0 & 0 & 0 & 0 & 0 & 0 & 0 & 0 & 0 & 0 & 0 & 0 & 0 & 0 & 0 & 0 & 0 & 0 & 0 & 0 & 1 \\
0 & 0 & 0 & 0 & 0 & 0 & 1 & 0 & 0 & 0 & 0 & 0 & 0 & 0 & 0 & 0 & 0 & 0 & 0 & 0 & 0 \\
0 & 0 & 0 & 0 & 0 & 0 & 0 & 0 & 0 & 0 & 0 & 0 & 1 & 0 & 0 & 0 & 0 & 0 & 0 & 0 & 0 \\
0 & 0 & 0 & 0 & 0 & 0 & 0 & 0 & 0 & 0 & 0 & 0 & 0 & 0 & 0 & 0 & 0 & 0 & 0 & 0 & 1
\end{bmatrix} \quad (5\text{-}10)$$

$$\begin{cases}
X_1 = (1,1,1,1,1,1,1,1,0,0,1,0,0,1,0,1) \\
X_2 = (1,1,1,1,1,1,1,0,1,0,0,1,0,0,1,0,1) \\
X_3 = (1,1,1,1,1,1,1,0,0,1,0,0,1,0,1,0,1)
\end{cases} \quad (5\text{-}11)$$

需要注意的是，仅依靠状态方程是无法实现对可达性的判定的，还需辅以合法的变迁序列 σ 的存在性进行判定。因此，对于式(5-11)三个向量解分别找到对应的合法变迁序列如下：

$$\begin{cases}
\sigma_1 = t_0 t_1 t_2 t_3 t_4 t_5 t_6 t_7 t_{10} t_{14} t_{16} \\
\sigma_2 = t_0 t_1 t_2 t_3 t_4 t_5 t_6 t_8 t_{11} t_{14} t_{16} \\
\sigma_3 = t_0 t_1 t_2 t_3 t_4 t_5 t_6 t_9 t_{12} t_{14} t_{16}
\end{cases} \quad (5\text{-}12)$$

即证明最终标识 M_{11} 与初始标识 M_0 之间可达。通过关联矩阵分析法，可以对两个状态之间的可达性进行验证。

对于抽象模型的安全性和有界性，根据其可达标识图可以看出，模型的库所内令牌数始终为小于等于 1，那么由算法 5-1 可知，该抽象模型同时满足安全性和有界性。

该抽象模型同样满足活性。根据定义 5-6 和定义 5-7 可知，该模型中不存在变迁无法触发，且其任一标识均可被变迁触发，即模型满足活性。

综上所述，该抽象模型满足完整性、可达性、有界性、安全性及活性，是有效可行的。根据如上的验证方法及流程，对本章中所有的 SPZN 集成模型进行验证，得到各模型的性质检验结果如表 5-17 所示。

表 5-17　各模型的性质检验结果

模型	完整性	可达性	安全性	有界性	活性
SPZN 原模型	√	√	√	√	√
SPZN 抽象模型	√	√	√	√	√
SPZN 精炼模型	√	√	√	√	√

对于上述抽象模型，其变迁实施速率还有待确定，故根据 3.1 节中所提出的方法，使用专家系统，邀请了 6 名专家分别给出了如表 5-18 所示的变迁触发时延区间，再结合区间平均后加权平均的方法对变迁实施速率进行确定。由定义 5-2 和表 5-18 可得到 6 个变迁的平均触发延迟矩阵 TA。考虑上述 6 名专家具备不同的专业性和可靠性，经评估后得到如式(5-14)所示的对应权重向量 F。由式(5-4)计算易得 6 个变迁的触发时延区间向量 $\text{TA}_{\text{transition}}$，如式(5-15)所示。

表 5-18　6 名专家给出的变迁触发时延区间　　　　（单位：ms）

变迁	t_0^{**}	t_1^{**}	t_2^{**}	t_3^{**}	t_4^{**}	t_5^{**}
专家 1	[5,10]	[20,25]	[50,75]	[10,13]	[30,35]	[40,45]
专家 2	[5,7]	[17,30]	[40,55]	[5,15]	[28,33]	[38,55]
专家 3	[4,9]	[15,20]	[50,65]	[5,10]	[25,35]	[35,45]
专家 4	[5,9]	[22,25]	[55,73]	[10,18]	[30,33]	[42,47]
专家 5	[4,10]	[18,31]	[40,50]	[5,10]	[28,38]	[38,53]
专家 6	[6,9]	[15,25]	[50,60]	[8,10]	[30,38]	[35,48]

$$\text{TA} = \begin{bmatrix} 7.5 & 6 & 6.5 & 7 & 7 & 7.5 \\ 22.5 & 23.5 & 17.5 & 23.5 & 29.5 & 20 \\ 62.5 & 47.5 & 57.5 & 64 & 45 & 55 \\ 11.5 & 10 & 7.5 & 14 & 7.5 & 9 \\ 32.5 & 30.5 & 30 & 31.5 & 33 & 34 \\ 42.5 & 46.5 & 40 & 44.5 & 45.5 & 41.5 \end{bmatrix} \tag{5-13}$$

$$F = (0.23, 0.08, 0.13, 0.2, 0.18, 0.18) \tag{5-14}$$

$$\text{TA}_{\text{transition}} = (7.060, 22.940, 56.450, 10.190, 32.175, 43.255) \tag{5-15}$$

因变迁实施速率与变迁触发时延之间互为倒数的特殊性质，易得 6 个变迁的实施速率如表 5-19 所示。

表 5-19　6 个变迁的实施速率

λ_0^{**}	λ_1^{**}	λ_2^{**}	λ_3^{**}	λ_4^{**}	λ_5^{**}
0.141643	0.043592	0.017715	0.098135	0.031080	0.023119

再根据同构马尔可夫链的定义 2-14,对于如图 5-18 所示的抽象 SPZN-SPN 模型同构马尔可夫链，其中包含了 5 个状态，因此可以得到如式(5-16)和式(5-17)所示的五阶的转移矩阵 Q 和五维的稳态概率向量 P，代入至式(2-2)可得如式(5-18)所示的方程组。

$$Q = \begin{bmatrix} -\lambda_0^* & \lambda_0^* & 0 & 0 & 0 \\ 0 & -\lambda_3^* & \lambda_3^* & 0 & 0 \\ 0 & 0 & -\lambda_1^* & \lambda_1^* & 0 \\ \lambda_2^* & 0 & 0 & -\lambda_2^* - \lambda_5^* & \lambda_5^* \\ 0 & 0 & \lambda_4^* & 0 & -\lambda_4^* \end{bmatrix} \tag{5-16}$$

$$P = \left(p(M_0^*), p(M_1^*), p(M_2^*), p(M_3^*), p(M_4^*) \right) \tag{5-17}$$

$$\begin{cases} \lambda_0^* \times p(M_0^*) = \lambda_2^* \times p(M_3^*) \\ \lambda_0^* \times p(M_0^*) = \lambda_3^* \times p(M_1^*) \\ \lambda_1^* \times p(M_2^*) = \lambda_3^* \times p(M_1^*) + \lambda_3^* \times p(M_4^*) \\ \lambda_1^* \times p(M_2^*) = (\lambda_2^* + \lambda_5^*) \times p(M_3^*) \\ p(M_0^*) + p(M_1^*) + p(M_2^*) + p(M_3^*) + p(M_4^*) = 1 \end{cases} \tag{5-18}$$

求解可得如表 5-20 所示的图 5-18 中可达标识图的每个标识的稳态概率。

表 5-20　图 5-18 中可达标识图每个标识的稳态概率

标识	稳态概率
$M_0^*(1,0,0,0,0)$	0.0140
$M_1^*(0,1,0,0,0)$	0.0453
$M_2^*(0,0,1,0,0)$	0.5852
$M_3^*(0,0,0,1,0)$	0.0855
$M_4^*(0,0,0,0,1)$	0.2700

基于表 5-19 所示的 6 个变迁的实施速率，逐一改变所有的变迁实施速率，并计算相应的稳态概率，得到如图 5-24 所示的稳态趋势。

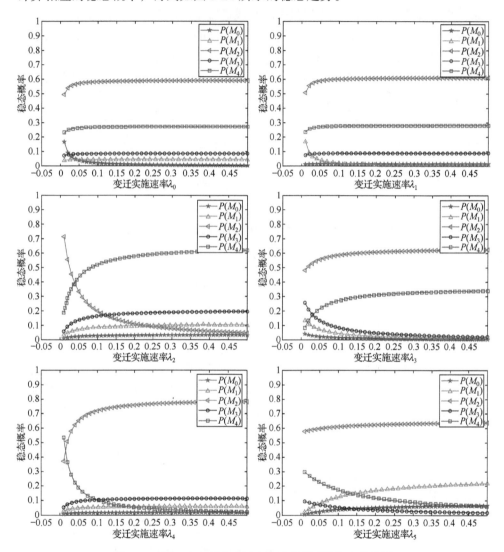

图 5-24　逐一改变所有变迁实施速率得到的稳态趋势图

需要注意的是，在改变某一变迁的变迁实施速率时，其他变迁实施速率应保持不变。通过改变变迁实施速率，能对 SPZN 的抽象模型进行动态分析，从而能够观察零信任环境下车联网系统中不同模块之间的关联。

通过上述实验可以发现，变迁实施速率对稳态概率有显著影响。因此，可以将强化学习的思想和方法应用至变迁实施速率和稳态概率，对于案例中的智能网联汽车，最理想的状态是以时间最快、性价比最高的方式成功停车，停车场最理想的状态是在云端的决策下帮助用户完成停车，而云端最理想的状态是所作预测和决策准确，使智能网联汽车以最短时间或最短距离停至最划算的停车场，故站在三者的不同角度，其理想状态对应于 SPZN 中的不同标识。因此，本节以零信任环境下的智能网联汽车为角度，研究 Actor-Critic 算法在变迁实施速率和稳态概率中的应用，其对应动作、环境、理想状态和非理想状态集合如表 5-21 所示。

表 5-21　动作、环境、理想状态和非理想状态集合

参数	内容
Action	$\{\lambda_0^* + +, \lambda_0^* - -, \cdots, \lambda_5^* + +, \lambda_5^* - -\}$
GS	$\{M_0^*\}$
BS	$\{M_2^*, M_3^*, M_4^*\}$
s_t	$P_t = (p_t(M_0^*), p_t(M_1^*), p_t(M_2^*), p_t(M_3^*), p_t(M_4^*))$
Environment	$\begin{cases} \lambda_0^* \times p(M_0^*) = \lambda_2^* \times p(M_3^*) \\ \lambda_0^* \times p(M_0^*) = \lambda_3^* \times p(M_1^*) \\ \lambda_1^* \times p(M_2^*) = \lambda_3^* \times p(M_1^*) + \lambda_3^* \times p(M_4^*) \\ \lambda_1^* \times p(M_2^*) = (\lambda_2^* + \lambda_5^*) \times p(M_3^*) \\ p(M_0^*) + p(M_1^*) + p(M_2^*) + p(M_3^*) + p(M_4^*) = 1 \end{cases}$

在完成参数设置之后，随机初始化各变迁实施速率，根据算法 5-1 模拟之后，得到各个标识的稳态概率向量 $P = (0.4719, 0.3381, 0.0926, 0.0488, 0.0486)$，对应的模拟后的各变迁实施速率如表 5-22 所示。

表 5-22　模拟后的变迁实施速率

λ_0^{**}	λ_1^{**}	λ_2^{**}	λ_3^{**}	λ_4^{**}	λ_5^{**}
0.015143	0.200264	0.146423	0.021134	0.234155	0.233164

不难看出，标识 M_0^* 的稳态概率从 0.0140 提升到 0.4719，而标识 M_2、M_3 和 M_4 的稳态概率有所下降，整个系统在往预定的理想状态的方向前进。通过观察变迁实施速率的变化，可以看到 λ_1^*、λ_2^*、λ_4^*、λ_5^* 显著增加，根据各变迁对应含义，这意味着提高车、路、云三者之间的信息传输效率能使得零信任环境下智能网联汽车在智慧停车场景下达到理想状态。同样地，分析图 5-24 中的稳态概率趋势也能得到上述结论。

除了以零信任环境下智能网联汽车为角度分析外，还可以从云端和停车场终端的角度进行分析。因分析过程类似，故此处将其省略，根据分析结果，为增强

智慧停车场景下车联网系统的安全性和稳定性，建议采取以下措施。

(1) 定期对智能网联汽车进行维护和修理，以提高其安全性。

(2) 提高云端服务器模块的性能，以增强其数据处理能力。

(3) 建立更稳定、更快速的数据传输方法和通道，使得模块间数据传输的稳定性和效率显著提高。

(4) 保证停车场终端系统的持续运行，以确保数据传输的实时性能。

本节将通过仿真软件 Snoopy 对智慧停车场景下车联网系统 SPZN-SPN 模型进行仿真，并利用软件中的检查功能对模型是否符合规则及其相关性质进行检查。

首先根据抽象模型，在软件中构建 SPZN-SPN 模型，根据原模型与抽象模型的对应规则，原模型相对于抽象模型即是对抽象模型的一层精炼模型，因此抽象模型中的库所 p_0^*、p_4^* 和变迁 t_1^* 中分别存在精炼模型，存在精炼模型的库所和变迁在图 5-25 中分别以双重圆圈和双重矩形进行表示，而普通的库所和变迁则分别以单圆圈和单矩形表示。

抽象模型中库所 p_0^* 对应原模型应为智能网联汽车，故 Snoopy 软件中智能网联汽车的 SPZN-SPN 原模型描述如图 5-26 所示。

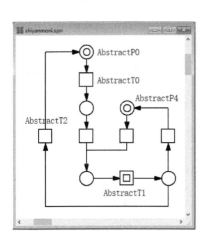

图 5-25　Snoopy 软件中的
SPZN-SPN 抽象模型

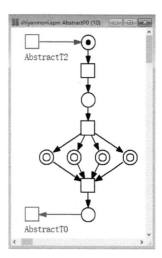

图 5-26　Snoopy 软件中智能网联汽车的
SPZN-SPN 原模型

可以看到，图 5-26 中有两个蓝色矩形和箭头，其代表的含义为抽象模型中库所 p_0^* 输入弧和输出弧连接的变迁 t_0^* 和 t_2^*，以及其输入输出弧。类似地，依次对停车场终端和云端的 SPZN-SPN 原模型进行构造，其分别对应抽象模型中的 p_4^* 和 t_1^*，再将原模型按 5.2 节中的精炼方法进行构造精炼，得到如图 5-27 所示 Snoopy

软件中的 SPZN-SPN 精炼模型。

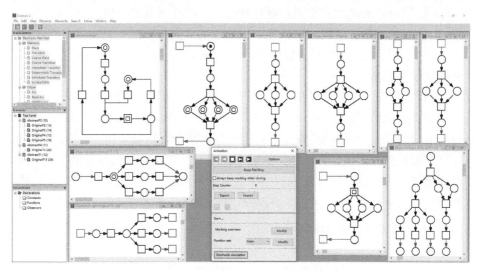

图 5-27 Snoopy 软件中的 SPZN-SPN 精炼模型

对于图 5-27 中的所有模型, 左上角的模型即为抽象模型, 其右侧模型即为智能网联汽车的原模型和对应方向控制子系统、雷达传感子系统、视频监控子系统、方向控制子系统四个子系统的精炼模型。图 5-27 中左下角的两个模型分别为云端的原模型和精炼模型, 右下角的两个模型分别为停车场终端的原模型和精炼模型。

在完成对所有模型的构建之后, 利用 Snoopy 软件内自带的检查功能对模型进行检验, 得到如图 5-28 所示结果, 显示该模型符合基本语法规则, 不存在语法

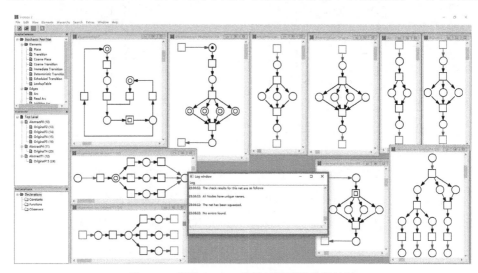

图 5-28 利用 Snoopy 软件对模型的检验结果

及性质问题。

　　模型的安全性得到保证之后，接着对其进行仿真模拟。由于模型较为复杂，仿真过程较多，限于篇幅，后续将截取部分仿真的重要节点以图片的形式进行展示。如图 5-29 所示，在红色方框中此步仿真展示了整个系统模型开始启动时令牌的流动，图中红色小点代表令牌，若模型启动则令牌从原模型的库所 p_0 流向变迁 t_0。

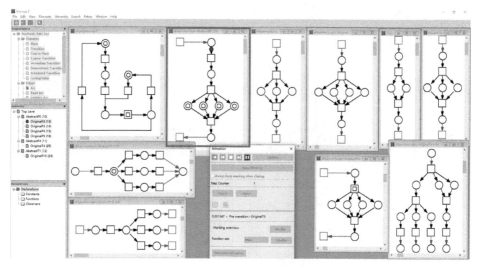

图 5-29　模型刚启动时令牌的流动

　　图 5-30 中的红色方框则展示了令牌流动至智能网联汽车各子系统的情况，当

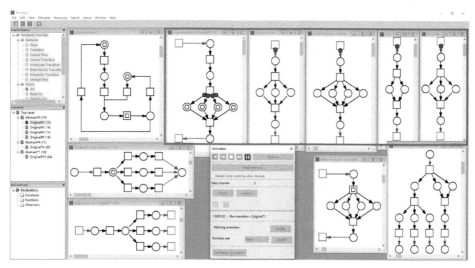

图 5-30　令牌流动至智能网联汽车各子系统

原模型中的变迁 t_1 触发，则令牌分别由 t_1 进入到各子模型，而库所 p_2、p_3、p_4、p_5 中分别存在精炼模型。相应地，令牌流入各精炼模型，精炼模型中也存在令牌流动。在模拟完智能网联汽车各子系统内部流程之后，令牌将从子模型内流出，回到原模型中，如图 5-31 的红色方框展示了令牌流出智能网联汽车各子系统的情况。

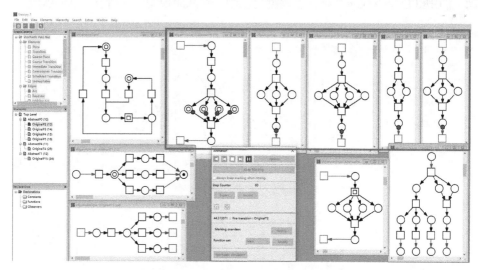

图 5-31　令牌流出智能网联汽车各子系统

智能网联汽车完成相应数据流模拟之后，令牌将流入云端模型中，在云端的原模型和精炼模型中对应库所流动如图 5-32 左下角红色方框所示。进入云端，

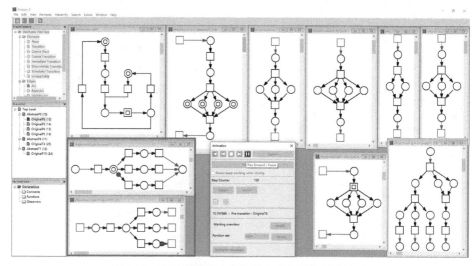

图 5-32　在云端模型中令牌进入应用模块时的流动

经过云端服务器的数据处理后，根据此时系统的需求，分别选择车辆管理模块、交通管理模块、应用模块进入，图 5-32 展示了在云端模型中令牌进入应用模块时的流动。

图 5-33 和图 5-34 中的红色方框则分别展示了令牌在停车场终端精炼模型中的流动过程以及令牌从停车场终端精炼模型中流出的过程。至此，通过上述的模拟仿真过程可对模型的数据流有更直观、更清晰的认识。通过运用 Snoopy 软件仿真可知，该智慧停车应用场景下零信任车联网系统模型满足相关的语法语义规则及性质。

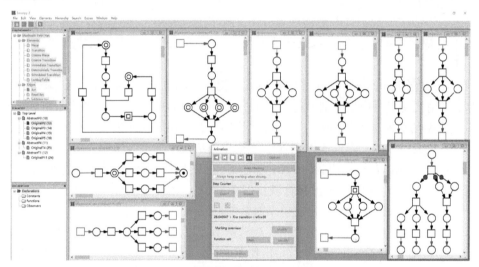

图 5-33 令牌在停车场终端精炼模型中的流动过程

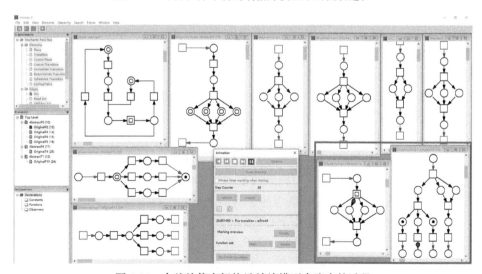

图 5-34 令牌从停车场终端精炼模型中流出的过程

5.4 本 章 小 结

本章主要以零信任环境下的车联网系统为研究对象,结合形式化建模与验证,对 Petri 网可达标识空间爆炸问题进行了研究。首先对目前车联网系统及形式化验证的研究背景及意义进行了简单介绍,着重对 Petri 网的研究现状进行了综述,其次对本书所用到的相关知识及理论基础进行了详细说明,然后由可达标识空间爆炸问题提出 SPZN 集成模型,并对其建模步骤和性质进行了阐述,接着对基于 SPZN 集成模型的精炼方法和抽象方法进行了逐一介绍,最后以零信任车联网系统中的智慧停车为案例对本章所述方法进行应用。本章的主要研究工作及结论如下。

(1) 结合随机 Petri 网和 Z 语言模式,提出了随机 Petri 网与 Z 语言的集成模型,采用九元组对模型的细节进行了定义,分析零信任车联网系统机制,将 SPZN 集成模型的建模过程和步骤进行了细化说明,并给出 SPZN 集成模型的性质,由 SPZN 集成模型的动态性质得到基于 SPZN 集成模型的动态性质分析验证算法,通过对比其他具有扩展功能的 Petri 网对 SPZN 的优势进行了详细阐述。最后以零信任环境下智能网联汽车正常行驶情况为实例,对车辆速度和传感子系统进行 SPZN 建模,验证了 SPZN 集成模型对智能网联汽车建模分析的有效性。

(2) 针对零信任车联网系统中存在海量节点以及随机 Petri 网可达标识空间爆炸问题,使用 SPZN 集成模型对零信任车联网系统分析可能存在可达标识空间爆炸问题,提出了基于 SPZN 集成模型的零信任环境下智能网联汽车的精炼方法和抽象方法,将该方法分为对单个库所变迁的精炼方法和抽象方法、对多个库所变迁的精炼方法和抽象方法,以及混合库所变迁的精炼方法和抽象方法三种情况分别进行介绍。同样以零信任环境下智能网联汽车正常行驶为实例,对所提出的方法进行了阐述,表明了该方法的可行性。

(3) 基于专家系统提出区间平均后加权平均的方法对变迁实施速率进行了确定,为后续分析提供了可靠依据。与其他确定变迁实施速率的方法相比,该方法较为简单且适用于专家之间的专业知识能力存在显著差异的情况。对变迁实施速率进行确定之后利用随机 Petri 网与马尔可夫链同构的特殊性质即可求解该变迁实施速率下的各稳态概率,并可得到改变变迁实施速率对稳态概率的影响趋势。强化学习中的 Actor-Critic 算法的思想,有助于对后续稳态分析进行验证。

(4) 以智慧停车场景下的零信任车联网系统为案例,验证了 SPZN 集成模型及其相关方法对零信任车联网系统的有效性。按照 SPZN 集成模型的定义对其进行构建,并应用精炼方法和抽象方法对模型分别进行展示和验证。通过动态性质分析算法对三层模型的完整性、可达性、有界性、安全性和活性分别进行了验证，再运用本书所提出的变迁实施速率确定方法，得到稳态概率及其趋势图，结合 Actor-Critic 算法思想总结得出系统优化措施。利用 Snoopy 软件对模型进行仿真实验，结果显示模型满足语法语义规则和性质。

参 考 文 献

[1] Taleb-Berrouane M, Khan F, Amyotte P. Bayesian stochastic Petri nets (BSPN): A new modelling tool for dynamic safety and reliability analysis[J].Reliability Engineering & System Safety, 2020, 193: 106587.

[2] Marsan M A, Balbo G, Chiola G, et al. An introduction to generalized stochastic Petri nets[J]. Microelectronics Reliability, 1991, 31(4): 699-725.

[3] Aghasaryan A, Fabre E, Benveniste A, et al. Fault detection and diagnosis in distributed systems: An approach by partially stochastic Petri nets[J]. Discrete Event Dynamic Systems, 1998, 8: 203-231.

[4] Kan D Y, Fang X W, Gong Z Y. Event log privacy based on differential Petri nets[J]. Applied Artificial Intelligence, 2023, 37(1): 2175109.

[5] Nesterov R A, Savelyev S Y. Generation of Petri nets using structural property-preserving transformations[J]. Труды Института системного программирования РАН, 2021, 33(3): 155-170.

[6] Lindemann C. DSPNexpress: A software package for the efficient solution of deterministic and stochastic Petri nets[J]. Performance Evaluation, 1995, 22(1): 3-21.

[7] Horton G, Kulkarni V G, Nicol D M, et al. Fluid stochastic Petri nets: Theory, applications, and solution techniques[J]. European Journal of Operational Research, 1998, 105(1): 184-201.

[8] Schruben L, Yucesan E. Transforming Petri nets into event graph models[C]. Proceedings of Winter Simulation Conference, 1994: 560-565.

[9] Genrich H J. Predicate transition nets[J]. Lecture Notes in Computer Science, 1987, 254: 205-247.

[10] Jensen K. Colored Petri nets[J]. Lecture Notes in Computer Science, 1987, 254: 248-299.

[11] Kan C Y, He X D. High-level algebraic Petri nets[J]. Information and Software Technology, 1995, 37(1): 23-30.

[12] Abrial J R. The specification language Z: Syntax and semantics[R].Oxford: Oxford University, 1980.

[13] Jacky J. The Way of Z: Practical Programming with Formal Methods[M]. Cambridge: Cambridge University Press, 1997.

[14] 缪淮扣. 软件工程语言——Z[M].上海:上海科学技术文献出版社, 1999.

[15] Miarka R, Derrick J, Boiten E. Handling inconsistencies in Z using quasi-classical logic[J]. Lecture Notes in Computer Science, 2002, 2272: 204-225.

[16] Miarka R. Inconsistent and underdefinedness in Z specification[D]. Canterbury: The University of Kent, 2002.

[17] 王宏生. Z 形式规约的自动求精研究[M].北京:国防工业出版社, 2009.

[18] Heiner M, Heisel M. Modeling safety-critical systems with Z and Petri-nets[C]. Computer Safety,

Reliability and Security, 1999:361-374.

[19] Peschanski F, Julien D. When concurrent control meets functional requirements or Z+Petri nets[C]. ZB2003: Formal Specification and Development in Z and B, 2003:79-97.

[20] He X D. P Z nets: A formal method integrating Petri nets with Z[J]. Information and Software Technology, 2001, 43(1): 1-18.

[21] 胡劲松, 赵保华, 郭雄辉, 等. Petri 网和 Z 语言的集成形式化方法[J].小型微型计算机系统, 2004, 25(8):1450-1453.

[22] 宋宇博, 牟海波, 蒋兆远. 基于随机 Petri 网的城市轨道交通应急系统安全性能分析[J].中国安全科学学报, 2011, 21(9): 82-87.

[23] 孙钦莹, 李向阳. 基于随机 Petri 网的跨组织应急协同模型构建[J].中国安全生产科学技术, 2015, 11(9): 63-69.

[24] Liu S L, Li W J, Gao P, et al. Modeling and performance analysis of gas leakage emergency disposal process in gas transmission station based on stochastic Petri nets[J]. Reliability Engineering & System Safety, 2022, 226: 108708.

[25] 何炎祥, 沈华. 随机 Petri 网模型到马尔可夫链的转换算法的证明[J].小型微型计算机系统, 2014, 35(2): 339-342.

[26] 王文宾, 达庆利. 基于广义随机 Petri 网的再制造供应链建模与性能分析[J]. 系统工程理论与实践, 2007, 27(12): 56-61.

[27] 王循庆, 李勇建, 孙华丽. 基于随机 Petri 网的群体性突发事件情景演变模型[J].管理评论, 2014,26(8): 53-62,116.

[28] 赵金楼, 高宏玉. 基于随机 Petri 网的网络群体事件演化模型研究[J].情报学报, 2015, 34(10): 1040-1047.

[29] Bobbio A, Puliafito A, Miklós T, et al. Recent developments in non-Markovian stochastic Petri nets[J].Journal of Circuits, Systems, and Computers, 1998, 8(1): 119-158.

[30] Lindemann C. Exploiting isomorphisms and special structures in the analysis of Markov regenerative stochastic Petri nets[C]. Proceedings of the 2nd International Workshop on the Numerical Solution of Markov Chains, 1995: 383-402.

[31] El Mehdi S O, Bekrar R, Messai N, et al. Design and identification of stochastic and deterministic stochastic Petri nets[J].IEEE Transactions on Systems, Man, and Cybernetics-Part A: Systems and Humans, 2011, 42(4): 931-946.

[32] Balbo G. Introduction to stochastic Petri nets[C]. School Organized by the European Educational Forum, 2000: 84-155.

[33] 林闯, 王元卓, 杨扬, 等. 基于随机 Petri 网的网络可信赖性分析方法研究[J]. 电子学报, 2006, 34(2): 322-332.

[34] 崔政东, 刘晋. 基于广义随机 Petri 网的供应链建模与分析[J].系统工程理论与实践, 2005,25(12):18-24.

[35] 鲁法明, 崔明浩, 包云霞, 等. 基于程序运行轨迹 Petri 网模型挖掘的死锁检测方法[J].计算机集成制造系统, 2021, 27(9): 2611-2624.

[36] Mejía G, Pereira J. Multiobjective scheduling algorithm for flexible manufacturing systems with Petri nets[J]. Journal of Manufacturing Systems, 2020, 54: 272-284.

[37] Wu D H, Lu D B, Tang T. Qualitative and quantitative safety evaluation of train control systems with stochastic colored Petri nets[J].IEEE Transactions on Intelligent Transportation Systems, 2021, 23(8): 10223-10238.

[38] Saadaoui I, Li Z W, Wu N Q. Current-state opacity modelling and verification in partially observed Petri nets[J]. Automatica, 2020, 116: 108907.

[39] Jana D, Chakraborty N. Generalized stochastic Petri nets for uncertain renewable: Based hybrid generation and load in a microgrid system[J]. International Transactions on Electrical Energy Systems, 2020, 30(4): e12195.

[40] 刘嘉琪, 刘峰, 齐佳音. 基于随机 Petri 网的区块链舆情存证系统建模与效能分析[J].上海对外经贸大学学报, 2022, 29(1): 109-124.

[41] 王淑灵, 詹博华, 盛欢欢, 等. 可信系统性质的分类和形式化研究综述[J].软件学报, 2022, 33(7): 2367-2410.

[42] 张明悦, 金芝, 赵海燕, 等. 机器学习赋能的软件自适应性综述[J].软件学报, 2020, 31(8): 2404-2431.

[43] Moumen H E, Akchioui N E, Zerrouk M H. Reliability analysis by Markov model and stochastic estimator of stochastic Petri nets[J].International Journal of Reliability and Safety, 2022, 16(1-2): 110-123.

[44] Liu L, Pu Y, Liu Z, et al. Analysis of green closed-loop supply chain efficiency under generalized stochastic Petri nets[J]. Sustainability, 2023, 15(17): 13181.

[45] Zhang B, Wei Z G. Modeling and simulation of emergency resource allocation process based on generalized stochastic Petri net[J]. Mobile Information Systems, 2022,(1):4979292.

[46] Liu Y, Fan Y Q, Huang D R, et al. Formal model and analysis for the random event in the intelligent car with stochastic Petri nets and Z[J]. Security and Communication Networks, 2022,(1):3288308.

[47] Moumen H E, Akchioui N E. Fluidization of stochastic Petri nets via continuous Petri nets: Comparative study[J]. Journal of Control, Automation and Electrical Systems, 2024,35(2): 401-414.

[48] Tigane S, Kahloul L, Hamani N, et al. On quantitative properties preservation in reconfigurable generalized stochastic Petri nets[J]. IEEE Transactions on Systems, Man, and Cybernetics: Systems, 2022,53(6):3311-3323.

[49] Yu W Y, Kong J M, Hao F, et al. Formal modeling and analysis of user cctivity sequence in online social networks: A stochastic Petri net-based approach[J].IEEE Transactions on Computational Social Systems, 2023,11(3):3580-3593.

第 6 章 零信任车联网信息系统形式化方法的研究趋势分析

随着科学技术的不断发展，车联网这类大型复杂动态系统在信息时代越发重要，形式化方法是基于逻辑、图论等数学理论的一种可靠的系统描述方法，用于发现系统中潜在的问题，描述和分析系统结构与规范集合的符号表示技术，致力于提高系统的质量，能有效保证系统的可靠性和正确性。针对这类复杂系统进行形式化建模，并对建模后的系统模型进行分析验证，对检测模型的正确性、完整性、可达性等性质至关重要。在交叉应用领域，形式化方法被广泛应用于车联网、医疗、通信和交通等多个行业，以提高系统的安全性和可靠性。

此外，形式化方法在零信任车联网中的应用也取得了显著进展，国内形式化方法同样被应用于零信任车联网的智能出行、数据安全和自动驾驶汽车等领域，展现了其在提高系统性能和安全性方面的潜力。

6.1 零信任车联网数据传输的形式化建模与验证研究趋势

采用形式化方法对系统、大规模集成电路、算法等进行验证，一直是数学、计算科学领域的热点课题。目前形式化方法已应用到各个学科领域，如零信任车联网[1]、医疗[2,3]、通信[4,5]、交通[6,7]等，形式化建模与形式化验证两方面的研究是形式化方法理论研究的重点。其中，形式化建模采用如 Petri 网、Z、Object-Z、B、Pi 演算等通用形式建模来形式化描述系统的状态、行为和各种性质，有利于后续进行形式化分析与验证系统的功能与性质等。而形式化验证则是在形式化建模的基础上，将系统的分析与验证问题转化为形式化模型的判定问题，目前形式化验证的研究重点为模型检测和定理证明的相关应用研究。

针对形式化建模的研究，近几年国内外有许多成果。例如，Ghilardi 等[8]提出了一个建立在 CPN 上的过程和数据的集成模型，该模型平衡了建模能力和在只读、不可变的关系数据上进行复杂参数化的形式化验证的可能性。该方法还展示了一种直接编码到 MCMT(model checker modulo theories)的方法，其中 MCMT 是验证动态系统无限状态最成熟的模型检测工具之一。同年，Czerwinski 等[9]针对 Petri 网可达性算法的复杂性问题建立了一个非初等下界，即可达性问题需要一个时间和空间指数塔；还提出了一个新的构造，即使用比例为 R 的任意大数值对来

提供以 R 为界的零可测计数器。通过该结构将阶乘放大器与自身反复合成，使该方法能够在线性时间内计算出模拟明斯基机器的 Petri 网，这些机器的计数器会被指数塔所约束，这就产生了非元素下边界，该方法通过进一步完善实际上已经具有为 $h+13$ 个计数器的 Petri 网建立 h 指数空间的能力。同样是针对 Petri 网的研究，Taleb-Berrouane 等[10]提出了一种集成的形式化方法，即用贝叶斯网络(Bayesian network，BN)的能力扩展 SPN，该形式化方法使用谓词等高级性质来执行数据的更新功能，这种能力使连续输入的数据进行分析时无需时间就变为离散化过程。该形式化方法称为贝叶斯随机 Petri 网(Bayesian stochastic Petri net，BSPN)，它通过捕获额外的数据集来提供动态系统的安全性评估，BSPN 为具有时变行为的复杂动态系统模型的建立提供了更好的参考方法。BSPN 既考虑了先验概率的变化，又考虑了条件概率的连续变化，这种能力对于故障诊断具有重要意义。除此之外，Schmidt 等[11]还提出了一个从 B 语言到 SMT-LIB 语言转换的新形式化描述方法，以及 Z3 约束求解器在 PROB 中的并行集成方法，该方法能够将更多的 B 和 Event-B 操作符翻译到 SMT-LIB 中，并提高整体性能。通过实验表明，新的 Z3 集成方法提高了其约束求解的能力，能够求解 PROB 约束求解器无法求解的一些约束。国内也有许多针对形式化建模的研究成果。例如，Huang 等[12]提出了在形式规约说明语言 Object-Z 中加入带时钟的线性时序逻辑(linear temporal logic with clocks，LTLC)的方法。采用多线程模块风格语言 LTLC 对 Object-Z 进行扩展，这是对 Object-Z 最基础的扩展，此方法适用于复杂系统的形式化规格说明的描述和验证。最后，通过实例说明 Object-Z 描述规范的正确性。张协力等[13]提出了一种解决形式化验证过的协议标准在具体程序实现中无法满足相应安全属性问题的方法，该方法通过将协议的 C 源码自动化抽象为 Pi 演算模型，再基于抽象的模型对协议的安全属性进行形式化验证，为了实现这个目的，他们还开发了一个名为 C2P 的自动化抽象工具，该工具可将协议的 C 源码转换为 Pi 演算模型，并通过对 Kerberos 协议代码的验证分析，说明了该方法和工具的有效性。除了上述针对形式化建模的研究以外，还有许多学者对形式化验证中的模型检测和定理证明进行了深入研究。例如，在模型检测方面，Souri 等[14]为了描述如何利用形式化验证策略来评估社会系统中知识创造过程(knowledge creation process，KCP)的正确性，提出了根据社会系统中人类行为之间的联系来分析用户关系管理(user relationship management，URM)的方法，模型检测的结果代表了对所提出的行为模型分析的逻辑问题的满意度，并提出了集成定理证明和模型检测的研究思想。Horváth 等[15]创建了一个基于云的自动化方法，并使用隐藏的模型检查器来验证 SysML 状态机的可达性属性，提高了形式化方法在实践中的应用能力，降低了形式化方法实践中对专业知识和高计算能力的要求。除此之外，Naima 等[16]将基于区域的图方法(zone-based graph，ZBG)与基于顽固集的偏序简化技术相结合，提出了一种新的状态空间抽象方法，即基于区域的简化图(reduced zone-based graph，RZBG)，并通过实例证明该方法能减少模型状态空间。张世杰等[17]提出一种针对 Web 服务组合正确性保证的方法，该方法基于符号模型检测器 NuSMV 对 Web 服务组合进行验证，并形式化定义了基于消息会话的 Web 服务有限状态自动机，这种方法旨在实现服务增值。在定理证明方面，孙小祥等[18]提出使用 Coq 定理证明器来判定内存安全验证工具算法的正确性的形式化方法,该方法的优势在于它能解决目前 C语言运行时内存安全验证工具的问题，还能避免插桩程序可能会改变源程序的行为及语义的问题，有效解决了内存的安全问题。通过实验验证了算法的正确性，证明了该方法具有可行性。

6.2　形式化方法在零信任车联网的应用

目前形式化方法已逐步应用到零信任车联网领域中，例如，针对 Yu 等提出的用于车载通信传感器网络安全认证协议中存在各种攻击的问题，Sadri 等[19]提出了零信任车联网无线传感器网络的轻量级匿名双条件认证协议，并利用BAN(Burrow-Abadi-Needham)逻辑和 ROR (real-or-random) 模型来形式化分析协议的安全性。同样针对零信任车联网协议安全方面的研究，Wazid 等[20]为了在车辆、路边单元、雾和云服务器之间进行安全通信，提出了基于雾计算的车联网部署的认证密钥管理协议，称为 AKM-IoV，并利用 ROR 模型、形式化自动验证工具 AVISPA 和 NS2 模拟器验证了协议的效率、功能和安全特性。同样通过使用ROR 模型、形式化自动验证工具 AVISPA 和 NS2 模拟器，Bagga 等[21]基于通信协议易被攻击者窃听、修改、插入恶意消息或删除信息传输中数据目标的问题，提出了基于零信任车联网的智能交通系统(intelligent transportation system，ITS)的相互认证和密钥协议，并形式化验证了协议的安全性。Sureshkumar 等[22]则针对目前研究中通信协议方案最多只有三个实体的问题，设计了一个轻量级的四方认证协议，该协议采用了雾和云服务器的强大加固，使用 GNY(Gong-Needham-Yahalom)逻辑对所设计的协议的正确性进行了形式化验证。除了车联网通信协议安全性方面的研究，Yazdanpanah 等[23]提出了基于多智能体系统战略推理逻辑的零信任车联网系统联合模型建立方法，此方法利用零信任车联网中车辆之间的协作能力，提高运输和物流系统的可靠性和安全性，基于逻辑的方法实现对零信任车联网时间、规范等方面自动化推理，并设计了一种算法机制，最后形式化验证了此方法的合理性。

国内也有大量将形式化方法运用于零信任车联网领域的成果。例如，针对零信任车联网智能出行拼车应用中乘客与驾驶员动态实时匹配的问题，李晓会等[24]

考虑了出行成本、汽车容量、效用等多种因素，在空置座位和乘客转移的约束下，提出了基于 E-CARGO 模型(environments-classes, agents, roles, groups, and objects model)的形式化方法，并利用该方法对拼车系统的匹配问题进行了形式化建模，形式化分析与验证了该方法的实用性。除了上述应用层的研究成果，零信任车联网数据安全也有相关研究。例如，针对目前零信任车联网架构并不能保证有效的数据传输和足够的数据安全性的问题，Chen 等[25]将网络架构命名为数据网络(data networking，DN)并引入到零信任车联网中，再应用通信顺序过程(communicating sequential process，CSP)对数据网络的数据访问机制进行形式化建模，通过模型检查器过程分析工具包(process analysis toolkit，PAT)验证模型的属性并改进模型以保证机制的安全性。而目前零信任车联网研究热点的自动驾驶汽车领域也有形式化方法的应用。如针对由远程用户控制的自动驾驶汽车(autonomous vehicle，AV)在紧急情况下系统会面临被恶意方入侵导致不合理决策的问题，Cui 等[26]提出了基于高精度地图的认证密钥协议(certificate-based map authentication key agreement，CMAKA)方法，为自动驾驶汽车提供了安全的远程控制功能，并通过 ROR 模型形式化验证了该方法的安全性。除此之外，汽车行驶安全和通信协议方面也有许多成果。例如，针对在动态环境下智能汽车行驶过程中随机事件的发生会影响汽车行驶安全的问题，Liu 等[27]提出了集成随机 Petri 网和 Z 语言的形式化方法，该方法利用随机 Petri 网模拟智能汽车行驶过程中随机事件的发生，Z 语言描述系统前后不同时刻的并发进程和状态，通过形式化分析与验证说明该方法能够提高智能车辆驾驶系统的安全性和有效性。Zhang 等[28]提出了基于可信连接架构的认证协议，以管理通信过程中云服务环境的安全性和可靠性，提高了云服务平台对车辆的信任度，保证了车载终端能够可靠地访问云服务，并利用 SVO (Syverson-van Oorschot)逻辑、互联网安全协议和自动验证工具 AVISPA 形式化分析与验证了协议的安全可靠。

6.3　形式化验证工具和研究成果

形式化验证技术起源于国外，并且技术水平相对于国内比较成熟。国外著名的大学和研究机构(如剑桥大学、加利福尼亚大学伯克利分校、卡内基梅隆大学、贝尔实验室、美国国家航空航天局、SYNOPSYS 公司等)开发了很多优秀的形式化验证系统，比较成功的有 HOL[29, 30]、SPIN[31, 32]、VIS[33]、NuSMV[34, 35]、JavaPathFinder[36, 37]、Formality Equivalence Checker，如表 6-1 所示。

表 6-1　国外开发的优秀形式化验证系统

序号	研究单位	开发的验证系统
1	剑桥大学	定理证明系统 HOL
2	贝尔实验室	模型检测系统 SPIN
3	加利福尼亚大学伯克利分校	集成电路验证综合系统 VIS
4	卡耐基梅隆大学	模型检测系统 NuSMV
5	美国国家航空航天局	针对 Java 语言的路径检查系统 JavaPathFinder
6	SYNOPSYS 公司	等价性检验系统 Formality Equivalence Checker

国外的重要期刊和学术会议都收录了大量的关于需求验证的形式化方法研究方面的文章。图 6-1 是通过 Springer Link 模糊检索到的 2013～2023 年国外发表在计算机科学领域(computer science)与需求验证相关的文章数。

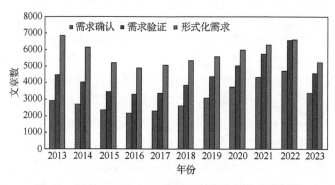

图 6-1　国外 2013～2023 年近十年发表相关文章情况

相对于国外，我国的形式化方法研究起步较晚，从事这方面研究的工作人员偏少。国内的形式化验证工具基本上都是从国外引进的，也没有比较好的成型的验证工具。

但随着国外形式化方法思想的引进，目前国内也有越来越多的科研人员参与到该领域的研究工作中。主要与形式化方法研究相关的科研单位如下。①清华大学智能技术与系统国家重点实验室，该实验室的应明生教授专注于数理逻辑及其在计算机科学与人工智能中的应用与拓扑学方面的研究，提出并系统地发展了基于剩余格这种十分广泛的逻辑的拓扑学，部分解答了著名数理逻辑学家 Rosser 等提出的有关超出谓词演算的多什理论的问题，提出了带有一种近似证明的 Hilbert 型、Gentzen 型演绎系统，建立了相应的命题演算、矢列演算。但是，他们的成果主要集中在程序验证与形式语义学方面。②中国科学院软件研究所计算机科学国家重点实验室，从事软件开发与分析中的形式化理论、方法及质量保证技术的研究，探索形式描述的新框架和获取方法，研究并发和串行程序的测试与验证算法，并研制相应的辅助工具，探讨互联网环境下的软件中间件理论、核心技术与开发方法，以及软件过程与质量保障的方法与技术，但是就目前所发表的成果来看，需求验证中的不一致性问题涉及不多，并且需求验证也不是他们关注的重点。③北京航空航天大学的软件开发环境国家重点实验室，在软件质量工程方向作出了一些研究，在软件能力成熟度模型与软件过程改进方向也有相关的工作，虽涉及软件测试方向的相关研究，但对软件需求验证的形式化方法方面的研究较少。④上海大学计算机工程与科学学院，缪淮扣教授的主要研究方向为自动推理、软件形式方法、软件工程方面，他所带领的学术团队在形式化方法方面已有一些代表性的研究成果[38-42]。⑤南京大学计算机软件新技术国家重点实验室是在需求验证方向成果相对较多的国内两个国家重点实验室之一，其主要成员徐家福教授是我国计算机软件的奠基人之一，为我国第一个 ALGOL 系统作出了杰出的贡献，并参与了多种规约语言设计的工作，在制定 ALGOL、COBOL 国家标准中也作了大量的研究，现在他们的科研工作研究领域的主要工作内容包括需求级软件形式化与自动化技术的研究，提出了基于 UML 需求模型验证方法，分别设计了结构化和对象式需求定义语言 NDRDL 和 NDORDL，研制了相应的需求级自动化系统。⑥武汉大学软件工程国家重点实验室是另外一个在需求验证方向成果相对较多的国家重点实验室，近年来致力于实施软件标准化战略，直接参与了软件工程国际标准化组织的研究与制定，主体研究方向为"互联网上的软件工程"，包括网上软件工程基础研究、应用基础研究和示范系统开发三个科研层次，在需求验证方面也提出了一些方法，如龚平博士提出的基于进程代数(process algebra)的需求过程模型形式化验证方法。

　　就目前发表的成果来看，南京大学和武汉大学在将形式化的方法应用到需求验证中这一研究领域取得的成果较多。

　　如图 6-2，是通过中国知网模糊检索到的 2013～2023 年国内在计算机软件及计算机应用领域发表的与需求验证和需求形式化相关的文章数。

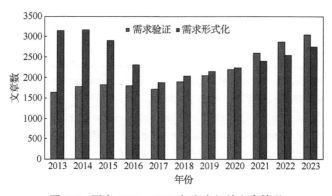

图 6-2　国内 2013～2023 年发表相关文章情况

6.4　本 章 小 结

本章主要探讨了零信任车联网数据传输的形式化建模与验证的研究趋势，包括形式化方法的理论研究以及其在零信任车联网等领域的应用。形式化建模和验证是确保零信任车联网系统安全性和可靠性的关键技术，它使用数学模型来描述系统行为，并验证这些行为是否满足预定的安全要求和性能指标。

在形式化建模方面，研究者利用 Petri 网、Z 语言、Object-Z、B 方法和 Pi 演算等工具来描述系统的状态和行为。这些建模语言有助于分析系统的功能和性质，为后续的验证工作打下基础。国内研究者也在零信任车联网的智能出行、数据安全和自动驾驶汽车领域应用形式化方法，提出了多种模型和验证方法，以提高零信任车联网系统的性能和安全性。在零信任车联网系统设计的需求阶段，采用传统 Petri 网与 Z 语言相融合的形式方法——PZN 进行分层式建模和分析验证。在系统使用过程中，采用集成时间 Petri 网与 Z 语言的新形式化方法——TPZN 进行描述刻画，强化系统的实时性；并针对行车进行中环境中不同设备数据信息传输需求的优先级进行设定，有效地处理高需求事件。

国外的形式化验证技术成熟度较高，许多著名的大学和研究机构开发了优秀的形式化验证系统。而在国内，虽然形式化方法的研究起步较晚，但随着国外形式化方法的引进，科研人员也逐渐参与到该领域的研究中。国内的主要科研单位包括清华大学、中国科学院软件研究所、北京航空航天大学、上海大学、南京大学和武汉大学等，这些大学在需求验证和形式化方法应用方面取得了一定的成果。

总体而言，形式化建模与验证在零信任车联网领域的应用前景广阔，为提高零信任车联网系统的安全性、可靠性和性能提供了强有力的理论支持和实践指导。随着研究的深入，预期将有更多的创新成果出现，以应对零信任车联网系统日益增长的安全和性能需求。

参 考 文 献

[1] Ferrari A, Fantechi A, Gnesi S, et al. Model-based development and formal methods in the railway industry[J]. IEEE Software, 2013, 30(3): 28-34.

[2] Banerjee A, Zhang Y, Jones P, et al. Using formal methods to improve home-use medical device safety[J]. Biomedical Instrumentation & Technology, 2013, 47(s1): 43-48.

[3] Zeng Q T, Lu F M, Liu C, et al. Modeling and verification for cross-department collaborative business processes using extended Petri nets[J]. IEEE Transactions on Systems, Man, and Cybernetics: Systems, 2014, 45(2): 349-362.

[4] Liu J, Qian L, Zhang Y, et al. Towards safety-risk prediction of CBTC systems with deep learning and formal methods[J]. IEEE Access, 2020, 8: 16618-16626.

[5] Ahmad W, Hasan O, Tahar S. Formal reliability and failure analysis of ethernet based communication networks in a smart grid substation[J]. Formal Aspects of Computing, 2020, 32(1): 71-111.

[6] 王恪铭, 王霞, 程鹏, 等. 车站联锁系统行为验证与数据确认的形式化方法[J]. 西南交通大学学报, 2021, 56(3): 587-593, 610.

[7] 赵梦瑶, 陈小红, 孙海英, 等. 轨道交通联锁领域特定语言的形式化[J]. 软件学报, 2020, 31(6): 1638-1653.

[8] Ghilardi S, Gianola A, Montali M, et al. Petri nets with parameterised data: Modelling and verification[C]. Business Process Management: 18th International Conference, 2020: 55-74.

[9] Czerwinski W, Lasota S, Lazic R, et al. The reachability problem for Petri nets is not elementary[J]. Journal of the ACM , 2020, 68(1): 1-28.

[10] Taleb-Berrouane M, Khan F, Amyotte P. Bayesian stochastic Petri nets (BSPN): A new modelling tool for dynamic safety and reliability analysis[J].Reliability Engineering & System Safety, 2020, 193(106587): 1-15.

[11] Schmidt J, Leuschel M. SMT solving for the validation of B and Event-B models[J]. International Journal on Software Tools for Technology Transfer, 2022, 24(6): 1043-1077.

[12] Huang H, Wen Z. Reasoning about Object-Z formal specification with LTLC[J]. Journal of Physics: Conference Series, 2019, 1176(2): 1-6.

[13] 张协力, 祝跃飞, 顾纯祥, 等. C2P: 基于 Pi 演算的协议 C 代码形式化抽象方法和工具[J].软件学报, 2021, 32(6): 1581-1596.

[14] Souri A, Nourozi M, Rahmani A M, et al. A model checking approach for user relationship management in the social network[J]. Kybernetes, 2019, 48(3): 407-423.

[15] Horváth B, Graics B, Hajdu Á, et al. Model checking as a service: Towards pragmatic hidden formal methods[C]. Proceedings of the 23rd ACM/IEEE International Conference on Model Driven Engineering Languages and Systems: Companion Proceedings, 2020: 1-5.

[16] Naima J, Zohra S. On improving model checking of time Petri nets and its application to the formal verification[J]. International Journal of Service Science, Management, Engineering, and Technology , 2021, 12(4): 68-84.

[17] 张世杰, 徐鹏, 刘沛瑶. 基于符号模型检测的 Web 服务组合形式化验证[J]. 计算机与数字工程, 2021, 49(3): 496-501, 520.

[18] 孙小祥, 陈哲. 基于定理证明的内存安全性动态检测算法的正确性研究[J].计算机科学, 2021, 48(1): 268-272.

[19] Sadri M J, Asaar M R. A lightweight anonymous two-factor authentication protocol for wireless sensor networks in internet of vehicles[J]. International Journal of Communication Systems, 2020, 33(14): 1-29.

[20] Wazid M, Bagga P, Das A K, et al. AKM-IoV: Authenticated key management protocol in fog computing-based internet of vehicles deployment[J]. IEEE Internet of Things Journal, 2019, 6(5): 8804-8817.

[21] Bagga P, Das A K, Wazid M, et al. On the design of mutual authentication and key agreement protocol in internet of vehicles-enabled intelligent transportation system[J]. IEEE Transactions on Vehicular Technology, 2021, 70(2): 1736-1751.

[22] Sureshkumar V, Anandhi S, Madhumathi R, et al. Light weight authentication and key establishment protocol for smart vehicles communication in smart city[C]. Smart City and Informatization: 7th International Conference, 2019: 349-362.

[23] Yazdanpanah V, Gerding E H, Stein S. Formal methods to verify and ensure self-coordination abilities in the internet of vehicles[C]. Computational Logistics: 12th International Conference, 2021: 410-425.

[24] 李晓会, 董红斌. 基于 E-CARGO 模型的共乘出行匹配建模与优化方法[J]. 计算机应用, 2022, 42(3): 778-782.

[25] Chen N N, Zhu H B, Yin J Q, et al. Modeling and verifying NDN-based IoV using CSP[J]. Journal of Software: Evolution and Process, 2022, 34(10): e2371.

[26] Cui J, Yu J, Zhong H, et al. Chaotic map-based authentication scheme using physical unclonable function for internet of autonomous vehicle[J].IEEE Transactions on Intelligent Transportation Systems, 2022, 24(3): 3167-3181.

[27] Liu Y, Fan Y Q, Huang D R, et al. Formal model and analysis for the random event in the intelligent car with stochastic Petri nets and Z[J].Security and Communication Networks, 2022, (1): 1-18.

[28] Zhang H, Lai Y X, Chen Y. Authentication methods for internet of vehicles based on trusted connection architecture[J]. Simulation Modelling Practice and Theory, 2023, 122: 102681.

[29] Miller D A, Nadathur G. Higher-order logic programming[C]. Proceedings of the 3rd International Conference on Logic Programming, 1986:445-446.

[30] Miller S P, Srivas M. Formal verification of the AAMP5 microprocessor: A case study in the industrial use of formal methods[C]. Proceedings of the Workshop on Induatrial Strength Formal Specification Techniques, 1995:34-41.

[31] Holzmann G J. The Spin Model Checker: Primer and Reference Manual[M]. Reading: Addison-Wesley, 2003,

[32] Holzmann G J. The model checker spin[J].IEEE Transactions on Software Engineering, 1997, 23(5): 279-295.

[33] Brayton R K. Vis: A system for verification and synthesis[C]. Proceedings of 8th International Conference on Computer-Aided Verification,1996:16-17.

[34] Cimatti A, Clarke E, Giunchiglia E, et al. NUSMV2: An open source tool for symbolic model checking[C]. Proceedings of the 14th International Conference on Computer Aided Verification, 2002:246-259.

[35] Cimatti A, Clarke E, Giunchiglia F, et al. NUSMV: A new symbolic model checker[J]. International Journal on Software Tools for Technology Transfer,2000,2(4): 410-425.

[36] Havelund K, Pressburger T. Model checking JAVA programs using JAVA pathfinder[J]. International Journal on Software Tools for Technology Tranfer, 2000, 2(4): 366-381.

[37] Brat G, Park S J, Lerda F, et al. Model checking programs[J]. Automated Software Engineering,

2003, 10: 203-232.

[38] Miao H K. Teklay tesfay clerical temps: A case study of Z specification[C]. Proceedings of International Symposium on Future Software Technology, 1998: 135-138.

[39] Miao H K, Zhu G M, Li G. An approach to the proof of the theorems in Z specification[C]. Proceedings of International Sysmposium on Future Software Technology, 1997:69-72.

[40] Li G, Zhu G M, Miao H K.Software refinement universal view of formal devement method[C]. Proceedings of Qingdao-Hongkong International Computer Conference, 1999: 1033-1038.

[41] Miao H K. Proving the initialisation theorems in Z specifications using tactics[C]. Proceedings of International Sysmposium on Future Software Technology, 1999:621-625.

[42] Chen Y H, Miao H K. An analysis of two formal methods: RSL and Z [C]. Proceedings of the 2nd International Conference on Computer and Information Technology, 2001: 283-291.